建築構法
第五版

内田祥哉

編著

大野隆司
吉田倬郎
深尾精一
瀬川康秀

市ヶ谷出版社

第五版発行に際して

　本書は昭和 56 年の初版発行以来，既に四半世紀を経ている。この間，三度の改訂で，建築基準法，JASS の変更に対応するなど，時代の流れを反映してきた。また第三版では，永年の増し刷りでつぶれた図版を全面的に作り直した。今回の改訂は，こうした部分的補修の積み重ねが，本書の構成に歪みを溜めてきたことに着目し，全体構成の調整をした。
　すなわち，第 1 章にあった「構法の変遷」を，第 4 章の「構法の開発」と合体し，過去から将来に連なる構法の流れを，一貫して概観できるようにした。その結果，第 1 章は，術語の定義，説明が主になり，初学者には，あるいは興味の沸かない部分となったかもしれない。しかし，第 2 章以下の記述には欠かせないものなので，講義を担当される先生方の工夫で，ここの講義は省き，学生に辞書として利用させる方法もあろう。
　第 2 章，第 3 章の構成は，これまでの骨格を踏襲したが，記述は解りやすく，内容のあるものにしたつもりである。第 2 章の章名を躯体としたのもその一つである。
　第 4 章の「構法の開発」では，かつては目新しくても今は主流から離れたものを除き，普及し一般化したもののみを残した。
　一方，性能規定が，昨今の傾向であることを踏まえ，構法の性能，価値，評価についての項を加えた。これは，今話題の構造性能確認問題にも関連している。
　今後も，建築構法には，ますます多彩な技術が導入されよう。時代とともに変る本書の内容に対し，これまで同様，読者の方々からの貴重なご意見を頂ければ望外の幸いである。

平成 19（2007）年 9 月

　　　　　　　　　　　　　　　　　　　　内　田　祥　哉

まえがき　(初版発行時)

　おおよそ建築についての専門教育を受けようとする人が，まず最初に修得しなければならないのが，構法についての初歩的知識である。それは建築設計の基礎的常識でもあるため，ほとんどの学校が専門教育の最初の段階にその授業を置いている。中には『一般構造』と呼ばれる場合もあり，『構造概論』と呼ばれる場合もある。担当される先生も，構造系から計画系まで幅広く，実務経験者の場合もあり，研究者の場合もある。いずれにせよ内容は，建築技術全体にわたり，建物の部分をとらえるにせよ，全体をとらえるにせよ，総合的関連が説かれている。

　本書が最も配慮したことは，建築を初めて学ぶ人達に，建築物の構成やしくみを総合的視点から建築技術を建築の実体と結び付けながら示し，深い知識を得る前に，浅く広い知識で技術全体のバランスと関連を理解させようとしたことである。内容は目次でも明らかなように，構造強度の問題から，材料・仕上げ・生産・施工の問題に及び，また現代構法の代表的なものを中心に，伝統構法や工業化構法の最も先進的なものにも触れている。

　第1章は，第2章以下の具体的知識に必要な言葉の定義，建築における構法の概念，さらに近代建築における構法発展の経過を述べた部分で，本書の構成としてはどうしても最初に述べておかなければならない部分であるが，具体的知識に貪欲な初学者にとっては，やや抽象的で忍耐のいる部分かもしれない。筆者等としては，特に推敲を重ねて苦心したところで，平易な表現の中に"構法とは何か"という内容が盛り込めたと考えているが，実際の授業では，第2章以下の具体的な部分から始めるのも一つの工夫であろう。

　第2章は，既存のビルディングシステムの概説で，具体的で基礎的な知識を，構造方式別に，建物全体としてまとめている。対象としては，特殊なものを避け，基本的で安定している構法のみを選んで集中的に概説した。床・壁・天井・屋根等の各部構造は，それぞれのシステムに従属的なもののみに

とどめ，その他は第3章で扱うこととした。

　第3章は，床・壁・天井・屋根等のビルディングエレメントを中心に，多くのビルディングシステムに共通な部分を扱っている。ここでも教科書という性格から，特殊なものはできるだけ避け，汎用されているものに限っている。その結果いわゆる先端的技術は含まれないが，現実に普及されているものについては，最近の資料も盛り込んでいる。特に，第3章の一部と第4章には，ほとんどの教科書がまだ取り込んでいない新しい内容が多く，それは本書の特色の一つでもある。

　第4章は，構法を設計するうえで必要な手法・考え方のうち，最も基礎的な事柄について述べ，さらに第2章では触れなかった新しいビルディングシステムについて実例を紹介している。

　本書の特徴として特にあげたいことは，ほとんどの図版をこの書のために新たに描き起こしていることである。構法の説明に必要な図版は，複雑なものが多いために，従来の書に使われている図版は最近の技術の進歩に照らして既に古典的なものが多く，また子引き・孫引きの過程で誤って伝えられているものが少なくない。本書では，ほとんどの図面を描き起こし，特別なものでない限り引用はしないことにした。その結果，図版はいずれも記述内容に密接したものとなり，また全ページを通じて表現が統一されたと考えている。

　本書の編集には，予想以上の年月を要してしまった。その理由の一つは，企画を練るのに充分な時間をかけたことである。企画に当たっては，日本建築学会建築計画委員会構法計画小委員会の構法計画に関する調査（昭和54年）が大変参考になった。図版の作成にも予想外の時間を要したし，文章についても全体の統一を重く考え，草稿を読み合わせて修正を繰り返す方法に時間がかかった。また，版が組み上った段階で，執筆者がそれぞれ授業に使ってみて訂正・加筆することも行った。その間の経費と労力と時間の膨張に寛容であった市ヶ谷出版社には心から感謝しなければならない。

昭和56（1981）年10月

内　田　祥　哉

目　　　次

第1章　概　　　説

1・1　建築構法とは……………………………………………2
1・2　建築物の性能……………………………………………3
　　1・2・1　性能の種類……………………………………3
　　1・2・2　構法と性能……………………………………4
1・3　建築物の構成……………………………………………5
　　1・3・1　空間を仕切るもの……………………………5
　　1・3・2　下地と仕上げ…………………………………6
1・4　建築物の構造方式………………………………………7
　　1・4・1　躯体と構造方式………………………………7
　　1・4・2　主な構造方式の特徴…………………………8
1・5　建築物と設備・家具・造作……………………………14
　　1・5・1　設　備…………………………………………14
　　1・5・2　家具・造作……………………………………15
1・6　建築物の生産……………………………………………16
　　1・6・1　建築施工………………………………………16
　　1・6・2　建築生産の特徴………………………………17

第2章　躯　体　構　法

2・1　建築物への荷重・外力…………………………………20
　　2・1・1　荷重の種類……………………………………20
　　2・1・2　荷重の大きさ…………………………………21
　　2・1・3　許容応力度と変形……………………………23
　　2・1・4　力の流れ………………………………………25
　　2・1・5　耐震壁…………………………………………27
　　2・1・6　水平構面とねじれ……………………………28
　　2・1・7　制振と免震……………………………………29

- 2・2 鉄骨造 ……………………………………………………30
  - 2・2・1 材料と構造 ………………………………30
  - 2・2・2 施工と接合方法 …………………………34
  - 2・2・3 軸組構法 …………………………………37
  - 2・2・4 山形ラーメン構法 ………………………45
  - 2・2・5 トラス構法 ………………………………45
  - 2・2・6 軽量形鋼による構法 ……………………48
  - 2・2・7 鋼管による構法 …………………………50
- 2・3 鉄筋コンクリート造 …………………………………52
  - 2・3・1 材料と構造 ………………………………52
  - 2・3・2 施工法の概要 ……………………………56
  - 2・3・3 ラーメン …………………………………62
  - 2・3・4 フラットスラブとシェル ………………68
  - 2・3・5 壁式構造 …………………………………70
  - 2・3・6 プレキャストコンクリート造 …………73
- 2・4 補強組積造・組積造 …………………………………79
  - 2・4・1 組積造の原理 ……………………………79
  - 2・4・2 補強コンクリートブロック造（補強CB造）……83
  - 2・4・3 コンクリートブロック帳壁・塀 ………86
  - 2・4・4 型枠コンクリートブロック造 …………88
  - 2・4・5 レンガ造・石造 …………………………90
- 2・5 プレストレストコンクリート造 ……………………93
- 2・6 鉄骨鉄筋コンクリート造 ……………………………100
- 2・7 木造 ……………………………………………………107
  - 2・7・1 材料と構造 ………………………………107
  - 2・7・2 軸組と基礎 ………………………………114
  - 2・7・3 小屋組 ……………………………………122
  - 2・7・4 床組 ………………………………………127
  - 2・7・5 部材の接合法 ……………………………130
  - 2・7・6 部材の選定 ………………………………134
  - 2・7・7 耐力壁・筋かいの配置 …………………137
  - 2・7・8 在来構法の施工 …………………………139
  - 2・7・9 ツーバイフォー構法 ……………………140

2・7・10　大断面集成材構法と丸太組構法 …………………144

第3章　各部構法

3・1　地業・基礎 …………………………………………………148
　3・1・1　地業 …………………………………………………148
　3・1・2　基礎 …………………………………………………151
3・2　屋根 …………………………………………………………156
　3・2・1　屋根の機能と形状 …………………………………156
　3・2・2　屋根の葺き方 ………………………………………158
　3・2・3　勾配屋根の各部の納まり …………………………165
　3・2・4　陸屋根 ………………………………………………167
3・3　壁 ……………………………………………………………173
　3・3・1　壁の種類と機能 ……………………………………173
　3・3・2　壁の構成方法 ………………………………………175
　3・3・3　湿式壁 ………………………………………………176
　3・3・4　板張壁 ………………………………………………179
　3・3・5　タイル・石張り ……………………………………183
　3・3・6　貼り仕上材 …………………………………………185
　3・3・7　打放し・はつり ……………………………………185
　3・3・8　帳壁 …………………………………………………185
　3・3・9　カーテンウォール …………………………………188
3・4　開口部・建具 ………………………………………………194
　3・4・1　開口部・建具に関する名称 ………………………194
　3・4・2　外部開口部 …………………………………………195
　3・4・3　開口部の構成方法 …………………………………199
　3・4・4　ガラス ………………………………………………205
　3・4・5　建具金物 ……………………………………………206
3・5　床 ……………………………………………………………211
　3・5・1　床の機能と性能 ……………………………………211
　3・5・2　床の構成方法 ………………………………………212
　3・5・3　床と幅木 ……………………………………………216

- 3・6 階　　段 ……………………………………………217
  - 3・6・1 階段の機能と形状 ……………………217
  - 3・6・2 各種の階段 ……………………………219
  - 3・6・3 手すり …………………………………223
  - 3・6・4 各部の納まり …………………………223
- 3・7 天　　井 ……………………………………………224
  - 3・7・1 天井の機能と形状 ……………………224
  - 3・7・2 天井の構成方法 ………………………225
  - 3・7・3 壁との納まり …………………………230
- 3・8 造作と納まり ………………………………………231
  - 3・8・1 住宅の造作 ……………………………231
  - 3・8・2 内法まわり ……………………………231
  - 3・8・3 床の間 …………………………………234
  - 3・8・4 取合いと納まり ………………………237

第4章　設計と構法

- 4・1 設計プロセスと構法 ………………………………244
  - 4・1・1 建築設計のプロセス …………………244
  - 4・1・2 企画の中での構法 ……………………244
  - 4・1・3 基本設計と構法 ………………………246
  - 4・1・4 実施設計と構法 ………………………247
- 4・2 建築部品 ……………………………………………250
  - 4・2・1 部品化の目的 …………………………250
  - 4・2・2 大型部品の例 …………………………251
  - 4・2・3 部品と設計 ……………………………253
- 4・3 モデュラーコオーディネーション …………………254
  - 4・3・1 モデュラーコオーディネーションの意味 ………254
  - 4・3・2 江戸間と京間 …………………………254
  - 4・3・3 グリッドと建築構成材 ………………255
  - 4・3・4 心押えと面押え ………………………257
  - 4・3・5 基準線と構成材 ………………………258

4・4 モデュール …………………………………259
　4・4・1 モデュール寸法の大きさ …………259
　4・4・2 モデュール寸法の数値 ……………260
4・5 構法の変遷と開発 ……………………………263
　4・5・1 日本の木造建築 ……………………263
　4・5・2 近代工業技術と構法の展開 ………264
　4・5・3 新しい構法の実例 …………………266
4・6 構法の価値と評価 ……………………………271
　4・6・1 構法の価値 …………………………271
　4・6・2 構法の評価 …………………………271
　4・6・3 構法の熟成 …………………………272

索　　引 …………………………………………………275

第1章　概　　　　説

1・1　建築構法とは・・・・・・・・・・・・・・・・　2
1・2　建築物の性能・・・・・・・・・・・・・・・・　3
1・3　建築物の構成・・・・・・・・・・・・・・・・　5
1・4　建築物の構造方式・・・・・・・・・・・　7
1・5　建築物と設備・家具・造作・・14
1・6　建築物の生産・・・・・・・・・・・・・・16

1・1　建築構法とは

建築物は，内部空間を外部空間と仕切ることによって，目的に応じた空間を実現させている。気候・風土等の外部条件の相違から，世界各地には多様な建築が成立し，用途の複雑化や技術の進歩に応じて，様々な形態の建築物が造られている。

「建築構法」は，建築物の実体で，その属性として性能があり，機能をもつ。

具体的には，部材と部品で構成されているが，同じ目的の建築物でも，生産されるときの条件，あるいは，完成後，維持管理される条件で構法が異なり，同じ構法でも異なる価値をもつ。

構法という視点は，建築物が造られ，使われ，維持されながら，社会の中で，生き続ける姿を見つめることである。

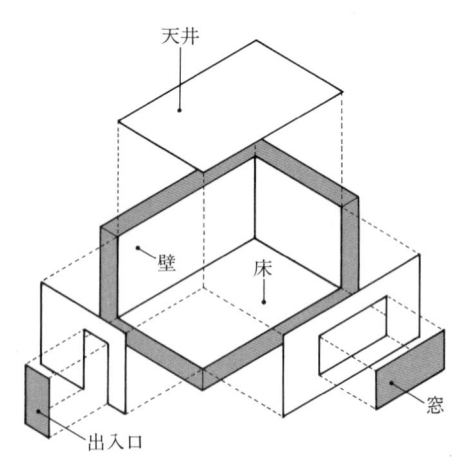

図1・1　内部空間の構成

---

1)　構法という語は，『不燃家屋の多量生産方式』（1945年／岸田日出刀著）にある「鉄骨乾式構法の研究と実施」が初出かといわれている。建築構法は，人体構造，社会構造などと同様「建築構造」というべきところであろうが，日本の建築界では，「建築構造」が「建築構造強度」，「建築構造力学」などの略として使われ，それが，建築界に定着したために，講義名としては「建築一般構造」と呼ばれることもあるが，最近は，「建築構法」が定着した。

1・2　建築物の性能

1・2・1　性能の種類

　雨・風・日射など，外部から作用する諸因子を制御することは，建築物の基本的機能である。この機能を果たすために，建築物の屋根・床・壁などは，好ましい因子を取り入れ，好ましくない因子を遮る性能によって，目的に合った内部空間を実現させている。

　また，窓や出入り口などの開口部は，建具，カーテン，などの開閉によって，その性能を調整する。

　建築の性能を，雨仕舞，遮音，気密，断熱…と並べ，水に対する性能を吸水と防水，音に対する性能を遮音と吸音などと分けていくと，性能の数はまたたく間に増大する。

　しかも，水に対する性能は，吸水すると，通気性がなくなったり，遮音性や断熱性が減ったり，強度が落ち，腐朽が進んだりすることも含まれるから，いわば，外界からの作用で起きる吸水という現象によって，持っていたあらゆる性能が，どう変化するかを調べなければならない。

　熱に対しても，地震に対しても同様で，それらは外界の因子による作用と，全ての性能の組み合わせで，性能の種類は面的に展開する。

　また，「耐水性」ということになると，水に対する性能の時間軸による変化を調べることになり，性能の種類は3次元に展開する。

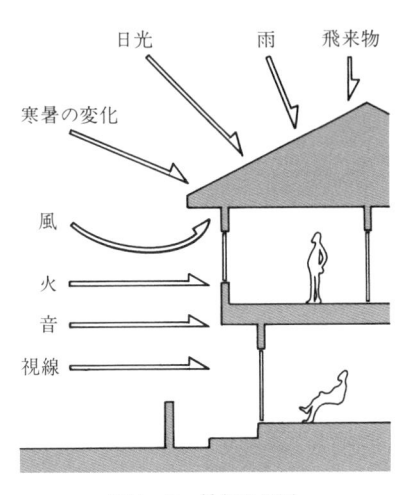

図1・2　外部の因子

さらに「耐久性」となると,「耐水性」だけでなく,耐風性,耐震性…などのあらゆる性能が関係し,考慮すべき性能のデータは,多次元に展開し,想像を超える莫大な数になる。

このように建築性能の種類は限りなく多く,個々に条件が違う建築のために,あらかじめ調べ尽しておけるものではない。現実は,必要なときに必要な性能に重点を置いて調べるのである。

日本は,地震・台風・強雨・多雪など,世界でも珍しい自然条件の厳しい地域であり,建築に要求される性能は,国際的に見ても極めて厳しい。

建物の倒壊を起す自然現象は,人命に関係するので,建築物が受ける力を,どのように受け止め,いかに安全性の高い建築物を実現するかは,建築設計の最重要課題である。

1・2・2 構法と性能

構法にとって性能制御の難しさは,性能の数が多いことだけではない。性能の中には,遮音と通気のように構法として両立出来ないものが多々ある。

例えば,完璧な防火構造にしようとして,密閉された建物をつくれば,火も入らない代わりに煙も出ないし,人も逃げられない。いつでも出入りが出来るようにしておくと閉め忘れたために延焼を招くおそれもある。防犯のために扉を中から施錠すると,救出作業のために外から入れない。性能には簡単には解決できそうにない対立する要素がいくらでもある。

このような矛盾を解決する,一般的な方法はない。様々な建築性能に関係する矛盾した要求は,個別の設計によって処理されている。建築設計の仕事の主要な部分は,これらの矛盾を,どう妥協させ,調和させるかであるといっても過言ではない。それが建築設計の面白さでもあるといわれる。

1・3　建築物の構成

1・3・1　空間を仕切るもの

　屋根・床・壁・天井といった建築用語は，空間を仕切る部位の名称である。これらの用語は部位の表面をさしている場合と，断面と厚さがあるものを捉えていう場合とがある。

　外周壁・間仕切壁という用語は，厚さがあり，空間を遮断するための，断面性能を持つものをさしており，外面壁・内面壁などは，表面もしくは表面を重視する呼称である。日常使われる外壁という語は，外周壁をさす場合もあるし，外面壁をさす場合もあり，混用されている。

　屋根，床，天井という呼称は，いずれも表面を重視する呼称で，水平部位の呼称には遮断性能を考えるための名称がない[1]。そこで，断面性能を持つものの呼称として，屋根天井，床天井といった呼称が用いられている。

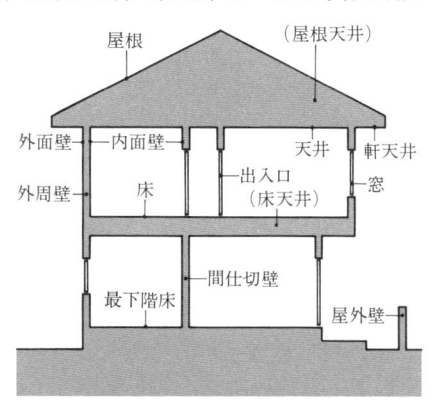

図1・3　空間の仕切り

---

1)　垂直部位には断面性能を把握できる呼称があるのに，水平部位に断面性能を把握できる呼称がないのは，人間の視点の関係で，垂直部位は，断面を直接視覚で捉えられる場合があるが，水平部位の断面は，軒，庇以外に捉えやすいものがないためと考えられる。

1・3・2　下地と仕上げ

建築物の表面を「仕上げ面」または「仕上げ」という。

打放しの鉄筋コンクリートや，レンガ，あるいは和風木造の柱などは，躯体がそのまま仕上げ面となる例である。しかし，仕上げ面が躯体そのものでは満足されない場合，例えば，躯体の精度が低い場合には，精度の高い仕上面で躯体を覆うことになる。さらに仕上げを躯体に取り付ける場合には，仕上げを支える下地をつくり，躯体と仕上げの接合を確保できる下地層とする場合が多い。

下地に相当する層には，断熱層・防水層・防湿層・通気層など，特定の性能を高めるために設けられるものもある。

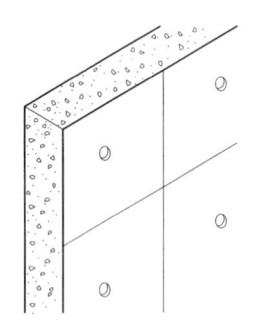

鉄筋コンクリート造打放し 　　　　鉄筋コンクリート造タイル張り

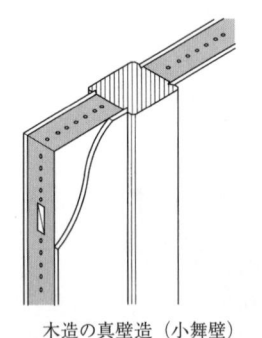

(a) 軸組が仕上げ面となる場合　　(b) 躯体を仕上げ面で覆う場合
木造の真壁造（小舞壁）　　　　　木造の大壁造

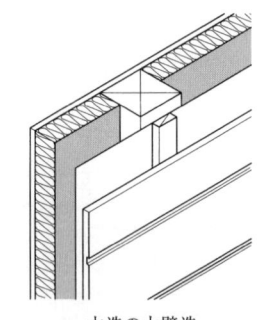

図1・4　下地と仕上げ

1・4 建築物の構造方式

1・4・1 躯体と構造方式

屋根，床，壁，などを含めて，建築物全体を支えている部分を**躯体**と呼ぶ。小規模な建物では，どこまでが躯体か判別しにくいものもあるが，高層オフィスビルなどでは各部の役割が分化しているので，躯体をはっきり区別できるものが多い。

躯体は建築物を様々な方式で支えている。その支え方を**構造方式**という。構造方式を大きく分けると柱，梁を持つ**柱梁構造（軸組構造）**と，柱のない壁式構造に分かれる。そして柱梁構造（軸組構造）には，接合部を剛にする**ラーメン構造**と，接合部をピンとする**柱梁ピン・ブレース構造**（軸組と壁による構造）とがある。

これらは，屋根，床，壁など建築のあらゆる部分を支えるが，構造方式として呼ばれるものの中には，屋根あるいは床だけを支えるものもある。

構造方式の成り立ちを見ると，単に力学的解決だけではなく，使いやすさや，造りやすさのための工夫もある。

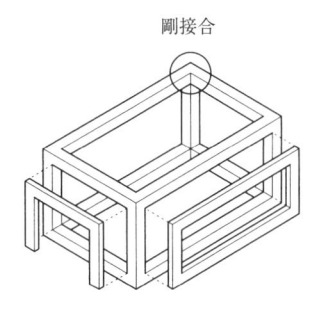

図1・5　柱梁構造／ラーメン構造

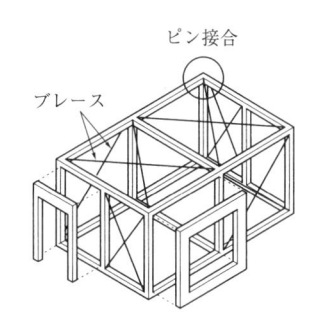

図1・6　柱梁ピン・ブレース構造

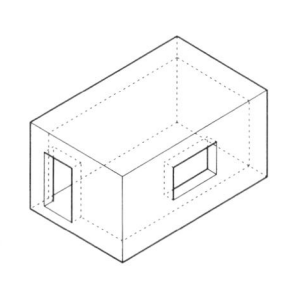

図1・7　壁式構造

それが構法という視点でないと見えない部分である。

構造方式の名称は，材種，形態，性能，目的など，様々な観点で名付けられている。躯体の分類に使われる，木造（W造），鉄骨造（S造），鉄筋コンクリート造（RC造），鉄骨鉄筋コンクリート造（SRC造），膜構造なども構造方式の材種別名称であるが，これらについては，第2章で詳しく述べるので，次項ではそれ以外の主な構造方式について，辞書風に特徴を列記する。

1・4・2 主な構造方式の特徴

(1) ラーメン構造

柱と梁の接合部を剛にした，柱・梁だけで構成する構造方式である。現代建築の躯体を代表するもの。中・高層建築に広く使われる。柱・梁が負担する水平力を軽くするために，筋違または耐震壁などを入れることが多いが，その効果の各部分への伝達には剛な床構造が必要。鉄骨造（図2・21）・鉄筋コンクリート造（図2・54），鉄骨鉄筋コンクリート造（図2・100）等が主だが，最近は集成材による木造もある（図2・158）。

鉄筋コンクリート造の柱を用いた構造で，柱周辺のスラブを厚くし，梁型をなくしたものを**フラットスラブ**（図2・63）と呼ぶ。連続ドーム構造のような空間が出来るが，耐震上は，梁型のある構造に経済性で劣るといわれる。

(2) 壁式構造

独立柱がなく，壁だけで床や，屋根を支えるものの総称。間仕切りが多い低層建築，中層までの集合住宅などに向いた構造方式。**レンガ造，石造，補強組積造**を始め，**ツーバイフォー**（枠組壁工法），**ログハウス**（丸太組構法）などもここに入る。中高層の場合はRC造が普通。

壁をパネル化して，工場で造るプレハブには，パネルの大きさにより，**大型パネル構造，中型パネル構造**（図2・72）などがある。RCの大型パネル構造は第二次大戦後ヨーロッパの都市住宅不足解消のために開発されたシステム。日本のプレハブメーカーは，鉄筋コンクリート系では大型パネル構造（図2・67），鉄鋼系，木質系では，在来構法に近いモデュールの中型パネル構造が主流。

古典的組積造は，レンガや，石材をモルタルで積み上げ，床を木造で造るが，日本では濃尾，関東の大震災で耐震性に疑問がもたれ，鉄筋で補強した**補強コンクリートブロック造**（図2・80）が主流となった。屋根・床をRCとするのが普通。

　ツーバイフォーと呼ばれる**枠組壁工法**（図2・152）は，矩形断面の規格化された部材で，床，壁，屋根の枠組を造る。本格的普及は第二次大戦後。

　丸太等を積み重ねる**ログハウス（丸太組構法）**（図2・159）は，石造，レンガ造とは性格が違うので，日本では特殊な木造躯体として扱われ，住宅程度の規模に使われている。奈良時代の遺構として残されている**校倉**（図2・159(a)）は，断面が三角形に近い五角形なのが特徴。

　(3)　**柱梁ピン・ブレース構造**

　接合部をピンと考える柱梁構造の総称で，地震・風の水平力には，壁あるいは**筋かい（ブレース）**などで耐える。水平力の受け方だけをみると，壁式構造であるが，鉛直力を壁でなく，柱で受ける構造である。ラーメン構造でない鉄骨造がこれに属する。鉄骨造の場合は，中小規模の工場，倉庫，仮設建築物等に使われ，住宅規模では，軽量形鋼によるプレハブ住宅がある。

　日本の**木造在来構法，伝統的木造構法，**

図1・8　ハーフティンバー

図1・9　書院造り

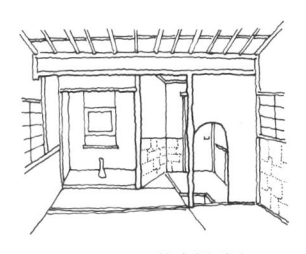

図1・10　数寄屋造り

図1・11　蔵造り

ヨーロッパのハーフティンバー（図1・8）もこれらの例に近い。いずれも広く社会に浸透しているためか，総称としての確定した用語が見当たらない。ここでは柱梁ピン・ブレースに，含めることにする。

木造在来構法は，現代木造住宅に最も広く使われており，その構造方式は，接合部を金物で補強し，壁に筋かいを使う。最近は接合部の加工を機械化し，プレカットするものが多い。**伝統的木造構法**は，水平力に抵抗する壁に貫などを使い，塗り壁で構成する。**書院造り**（図1・9）・**数寄屋造り**（図1・10）は様式上の違い。

伝統的木造建築の一種として，耐火建築を目指した**蔵造り**（図1・11）がある。民家の蔵，都心の商家，城郭などにみられ，柱・梁を含め軒裏の垂木まで，外部に現れる木材をすべて漆喰で塗り回す。軸組構造ではあるが，外観上も力学的にも壁式構造に近い。

いずれの場合にも，茅葺きの場合の屋根構造は**合掌造り**（図2・128(d)），瓦などの場合は**和小屋**（図2・132）とする。**合掌造り**と呼ばれる日本の民家は，伝統的木造構法の上に合掌造りの屋根をのせたもので，「さす」と称する丸太を登り梁に使い，丸竹を渡し，縄で結束して断面が三角形で勾配の急な屋根形を造る。かなりの数の遺構が現存し，維持補修もされているが，近代工学による力学的解析がまだ及んでいない。

和小屋は，洋小屋あるいは合掌造りに対する語で，柱の頭に丸太などの梁・桁を渡し，それらをほぼ水平な格子状に組み，その上に束を立てて母屋をのせて屋根形を造る。梁・桁の曲げに頼るので，巨木がないと大きなスパンを渡すことが困難だが，屋根形が自由に作れること，またその形を変える

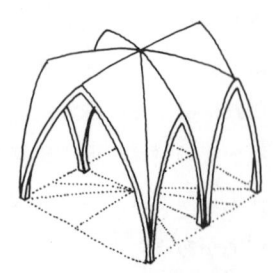

図1・12　持ち送りアーチ　　図1・13　せり持ちアーチ　　図1・14　ゴシックのアーチ

のが簡便なことから，雨仕舞，増改築，意匠上の変更への対応が容易で，社寺建築から江戸の町家まで，広く日本国内に浸透している。

(4) **トラス**（図2・32）

直線部材の端部をピン接合し，連続する三角形で安定を得る構造。近世幾何学の発達とともに力学的解析が進んだもので，少ない資材で大きな梁間を渡すことが出来，スパンの長い屋根や床梁に使われる。小規模な木造トラスは住宅などに使われ，洋小屋と呼ばれる。大スパンのトラスには鉄骨造が使われる。

(5) **アーチ**

組積造に開口部や屋根を造る手法として発達したもの。古代には，持ち送りアーチ（図1・12），せり持ちアーチ（図1・13）があり，中世以降は，ロマネスクの丸いアーチ，ゴシックの尖ったアーチ（図1・14）が有名である。日本には江戸時代に技術が導入され，橋などの遺構が九州地方に残されている。鉄骨造のスリーヒンジアーチ（図2・32(h)）は脚の位置が移動しても構造的に安定なので，地盤が不安定なところで活用される。

鋼が構造物に使われるようになってからは，鉄骨造が多く，大スパンの橋梁，工場，駅舎等に使われるようになった。

木造の大きなアーチはロンドンの万博のクリスタルパレス（1851）（図4・19）が早い。近年は集成材によるアーチもあるが，日本では，独特の構造方式による錦帯橋などが有名。

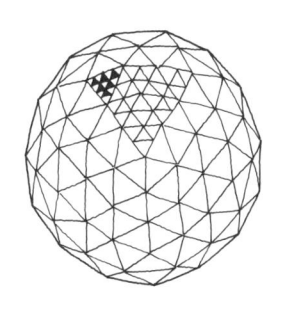

図1・15 フラードーム（見上げ図） **図1・16** 立体トラス

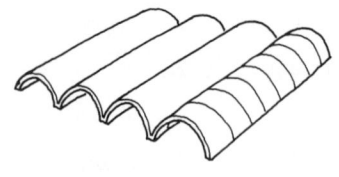

図1・17　円筒形シェル

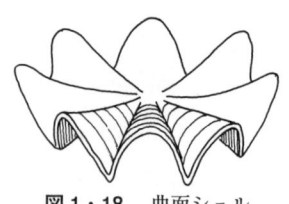

図1・18　曲面シェル

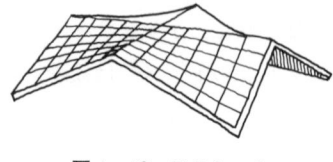

図1・19　HPシェル

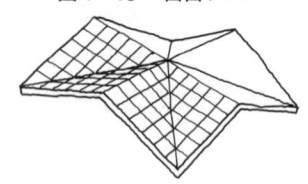

図1・20　折版

(6) **ドーム**

アーチを中心軸で回転させた構造方式。教会，モスクなどによく見られる。古典的なものは組積造で，小規模なものは粘土を固めたもの，砂岩を掘って造るものもある。鉄鋼のドームは，大空間を覆える。アルミニウム材を使ったものではフラードーム（図1・15）が有名。

(7) **立体トラス・スペースフレーム**（図1・16）

トラスを縦横に組み合わせ，三次元に構成するものと，全体の形を篭状にして安定させるものとがある。いずれも大空間を覆うのに利用される。鉄骨造が普通。木造では，接合部を金属にした場合，木造の良さが出しにくい。

(8) **シェル構造・折版構造**

シェル構造は，卵の殻のように薄く硬い殻状の曲面で形の安定を得るもの。スペースフレームや立体トラス同様，大空間に使われる。円弧状の断面で一方向に軸を持つ二次曲面のシェル（図1・17）もあるし，球のような三次曲面（図1・18）もある。さらに複雑な彫塑的形体のシェルも実現していて，空港，教会等の大空間に利用されている。現場打ちの鉄筋コンクリート造が普通。

HPシェル構造（図1・19）は，簀の子をねじった形のシェルで，3次曲面であるが，型枠が直線材で造れるので，建築にはしばしば使われている。

折版構造（図1・20）は，平らな版を組み合わせ，紙を折り曲げた形で安定させる。曲面がないのでRCの場合，型枠は造りやすいが，コンクリート打設に難しさが残る。折版もシェル同様大空間を造るのに適した構造方式。

(9) **膜構造**

テント構造の小規模なものは，仮設として馴染み深いが，大規模なテントも，サーカス，仮設劇場等によく使われている。さらに大規模なものは，ミュンヘンのオリンピック施設が有名。

空気膜構造も膜構造の一種で，地面との間の気圧を上げて屋内空間を確保する**空気支持**と，**二重膜**の内部気圧をあげて形態を保つものとがある。空気支持は，大阪万博のアメリカ館（1970）が早く，大規模なものでは東京ドーム（図1・21）が著名。**二重膜**は浮き袋などでなじみがあるが，建築物として大規模なものは，大阪万博の富士グループ館（1970）（図1・22）が早い。

(10) **吊り構造**

建築空間や，建築要素を懸垂するものをいう。床を吊った香港上海銀行（図1・23），屋根を吊った東京オリンピックの国立屋内総合競技場（図1・24）等が実例。吊り構造という用語は未熟。

図1・21 東京ドーム

図1・22 大阪万博
　　　　　（富士グループ館）

図1・23 香港上海銀行

図1・24 国立屋内総合競技場

1・5　建築物と設備・家具・造作

1・5・1　設備

　建築物には，照明・電気・給排水・温湿度調整など生活空間を便利で快適にするための諸設備が必要である。

　設備は，大きく分けて機器と配管・配線からなる。機器には，建築空間に取り付けられる端末機器類と，それを支援する機器類がある。支援する機器類は，特別に設けられる機械室や，屋外に設置されるので，生活空間との関わりは少ない場合が多いが，端末の機器類は，生活空間に直接露出する部分があるので，建築物の床・壁・天井などとの関わりが大きい。

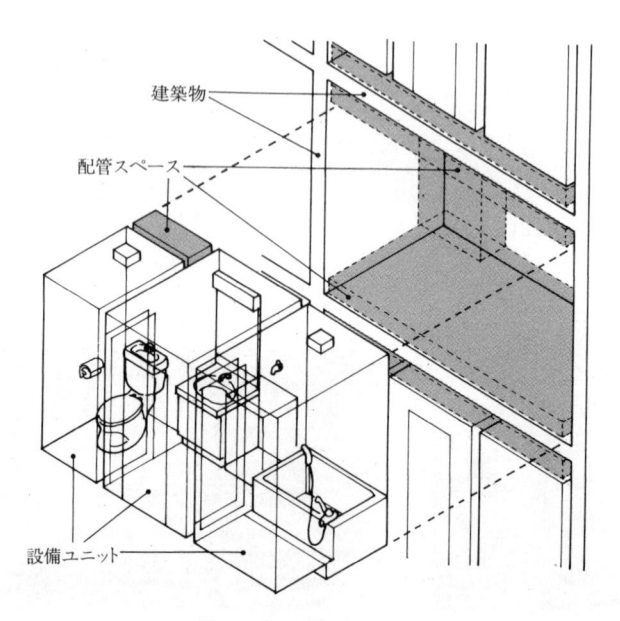

図1・25　設備と建築物

生活空間に取り付けられる端末機器類は，建築物の一部として，天井や，壁，床と一体に組み合わせ，邪魔にならない姿にすることが多い。このように設備などの機器類が，建築物の一部に同化させることを設備の建築化[1]という。

配管・配線類は，躯体に比べ寿命が短いので，躯体に埋め込むことは避け，専用のスペースを設けて，躯体を傷めないで取り換えられるようにしている。

端末の機器類も一般に建物の仕上げ，特に高級な仕上げを傷つけないで取り換えられる配慮がされるようになった。また支援のための機器類には大型のものもあるので，これらの交換の時にも，建物を破壊しないですむよう，搬入口を用意する必要がある。

設備機器・配管・配線が集約する浴室・便所・台所などは，工事が煩雑なので，工場で生産され建築化した部品として商品化されている。

設備工事は，近年多様化し，かつ大型化していて，総建築費の40％を超える場合も少なくない。したがって付帯設備という考えは既に過去のもので，建築物の主要な部分になりつつある。

1・5・2　家具・造作

造付け家具は従来から建築物の一部として扱われていたが，間仕切りを兼ねたシステム，さらには設備機器とともに，納まりのよい，より高度で複雑なシステムが実現されるようになり，部品として商品化されるようになった。

---

[1]　ビルトイン（built-in）という。

1・6 建築物の生産

1・6・1 建築施工

建築物を，現地で作ることを建築施工という。昔はほとんどの部分が，現地で作られていたが，最近はプレハブ化が進んで，現地で作る部分が減少している。この傾向は，今後もますます進むと考えられるが，建物が最終的に

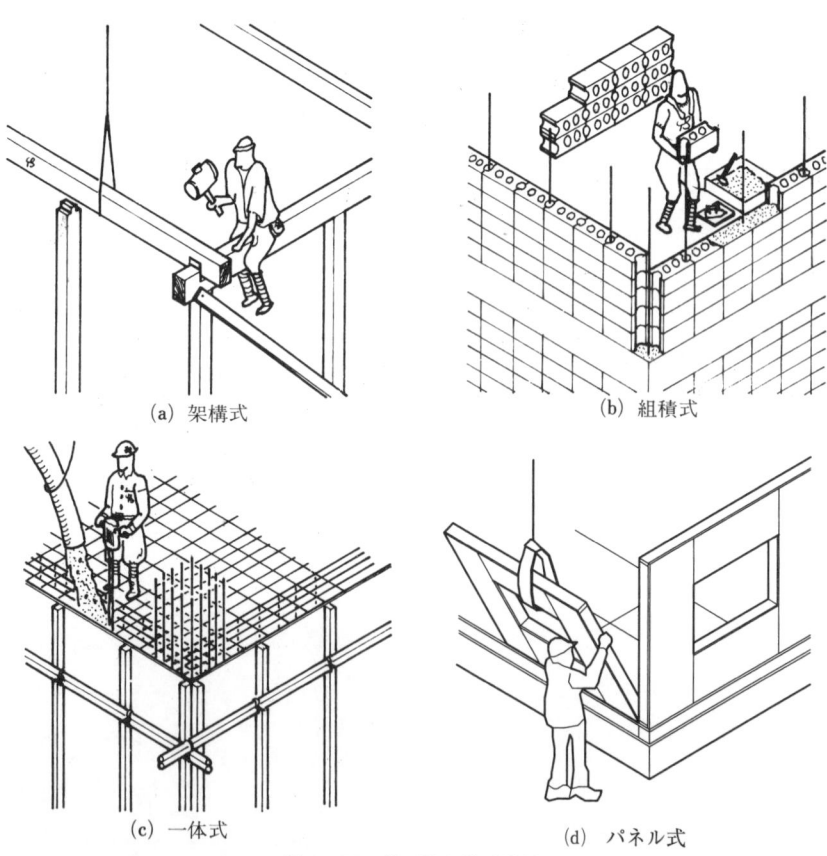

(a) 架構式

(b) 組積式

(c) 一体式

(d) パネル式

図1・26 施工法と構造方式

は土地に定着するものであることを考えると, 建築施工なしで, 建築を完成することは出来ない。現在普通に行われている建築施工の代表的スタイルは, 図1・26に示す4種類である。

　図(a)は, 長尺部材を組み立てるもので, 鉄骨造, 在来木造, 伝統木造, プレキャストコンクリート造などの施工がこれに属する。

　図(b)は, ブロック状の部材をモルタルなどで, 積み上げるもので, 石造・煉瓦造, 補強組積造などがこれに属する。

　図(c)は, 鉄筋を組み立て, 型枠で包み, コンクリートを流し込んで一体式の鉄筋コンクリート造を造るもの。型枠には木材, あるいは鉄板が使われ, コンクリートは, 工場で調合され専用の車で運ばれる, いわゆる生コンクリートを使うのが普通である。

　図(d)は, パネル化された建築部品を組み立てるもので, パネルには, 木製, 鋼製, コンクリート製などもあり, 市販のプレハブ住宅は, これに属するものが多い。

　この他, 箱形のユニットを組み立てるもの, トレーラーに引かせて運び込むものなどもあるが, それらは, 特定のメーカーの工事に限られている。

　多くの現場では, 上記四つの施工スタイルが, 組み合わされており, 躯体は図(a)か(c), 間仕切りは図(d)というのが, 一般的である。

1・6・2　建築生産の特徴

　建築は, 多くの職種によって, 多種多様な材料が近代的, あるいは伝統的技術により加工され, 組み立てられている。現代工業製品の中でも屈指の, 複雑で大きな製品といわれる。しかも, 特筆すべき特徴は, 最終製品が一品生産であることである。日本の場合は, 大部分を工場で生産する工業化住宅ですら, 最終製品は一品生産である。それは海外の識者の注目を集めるところでもあるが, その原因には, 伝統的木造建築で培われた日本人独特の個別性へのこだわりでもあり, 狭い国土での貴重な敷地条件の活用がある。

　近年, 現場に持ち込まれる部材部品は, いずれの現場でもプレハブ化が進み, ますます大型化している。

プレハブとは，プレファブリケーション（pre‐fabrication）の略で，組み立てる前に造っておくという意味である。その背景として，現場で使える輸送, 揚重機械の発達があり，小さな現場でも強力な機械が使えるようになり，工場などで大きな部品に仕立てたものを直接現場に運び，取り付けるようになった。それにより，職人の仕事が工場に集約され，多数の職人や工作道具類を現場に運ぶ無駄な時間が節約される。残材処理も消滅し，数々の合理化が一挙にできる。したがって，現場で使える輸送・揚重機械の能力いっぱいの大形部品を，プレハブ化する傾向になっている。

市販されている仕上げ材や複雑な機能を持つ設備機器など，多くの現場に共通な資材は，工場での量産が進み，これも現場での取付け仕事を少なくする部品へと改良が進んでいる。

これらとは別に，職種の再編成による新しい工事区分によって，工事の合理化を進めている工事現場もある。

構法と建築生産は，時代の変化に敏感に反応し，コストを通じ相互に反映される。生産方式の選択は構法を決定する上での，重要なポイントである。

第2章 躯体構法

2・1　建築物への荷重・外力‥‥‥‥ 20

2・2　鉄　　骨　　造‥‥‥‥‥‥ 30

2・3　鉄筋コンクリート造‥‥‥‥‥ 52

2・4　補強組積造・組積造‥‥‥‥‥ 79

2・5　プレストレスト
　　　コンクリート造‥‥‥‥‥‥‥ 93

2・6　鉄骨鉄筋コンクリート造‥‥‥ 100

2・7　木　　　　造‥‥‥‥‥‥‥ 107

2・1　建築物への荷重・外力

2・1・1　荷重の種類
建築物に作用する力を荷重・外力という。代表的なものは次の5つである。

① 固定荷重：建築物の自重
② 積載荷重：人間や物品などの重量
③ 積雪荷重：積もった雪の重量
④ 風圧力：風による圧力
⑤ 地震力：地震時の建築物のゆれによって生じる力

このほか，地盤からの土圧，地下水などによる水圧，各種の振動および衝撃，熱膨張や収縮を拘束

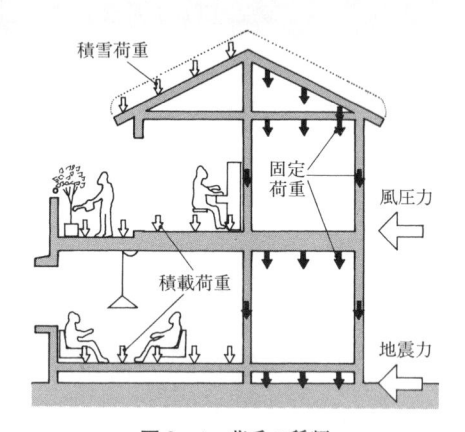

図2・1　荷重の種類

することによって生じる温度応力なども，場合によっては建築物に重大な影響を及ぼすことがある。

上記5つのうち，固定荷重・積載荷重は常に存在している荷重なので常時荷重といい，積雪荷重・風圧力・地震力は，一時的に加わる荷重なので臨時荷重という。なお，多雪地域では積雪荷重も常時荷重と考える。

通常は常時荷重だけが建築物に加わっており，この荷重は長期にわたっているので長期荷重という。また，積雪や暴風・地震などの非常時には，常時荷重と臨時荷重の両方が加わるが，この荷重は短時間に限られるので短期荷重という。

荷重の種類のとらえ方としては，このほかに，荷重の方向に着目して，鉛直荷重（固定荷重・積載荷重・積雪荷重）と水平荷重（風圧力・地震力）の区分，あるいは荷重の作用点に着目して，分布荷重と集中荷重などの区分がある。

2・1・2　荷重の大きさ

(1) 固定荷重

固定荷重は，設計図などを基に，表2・1に示すような数値を使って，屋根・床・壁・天井など建築物各部の重さを計算することによって求められる。

(2) 積載荷重

建築物には，家具などの物品や人間が載っており，通常の使われ方に対して，その用途別に表2・2のような数値が決められている。床の設計をする場合，柱・梁または基礎を設計する場合，あるいは地震力を計算する場合とで数値が異なるのは，物品や人間の位置の集中・かたよりを考慮しているためである。

表2・1　固定荷重の例（単位：N/m²）

建築物の部分	種別		単位面積当たり荷重(単位N)	備考
屋根	瓦葺き	葺き土がない場合	屋根面につき 640	下地および垂木を含み，母屋を含まない。
		葺き土がある場合	980	
	薄鉄板ぶき		200	
木造の母屋	母屋の支点間の距離が2m以下の場合		同上 50	
壁	木造の建築物の壁の軸組		壁面につき 150	柱，間柱および筋かいを含む
	木造の建築物の壁の仕上げ	下見板張，羽目板張または繊維板張	100	下地を含み，軸組を含まない
		木ずりしっくい塗	340	
		鉄網モルタル塗	640	

建築基準法施行令第84条より抜粋

将来，用途の変更が考えられる場合は，積載荷重についても用途変更に対する配慮が必要である。

表2・2　積載荷重の例（N/m² 床面積当たりの重量）

室の種類	構造計算の対象	(1) 床の構造計算用	(2) 大梁・柱または基礎の構造計算用	(3) 地震力計算用
(a)	住居の居室，住居以外の建築物における寝室または病室	1800	1300	600
(b)	事務室	2900	1800	800
(c)	教室	2300	2100	1100
(d)	百貨店または店舗の売場	2900	2400	1300

(3) 積雪荷重

積雪荷重 $S(N)$ は，次式によって計算される．

$$S = \rho \cdot d \cdot A$$

ρ：積雪の単位荷重（N/cm・m²）　（一般地域では20N/cm・m²）
d：積雪深さ（cm）（過去のデータなどをもとに地域別に決められている）
A：屋根の水平投影面積（m²）

なお，屋根の勾配に応じて，あるいは雪下ろしの慣習のあるところでは，積雪深さを低減してもよいことになっている．

(4) 風 圧 力

風圧力 $P(N)$ は，次式によって計算される．

$$P = q \cdot Cf \cdot A$$

q：風による速度圧（N/m²）
Cf：風を受ける部分の風力係数
A：その部分の面積（m²）

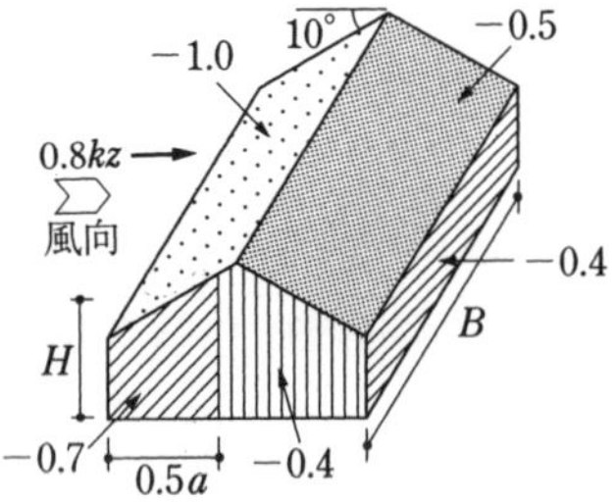

速度圧とは，吹いている風をせき止めたときに生じる圧力をいい，その大きさはベルヌイの定理から，風速の2乗に比例する．

建築基準法施行令では，以下のように求めるものとしている．

$$q = 0.6EV_0^2$$

E：建築物の屋根の高さおよび周辺の建築物，樹木などの状況に応じた数値
V_0：その地方における過去の台風の記録などを考慮した風速，30～46m/秒

H：建築物の高さと軒の高さの平均（m）
B：風向に対する見付幅（m）
a：Hの2倍とBのうち小さな数値（m）
kz：1.0以下（詳細略）

図2・2　外圧係数の例
　　　　（切妻，勾配10度）

風力係数とは建築物の形状や風向によって速度圧の何割が実際に作用するかを定めたもので，建築基準法に基づく告示1454号では，外圧係数から内圧係数を減じて求めるものとしている．

閉鎖型の建築物の内圧係数は，一律に0および-0.2と規定されているが，外圧係数は建築物の断面・平面の形状により詳細に規定されており，図2・2はその一例である．この他，風洞試験の結果に基づいて決めることもある．

(5) 地 震 力

　地震時の建築物の揺れは，厳密には地盤の性質や建築物の規模・構造などによって個々に異なるが，日本では長い間，次のように建築物も総重量の何割が慣性力として働くかという考え方をとっており，その割合を水平震度と呼んでいた。

$$F = m \cdot \alpha = \frac{W}{g} \times \alpha = \frac{\alpha}{g} \times W = k \cdot W$$

　　F：地震力　　　α：加速度　　g：重力加速度
　　W：建築物の重量
　　m：建築物の質量
　　k：水平震度，地震の揺れによるαとgとの比

　低層の建築物では，昭和56年までは単純に0.2という水平震度（約200ガルの加速度が生じた場合で，震度階ではVの強震に相当する）を採用していたが，現在では次式によって定められる地震層せん断力係数C_iを建築物の重量に乗じて，よりきめ細かな地震力を算定している。

$$C_i = Z \cdot R_t \cdot A_i \cdot C_0 \qquad Q_i = C_i \cdot \Sigma W_i$$

　　i　：階数
　　Z　：その地方の過去の地震の記録などに基づく数値，1.0〜0.7
　　R_t：建築物の固有周期や地盤の種類に応じた振動特性を表す数値
　　A_i：地震層せん断力係数の高さ方向の分布を表す数
　　C_0：標準せん断力係数　$\begin{pmatrix} 1次設計：0.2\,以上 \\ 2次設計：1.0\,以上 \end{pmatrix}$

　　Q_i：i階の設計用地震
　　ΣW_i：i階から最上階までの建築物の重量の和

2・1・3　許容応力度と変形

　建築物に荷重・外力が加わったとき，構造部材の内部に生じる力を応力といい，面積あたりの応力の大きさを応力度という。この応力度が構造部材のもっている耐力を超えないように余裕をもって建築物を設計する必要がある。構造部材のこの余裕をもって耐えられる強度を許容応力度といい，実際の破壊強度の許容応力度に対する倍率を材料安全率という。

荷重の状態に応じて，構造部材には長期・短期に力が生じる。荷重と力の組合せについては，積雪時に地震が同時に起こる可能性の程度を考慮して，表2・3のように決められている。

表2・3 力の組合せ（許容応力度計算の場合）

力の種類	荷重・外力の状態	一般の場合	多雪区域の場合
長期に生じる力	常時	$G+P$	$G+P$
	積雪時		$G+P+0.7S$
短期に生じる力	積雪時	$G+P+S$	$G+P+S$
	暴風時	$G+P+W$	$G+P+W$
			$G+P+0.35S+W$
	地震時	$G+P+K$	$G+P+0.35S+K$

G：固定荷重によって生じる力
P：積載荷重によって生じる力
S：積雪荷重によって生じる力
W：風圧力によって生じる力
K：地震力によって生じる力

　部材の許容応力度も長期・短期の2種類が定められており，短期に生じる力に対する許容応力度が長期に生じる力に対する許容応力度より1.5〜2倍[1]程度大きく定められている。構造計算の代表的手法として許容応力度等計算と限界耐力計算とがあり，最も一般的な前者の一次設計は，長期・短期に生じる力が，それぞれ対応する許容応力度を上回らないことを確認する。（建築物によっては，さらに層間変形角や偏心率，剛性率などの検討を含む二次設計が必要となる。）

　構造物は荷重を受けると微小ながら変形する（例えば，梁などのたわみ）。使用に当たって不便や不安を感じるような変形が生じないことも，建築物としては重要である。すなわち，強度上余裕があり，変形上も支障のないことが建築構造としては必要である。

---

1) 構造部材の種類によって異なる。

2・1・4 力 の 流 れ

　建築物のいかなる部分に加わる荷重・外力についても，それが地盤に伝わるまでの経路，それによって生じる応力の各々を明確に把握する必要がある。図2・3，図2・4は2階建の一般的な構造物について，鉛直荷重・水平荷重（風圧力・地震力）が加わる場合の力の流れを示したものである。

　これらのうち，筋かいがあると，水平荷重は直接下階に流れる，地震力は屋根面や床面に集中して作用する，などに注意する必要がある。

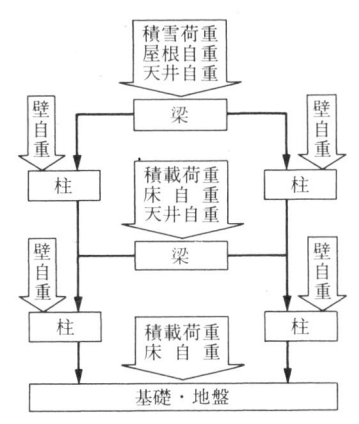

図2・3　鉛直荷重による力の流れ

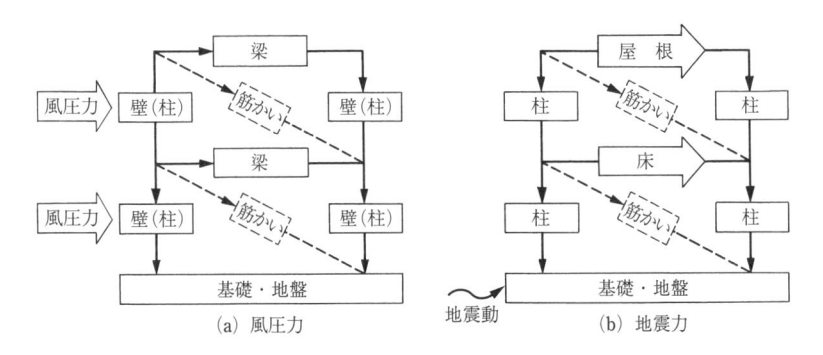

図2・4　水平荷重による力の流れ
(a) 風圧力　　(b) 地震力

　こうした力の流れを個々の部材について，詳細に検討することが必要である。例えば，図2・5に示すような小梁の配置にしても，図(a)のように小梁

をスパンの長いほうに入れると，小梁や y 方向の大梁は大きくなるが，x 方向の大梁は床荷重の負担が軽くなり，小さくてすむ。逆に，図(b)のように小梁をスパンの短いほうに入れると，小梁や y 方向の大梁は小さくなるが，x 方向の大梁は極端に大きくなる。このことを窓や壁の配置と合わせて検討すべきである。

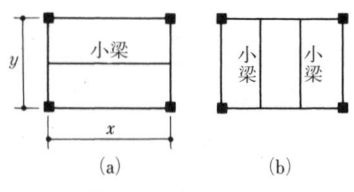

図2・5　小梁の配置

　一般に力の流れの単純なほうが応力などの把握も容易で，構造的には，よい建築物とされている。その意味では，図2・6では，図(b)より図(a)のほうが優れている。単純なほうがよいのは，建築物の全体形状についてもあては

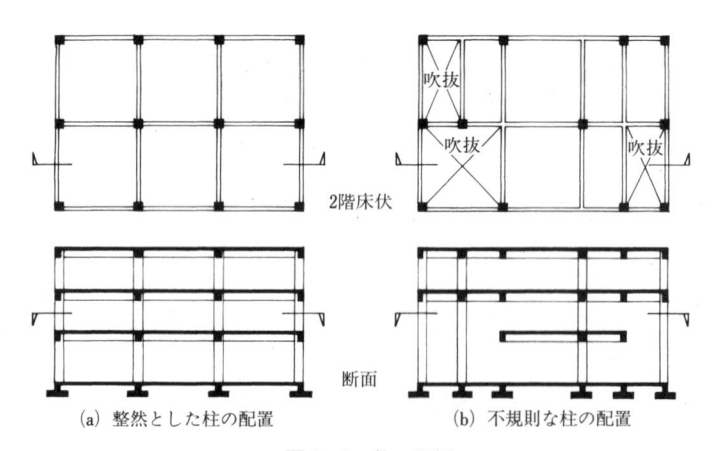

(a) 整然とした柱の配置　　　(b) 不規則な柱の配置

図2・6　柱の配置

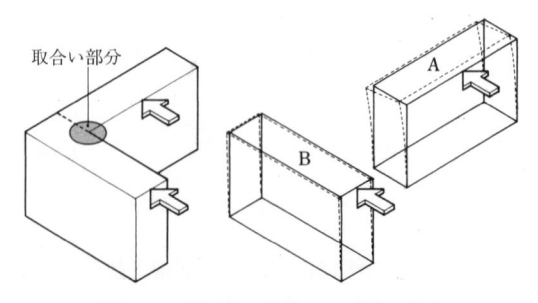

図2・7　建築物の形状と地震時の挙動

まる。例えば，図2・7のような建築物では，矢印方向の水平力に対し，A部分とB部分とで，高さと奥行および間口の比が著しく異なるため，地震時における建築物の挙動が大きく異なる。その結果，入隅部には無理な力が加わり，破損する可能性が大きくなるので，補強するとか，構造的に縁を切るとかの工夫が必要である。構造的に縁を切った場合，その接合部はエキスパンションジョイントと呼ばれる。

構造設計を行う場合には，力の流れを x 方向と y 方向の2方向に分けて考え，それぞれの方向について骨組で構成される面ごとに力の流れと耐力の検討を行う（図2・8）。

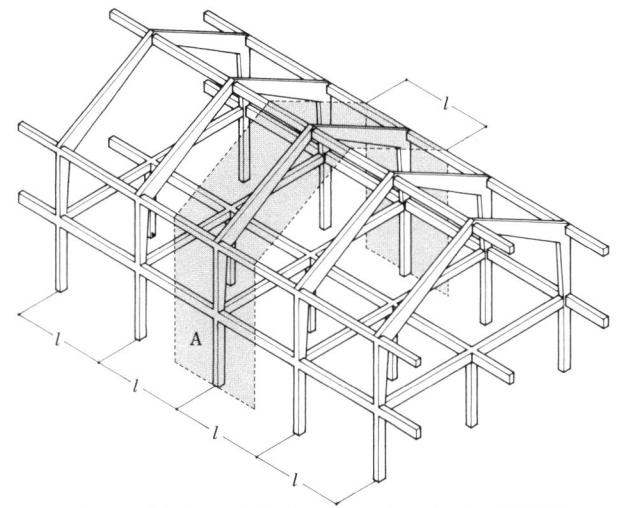

梁間方向の水平荷重と鉛直荷重については，アミをかけた部分の範囲に作用する荷重を単位骨組が分担すると考える。

図2・8 単位骨組

2・1・5 耐 震 壁

図2・8のように，骨組だけで風圧力や地震力などの水平荷重に抵抗する構造方式もあるが，耐震壁を設けて水平荷重に抵抗する方式のほうが一般的には経済的である。

荷重に抵抗するには，破壊荷重に対して余力のあることも大切であるが，同時に変形能力限界まで十分に粘りがあることも大切である。余力と粘りに

関する考え方は，図2・9の示すように，耐震壁の有無により大きく異なる。すなわち，耐震壁の多い建築物はどちらかというと余力で，耐震壁の少ない建築物は粘りで，それぞれ設計時に想定した以上の水平荷重が作用したときに備えている。

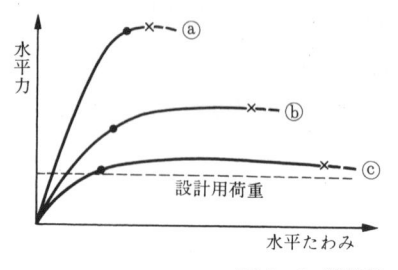

ⓐ：壁が多く剛性が高い建築物
ⓑ：壁がある程度あるか，または，剛性の高いラーメン式建築物
ⓒ：壁がないラーメン構造の粘り強さの大きい建築物
× 建築物変形能力限界
● 建築物降伏強度

図2・9 建築物の余力と粘り

2・1・6 水平構面とねじれ

屋根や床は，柱や梁を骨組として構成される箱のふたや底に相当し，鉛直荷重を柱や梁に伝達する働きのほか，水平荷重を耐震壁や水平荷重に抵抗する骨組へと伝達する働きもあり，水平構面と呼ばれる。

水平構面の剛性が十分でないと，図2・10のように変形が不規則となる。また，耐震壁と耐震壁との間隔が遠い場合も，力はうまく流れない。したがって，図2・11のように床などの水平構面に有効に接していない壁は，耐震壁としては機能しない場合があると考えたほうがよい。

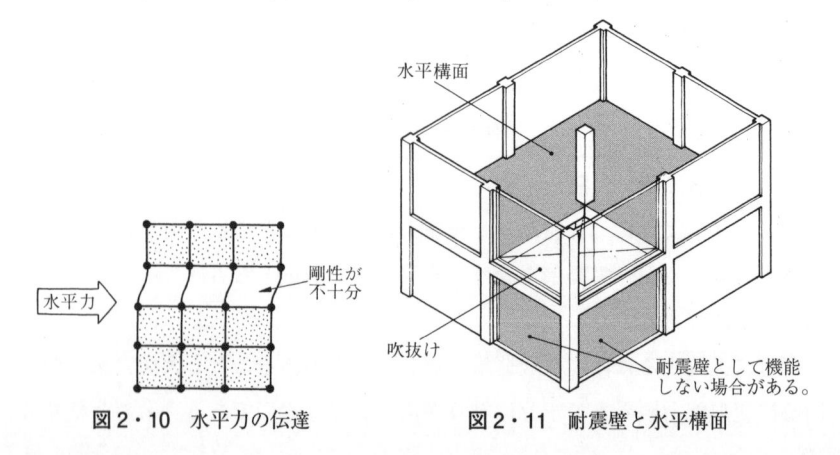

図2・10 水平力の伝達

図2・11 耐震壁と水平構面

水平構面によって建築物を一体化した場合でも，重心（水平荷重の合力の中心）と，剛心（抵抗する水平耐力の中心）とが一致しないと，水平荷重によってねじれが起こり，建築物に複雑な力が作用する。図2・12(a)は，重心は平面的に中央にあるが，耐震壁の配置が不均衡なため，ねじれを生じている，逆に，図(b)はもともと建築物の重心がかたよっているのに，耐震壁を平均的に配置したため，ねじれが生じている。

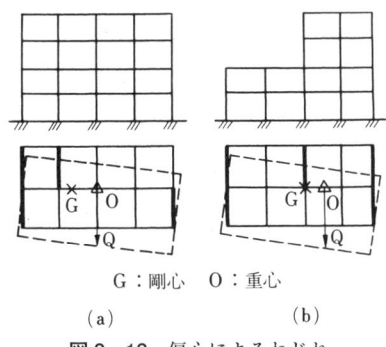

G：剛心　O：重心
(a)　(b)
図2・12　偏心によるねじれ

2・1・7　制振と免震

地震や風によって建築物が振動する現象を制御する技術が制振であり，このうち地震力を絶縁するのが免震である。免震構法を導入すると，地震と絶縁された部分は耐震設計が楽になる。また，地震や風による振動が抑えられることは，建築空間の居住性にとって好ましい。制振や免震は，建築物全体に適用され，集合住宅・病院や美術館・博物館などの建物で効果を発揮しているほか，部分的には文化財の展示台などに用いられている。

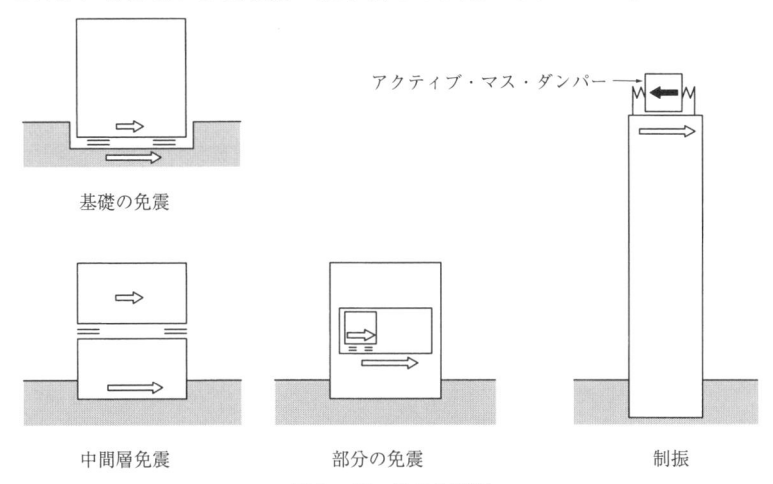

基礎の免震

中間層免震　　部分の免震　　　　　　　アクティブ・マス・ダンパー

制振

図2・13　免震と制振

2・2 鉄骨造

2・2・1 材料と構造

(1) 鋼材の性質

柱や梁など主要な構造部分に鋼材を用いた鉄骨造[1]は，その構造を特に取り出して呼ぶ場合，鉄骨構造あるいは鋼構造という。本格的鉄骨造は，ヨーロッパでは，19世紀初めより使用されたが，日本では，19世紀末に建設された秀英舎印刷工場が最初とされている。

鋼材は一般に，含まれている炭素量によって強さが異なる。表2・4に，通常，建築で使われる鋼材の規格を示す。鋼材の種類は引張強さに基づいているが，このうち，SS 400の鋼材を引張るときに生じる応力と伸びの割合，すなわちひずみとの関係を図2・14に示す。急に伸びの割合が大きくなるところを降伏点と呼ぶ。降伏したのちも，ひずみは大きくなるがなかなか破断に達しないことがわかる。破壊に達するまで間があるが，この粘り強さは構造材料としての鋼材の大きな利点である。

表2・4 鋼材と基準強度 F の例

鋼材種別		F（N／mm^2）	
		厚さ≦40mm	40＜厚さ≦100
建築構造用鋼材	S N 400	235	215
	S N 490	325	295
一般構造用鋼材	S S 400	235	215
	S S 490	275	255
	S S 540	375	—
溶接構造用鋼材	S M 400	235	215
	S M 490	325	295
	S M 520	355	335（325）

建築基準法関連告示第2464号より抜粋　　（　）内は厚さ＞75mmの場合

---

[1] 鉄骨造はS造と略称される。

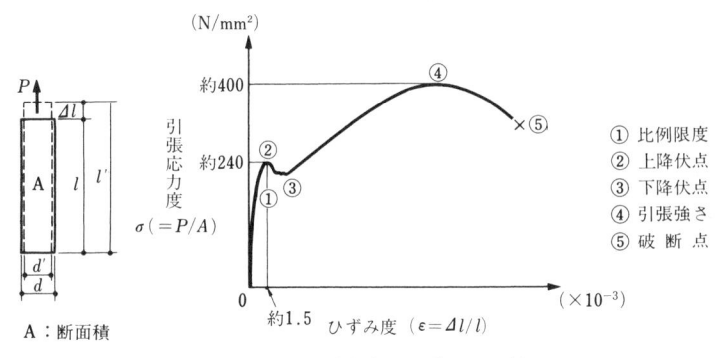

図2・14 引張応力とひずみの関係

① 比例限度
② 上降伏点
③ 下降伏点
④ 引張強さ
⑤ 破断点

A：断面積

表2・5は，鋼材のおもな物理定数である。鋼材は不燃材ではあるが，高温で著しく強度が低下し，500℃程度でおおよそ半減する。また，鋼材は空気中に放置しておくと酸化し，いわゆる錆を発生する。

表2・5 鋼材の物理定数

ヤング係数	205000（N／mm^2）
せん断弾性係数	79000（N／mm^2）
ポアソン比	0.3
線膨張係数	0.000012（1／℃）

日本建築学会「鋼構造設計規準」より

鋼材は断面積当たりの強度が大きく，工業製品であるため品質が安定しており，価格的にも比較的低廉で安定しているなど，構造材料として優れているが，建築物に用いる場合，火熱（火災の熱）と錆に対する配慮を十分講じておく必要がある。

錆，すなわち酸化被膜を安定させ，内部への進行を防止するように考えられた耐候性鋼，ニッケルやクロムなどを混ぜた合金とし錆の発生を低減したステンレス鋼，高温での強度低下を少なくした耐火鋼（FR鋼，600℃において常温時降伏耐力の2／3以上）も構造材料として用いられるが，高価でもあり，特長を生かした効果的な使い方が望まれる。

(2) 構造用鋼材の種類

鋼材の強度は非常に高いので，むくの長方形断面のままでなく，工業生産された各種断面の中から使用目的に合わせ，適宜選択し，組み合わせて用いられる。建築で通常用いられる鋼材の断面を表2・6に示す。

一般に形鋼と呼ばれているのは，熱間圧延された構造用鋼材（ホットロール）で，長尺の帯鋼（厚1.6～6.0mm）から冷間ロール成形により生産される軽量形鋼とは区別される。このほかに，平鋼などを切断し組み合わせ，溶接して規格にない形鋼[1]をつくることもある。

表2・6 構造用鋼材の種類

種類と名称 寸法表示	形状	種類と名称 寸法表示	形状	種類と名称 寸法表示	形状
不等辺山形鋼（アングル） L-$A \times B \times t$		軽溝形鋼 [-$A \times B \times t$		棒鋼 ϕ-d	
等辺山形鋼（アングル） L-$A \times A \times t$		リップ溝形鋼（Cチャンネル） [-$A \times B \times C \times t$		鋼鈑（プレート） PL-t	
I形鋼（アイビーム） I-$A \times B \times t_1 \times t_2$		軽山形鋼 L-$A \times B \times t$		平鋼（フラットバー） FB-$B \times t$	
溝形鋼（チャンネル） [-$A \times B \times t_1 \times t_2$		軽Z形鋼 ⌐-$A \times B \times t$		鋼管 ϕ-$D \times t$	
CT形鋼 T-$A \times B \times t_1 \times t_2$		リップZ形鋼 ⌐-$A \times B \times C \times t$		角形鋼管 □-$A \times B \times t$	
H形鋼 H-$A \times B \times t_1 \times t_2$		ハット形鋼 ⌐⌐-$A \times B \times C \times t$			

1) 厚肉大口径のボックス柱やビルトHと呼ばれる厚肉大型のH形鋼など。

(3) 許容応力度と座屈

鋼材の種類と厚さにより定められている基準強度 F(表2・4参照)を使って，長期許容引張（圧縮・曲げ）応力度 $_Lf_t$，長期せん断応力度 $_Lf_s$ が次のように決められ，短期許容引張応力度はそれぞれの 1.5 倍としている[1]。

$$_Lf_t = F/1.5$$

$$_Lf_s = F/1.5\sqrt{3}$$

部材に外力を徐々に加えていったとき，それまでの変形のようすが急激に変わり，変形が止まらなくなることを座屈という。図 2・15 に示すような圧縮による曲げ座屈と，曲げによる横座屈とがその代表的な現象である。圧縮や曲げによる長期許容応力度は，この座屈を考慮して鋼材の断面形状や支点間の距離などに応じて定めることになっている。座屈を考えなければ，一般的な鋼材の許容圧縮応力度は許容引張応力度に等しい。

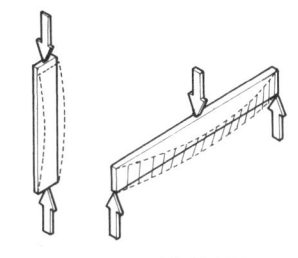

(a) 曲げ座屈　(b) 横座屈

図 2・15　座屈現象

(4) 構法の種類

鉄骨造には，その規模や用途に応じて，多種多様な構造方式があり，使用部材や接合方法も異なる。鉄骨造の代表的な構法には，軸組構法，山形ラーメン構法，トラス構法，軽量形鋼による構法（軽量鉄骨構法ともいう），鋼管による構法などがある。

以上のうち，軽量形鋼による構法，鋼管による構法は，材種の相違が構法全体に大きく影響する例である。このほか，剛性が高いわりには軽量なトラスなどの部材を梁に用いることにより，大スパンを可能とする構法も鉄骨造の特徴である。

---

1) 引張・圧縮・曲げの短期許容応力度は基準強度と同じになる。

2・2・2 施工と接合方法

(1) 施工法の概要

鉄骨造では，鋼材を工場で加工し，各種のクレーンを使って現場で組み立て，接合するのが一般的である。工場では，設計図書から描き起こした加工図[1]に従って部材の裁断，組立て，接合のための高い精度の加工がなされる。

(2) 力の伝達形式

図2・16は接合部の節点における力の伝達形式　(a)ローラー支承，(b)ピン接合，(c)剛接合　の鉄骨造における具体例である。このうち(a)は建築ではほとんど用いられない。

また，部材の接合方法に着目すれば，溶接とボルト接合が代表的である。

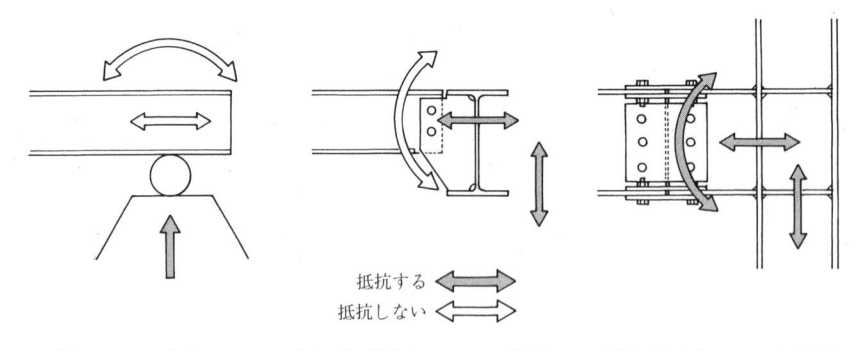

　　(a) ローラー支承　　　(b) ピン接合（ウェブのみ接合）　　　(c) 剛接合（フランジも接合）

図2・16　力の伝達形式による接合の種類

(3) 溶　　接

溶接はほかの接合方法に比べ，孔による材断面の欠損がなく，添え板などの副資材を用いない方法もあり，突出部が少なく，形状のすっきりした接合部が可能である。接合時に騒音を生じないことも利点である。反面，施工の良否が接合強度を左右し，熱によるひずみや応力が生じるなどの欠点がある。現在では，溶接技術[2]や材料・機械などの進歩と並行して簡便な検査法も開発され，高力ボルトとともに，鉄骨造の接合方法として最も広く利用されている。

---

1) 従来は縮尺1/1の加工図（現寸図）を起こしていた。
2) アーク溶接・ガスシールドアーク溶接・サブマージアーク溶接などがある。

表2・7 溶接継目と継手

突合せ溶接	部分溶込み溶接	隅肉溶接
突合せ継手	突合せ継手	重ね継手
裏当て金　角継手	角継手	角継手
T継手	T継手	T継手

溶接継目には，突合せ溶接（完全溶込み溶接）・部分溶込み溶接・隅肉溶接の3種類がある。このうち，部分溶込み溶接は，板厚内に不溶着部分のあるもので，それ以外の部分については開先を設けて溶着する。

(4) 普通ボルト接合

普通ボルト接合は，施工・解体が容易で，騒音が少ないなどの利点があるが，長期間の使用によってボルトがゆるむおそれのあること，孔径とボルトの軸径の差だけ初期変形しやすいことなどの欠点があり，軒高9m以上，スパン13m以上の鉄骨造における構造耐力上主要な部分には使用できないことになっている。

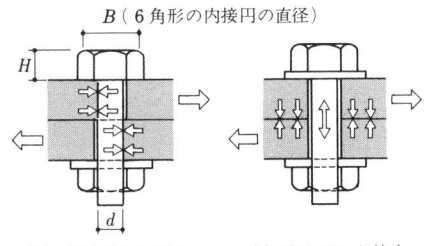

(a) 普通ボルト接合　　(b) 高力ボルト接合
図2・17　ボルト結合

(5) 高力ボルト接合

高力ボルト接合は，普通ボルト接合がボルト軸のせん断耐力によっているのに対し，引張耐力が非常に大きい高力ボルト[1]（ハイテンションボルトともいう）を用い，図2・17に示すように，接合すべき鋼材を強く締め付けることにより生じる摩擦力によって接合する。

特徴として，施工が確実で，騒音も少ないという利点のある反面，普通ボルト接合の場合と同様に，孔による断面欠損がある，添え板（スプライスプレート）などの接合材が必要となる，などの欠点をもっている。

(6) リベット接合

リベット接合は，ボルト・ナットの代わりに，1000℃近くに熱したリベットを，リベッターで打ってかしめる接合方法である。ボルト接合と似ているが，リベッターを使用する際に大きな騒音を発生するため，建築の現場では，現在ほとんど用いられない。

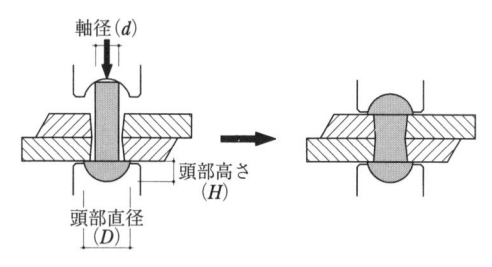

図2・18 リベット

ボルト・リベットを用いた接合方法については，孔をあける関係上，孔と部材端部との距離（縁端距離という），孔と孔との最小間隔などが軸径に応じて，表2・8のように決められている。

また，ボルト・リベットはせん断接合が望ましく，引張が生ずる接合は好ましくない。せん断接合の場合，接合される鋼材や添え板などの構成により，図2・19のように1面せん断・2面せん断の相違がある。また，引張接合は，専用の接合部材を用いるなど，使用するときには，十分な配慮が必要である。

表2・8 最小縁端距離とピッチ（mm）

径		12	16	20	22	24	27	30
最小縁端距離	せん断縁など	22	28	34	38	44	49	54
	圧延縁など	18	22	26	28	32	36	40
最小ピッチ		径×2.5						

日本建築学会：「鋼構造設計規準」より

---

1) High Strength Bolt の訳。

(a) せん断接合　　　　　　　(b) 引張接合

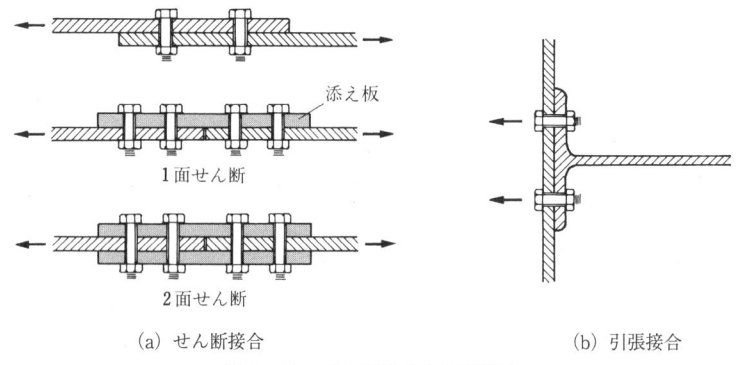

図 2・19　せん断接合と引張接合

2・2・3　軸　組　構　法

(1)　概　　　要

　鉄骨造の軸組構法とは，各種の形鋼などを利用して，柱と梁による立体的な格子状骨組を形成する構法をいい，超高層建築物の高層部などがその典型例である。水平剛性要素として床や水平ブレースを用い，場合によっては，水平荷重の抵抗要素としてブレースや面的な耐力壁などが必要に応じて適宜用いられる。

　また，軸組構法は構造上の明解さ，施工上の簡便さなどから，近年，中層以下の建築物についても，オフィスビルや市街地の店舗付き住宅などの用途を中心に使用例が増加している。

(2)　梁

　梁はおもに曲げ応力に耐える必要がある。図2・20に示すように，梁などの曲げ材において，曲げ耐力を主として受け持つ部分をフランジ，せん断耐力を受け持つ部分をウェブという。上下のフランジの肉厚を厚くする一方，その間隔を遠ざけた形状のほうが曲げに対して効率がよい。そこで軸組構法

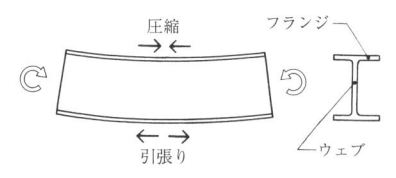

図 2・20　フランジとウェブ

38　第2章　躯体構法

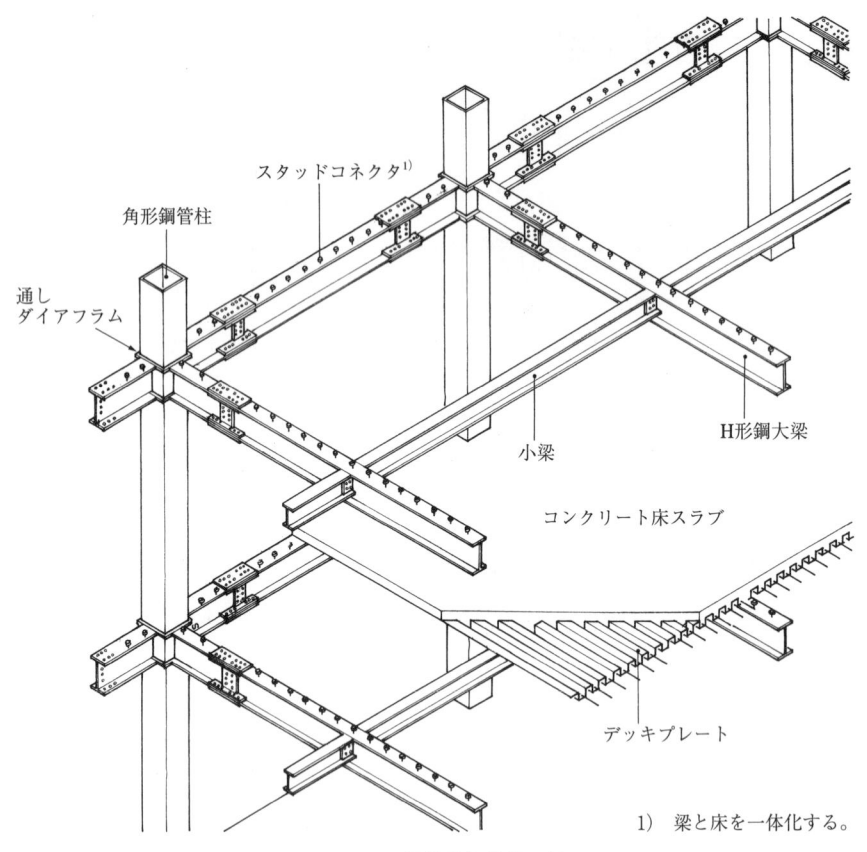

図2・21　鉄骨軸組構法の例

1) 梁と床を一体化する。

表2・9　梁の断面形状例

断面形状	特徴	断面形状	特徴
H形鋼	部材の加工手間が少なく，柱との接合部も簡単である。	組立材	T形鋼や山形鋼，平鋼を用い，加工手間はかかるが，断面性能のよい，大きな梁成が得られる。
ハニカムHビーム	鋼材量と比べて断面性能がよく，開口をダクト配管などに利用できる。	ラチス梁	加工手間はかかるが，大きな梁成が可能であり，ダクト・配管の貫通も容易である。

の梁としては，表2・9に示すようなものが使用される。このうち，ウェブをラチスで構成するものは加工手間が大変なため，特に大きなスパンの場合に用いられる。

　高い断面性能を得る目的で梁成(はりせい)だけを大きくすると，前述したように，曲げによる横座屈（図2・15）が起こりやすくなる。横座屈を防ぐには，梁成と梁幅の比を肉厚に応じ，ある程度以下に押えるほか，小梁や床スラブによって横方向を拘束するのも効果がある。

　梁成に比べてウェブの肉厚が薄い場合，梁には横座屈のほか，ウェブの座屈が起こることがある。この座屈を防ぐため，図2・22に示すようにスチフナと呼ばれる補強板を取り付けるのも効果がある。スチフナはこのほか，荷重点や支持点など，局部座屈・局部変形の起こりやすい箇所に適宜用いられる。

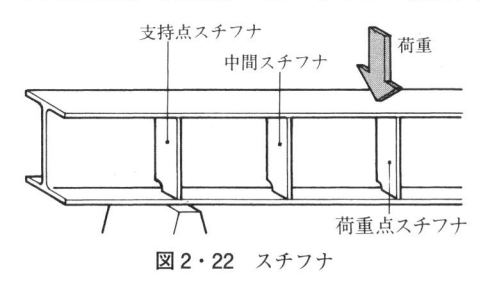

図2・22　スチフナ

(3)　柱

柱は一般に大きな圧縮応力に耐える必要があり，その強度に見合うだけの断面積が必要である。また，水平荷重が作用するときには，大きな曲げ応力

表2・10　柱の断面形状例

断面形状	特徴	断面形状	特徴
H形鋼	接合部の加工は容易であるが，断面性能に方向性があり，通常，スパンの大きい方と平行にウェブを配置する。	ラチス柱	加工手間がかかるが，軽量なわりに強度が大で，工場のように，方向性のある大スパンの架構に用いられる。
角形鋼管	接合部の加工は難しいが，断面性能にX，Y方向の差がない（正方形断面の場合）。	鋼管	角形鋼管と同じ。鋳鋼管で外径を変えないで厚みの変化により強度に対応するものもある。

が生じ，その応力に耐えるためには，鋼管のように柱断面の中心から離れたところに鋼材のあるものを選んだほうが有利であり，これはまた圧縮による曲げ座屈の防止にも効果がある。

軸組構法の柱としては，表2・10に示すようなものが代表的である。この場合もウェブをラチスで構成するものは，加工手間が大変なため，最近はH形鋼や鋼管などをそのまま使用する例が多い。

(4) 柱　　　脚

柱脚は，柱からの力を基礎に伝達する部分である。基礎は鋼材に比べて強度の小さい鉄筋コンクリートでつくられるのが普通であり，力を平均的に分散させる必要から，ベースプレートと呼ばれる板を基礎と柱の間に介在させる。

柱脚にピン接合を用いると，基礎には曲げモーメントが伝達されないので，基礎を小さくすることができるが，柱の上部での必要断面は大きくなる。逆に，柱脚を剛接合すなわち固定とすると，基礎は多少大きくなるが，柱は小さくてすむ。ただし，固定とするための施工は面倒である（図2・23）。そこで，低層の建築物ではピン，中層以上の建築物では固定，というのが定石であったが，現在は柱脚を埋め込まない露出固定工法が開発され，広く普及している。

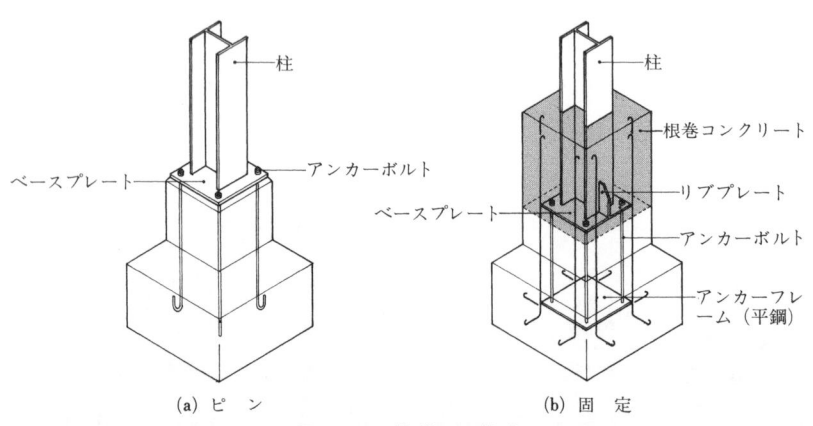

(a) ピ　ン　　　　(b) 固　定

図2・23　柱脚の形式

2・2 鉄 骨 造 41

(5) 継　　手

　構造的には柱・梁の継手はないほうがよい。しかし，長すぎると，運搬・建方上，不便であり，また，上下・左右で断面形を変える場合には，必然的に2つの部材をつなぐ必要が生じる。通常，柱は2〜3階分，10m 程度の長さのものを用い，床上1m 前後のところに継手を設けることが多い。

　継手は，剛接合とするのが普通であり，添え板を使用する場合は，接合される柱や梁の断面以上の板厚とする。図2・24 は，柱と梁の継手の一例である。

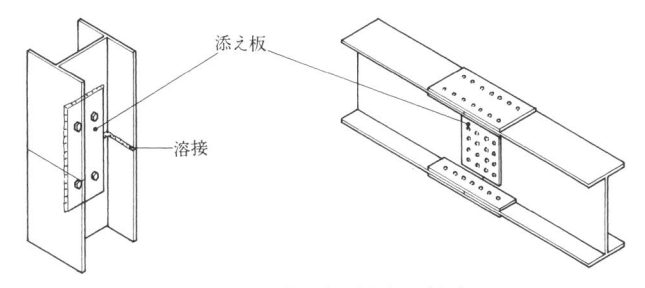

図2・24　柱の継手と梁の継手

(6) 仕　口（柱と梁，大梁と小梁の接合部）

　柱と梁の接合部は，構造方式に応じて，剛接合またはピン接合にする。ピン接合の場合は，接合形式が簡単なため，梁の端部を柱にボルト接合するのが普通である（図2・26）。剛接合の場合は，接合を確実にするため，あらかじめ梁の端部に相当するものを柱に剛接合しておき，現場では梁の継手接合だけを行うという形式のものが多い（図2・25）。

　鋼管や角形鋼管を柱とする場合，梁からの力を伝達するための補強板を設ける必要がある。柱の四周に回すか（図2・25(a)），柱の内部[1]に配置するほか，内外貫通して設ける方法がある（図2・21，図2・107(a)）。外観上，あるいは外壁との取合い上は，後者のほうがよいが，加工の手間を考えて前者の形式をとるものも多い。H形鋼の場合は，補強板の配置は容易である（図2・25(b)）。

　大梁と小梁の接合部は剛接合も用いられるが，ピン接合がほとんどである。

───────────────

1) 内部だけ配置するものを，内ダイアフラムという。

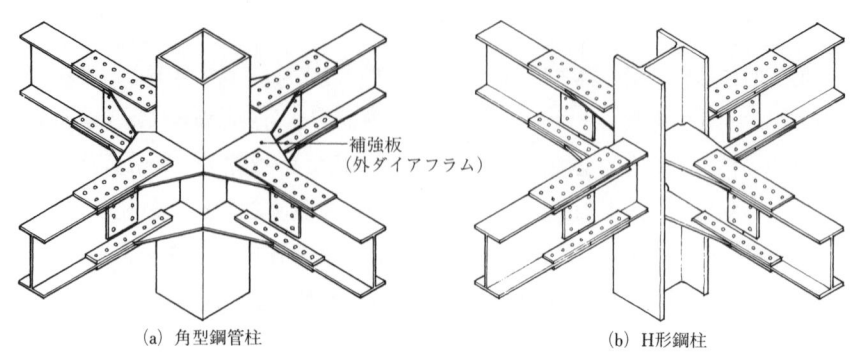

(a) 角型鋼管柱 　　補強板（外ダイアフラム）　　(b) H形鋼柱

図2・25　柱と梁の仕口（剛接合）

角型鋼管柱　　ガセットプレート　　大梁
梁
小梁
水平ブレース

(a) 柱と梁　　(b) 大梁と小梁

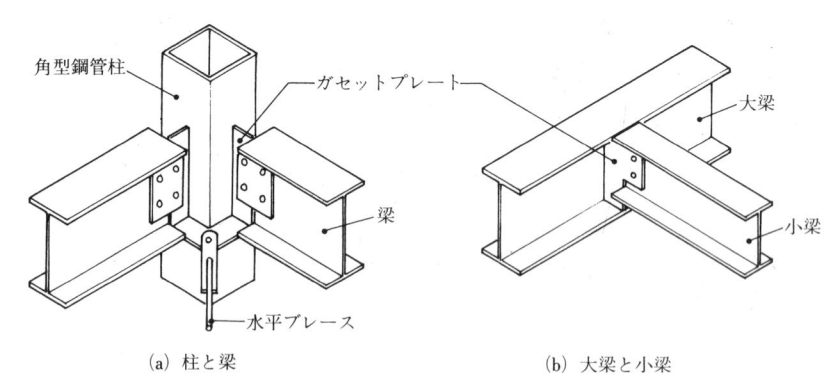

図2・26　ピン接合の仕口（ウェブの接合）

(7) 耐震壁と床

　軸組構法の構造上主要な部材としては，柱・梁以外に，耐震壁などの耐震要素と床とがある。耐震要素は柱・梁がピン接合の場合は必須であるが，剛接合の場合も柱・梁の負担を減らす意味で用いられる。

　耐震要素としては，鋼材による筋かい（ブレース）のほか，鉄筋コンクリート造の耐震壁も用いられる。後者の場合，柱・梁に比べ，剛性がはるかに高くなりがちで，両者の剛性を調整する工夫が必要となる。近年は積極的に水平力による揺れ・振動を制御する制振壁が採用されることもある。図2・27(b)は，座屈しないように拘束された鋼材（アンボンドブレース）が伸縮することで，建物の変形を制御する仕組みの例である。

2・2 鉄 骨 造 43

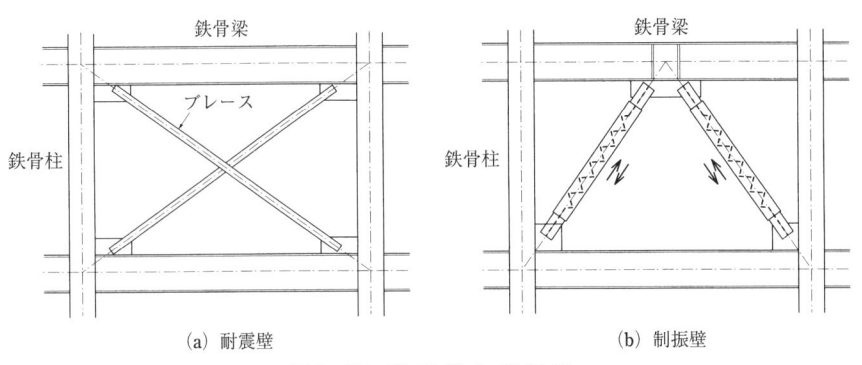

(a) 耐震壁　　　　　　　　　(b) 制振壁
図2・27　耐震壁と制振壁

　鉄骨軸組構法の床としては，デッキプレートなどの鋼製折版や薄肉のプレキャストコンクリート版（図2・73(b)）を型枠としてつくられる鉄筋コンクリートスラブのほか，ＡＬＣ版やプレキャストコンクリート製の床用部品を用いることが多い（図2・28）。

　鋼製床版は，鉄筋コンクリート床形成のための単なる捨型枠として用いられる場合と，鋼製床版の剛性を期待した用い方の場合とがある（図2・28(a)）。構造的には，水平面の剛性を確保することが必要であり，そのため，床スラブと梁との接合を剛にすることが多い[1]。また，水平ブレースを併用する場合もある。

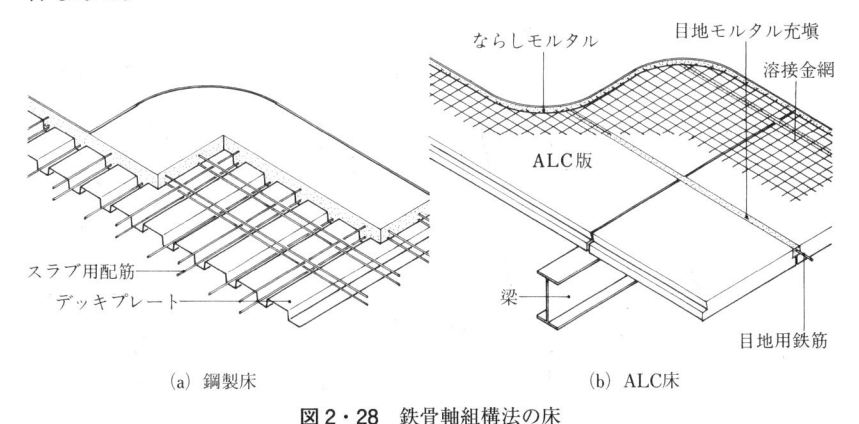

(a) 鋼製床　　　　　　　　　(b) ALC床
図2・28　鉄骨軸組構法の床

---

1)　梁と床を一体化するためスタッドコネクタを梁上に設ける（図2・21参照）。

(8) 耐火被覆

鉄骨造の建築物を耐火建築物とするためには，構造上主要な部分を規定に基づく耐火構造にする必要がある。

耐火構造とするためには，火災時に鋼材が火熱によって強度低下を起こさないように被覆する必要がある。これを耐火被覆といい，いくつかの構法が考案されている。実績の多い3つの構法の概略を図2・29に，特徴を表2・11に示す。なお，かつて吹付材として多用された石綿（アスベスト）は，人体への悪影響が大きく，その撤去・取扱いは大きな社会問題となっている。

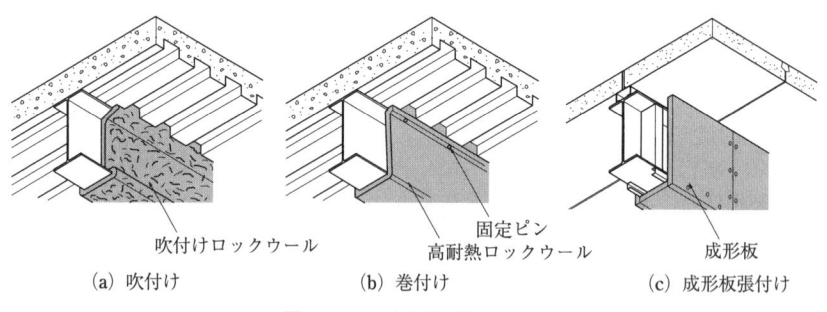

(a) 吹付け　吹付けロックウール
(b) 巻付け　固定ピン　高耐熱ロックウール
(c) 成形板張付け　成形板

図2・29　耐火被覆構法の例

表2・11　耐火被覆構法の特徴

構　法	特　徴
(a) 吹付け	接着剤を塗布した鉄骨やラス下地にロックウールをスプレーガンで吹き付ける。形状が複雑なもの，不整形なものに適応しやすいが，被覆厚や比重の管理が難しく，吹付材の飛散は公害の一因となる。
(b) 巻付け	あらかじめマット状に成形した耐火被覆材をピンで固定するもので，材料の飛散がなく現場養生不要で，厚さ・密度などの管理も吹付に比べ容易である。
(c) 成形板張付け	ALC版やけい酸カルシウム版などを金具や接着剤で取り付ける。作業能率がよく，品質管理も容易であるが，破損や割付けによるロスなど歩留りが悪い。

2・2・4 山形ラーメン構法

柱と合掌梁で形成される架構による山形ラーメンを，図2・30に示すように連続して使用する山形ラーメン構法は，主要な部材が標準化され，加工手間が省略できる。架構形態そのものに特徴があり，ラーメンに直交する方向には筋かいが必要なことから，その分デザインの自由度には制約がある。

このような特徴を生かし，かなりの大スパンを要するような場合を除いて，体育館や工場などに多用されている。

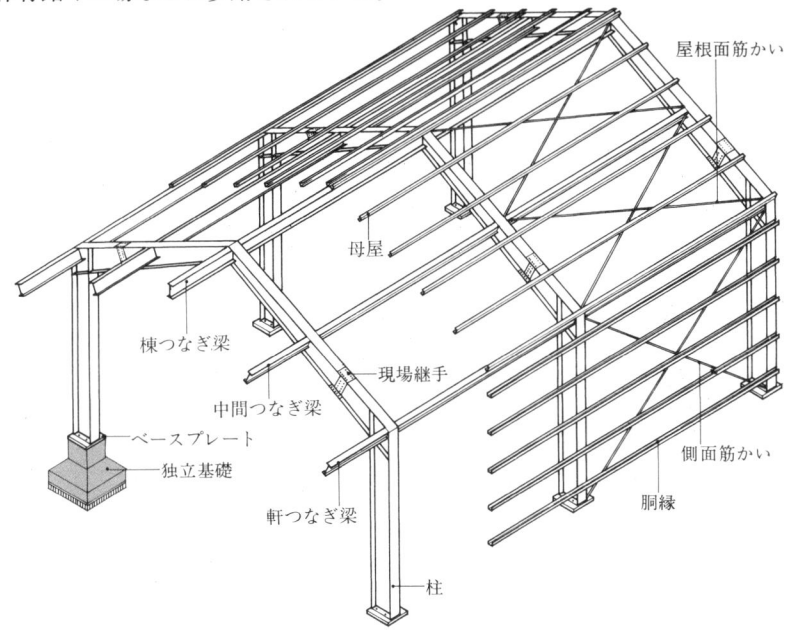

図2・30 山形ラーメンによる骨組例

2・2・5 トラス構法

(1) 構法の概要

節点がピン[1]で，部材が三角形を形成している骨組をトラスというが，ここでいうトラス構法とは，建築物の構造部もしくはその主要な一部をこのトラスによっているものをいう。軸組構法の柱・梁などの部材のいくつかをトラスに置き換えたものもトラス構法といえる。

---

1) 広義には，節点がピンでないものも含む。

図2・31 はトラスを多用した建築物の構成と，各部材の位置による名称を示したものである。

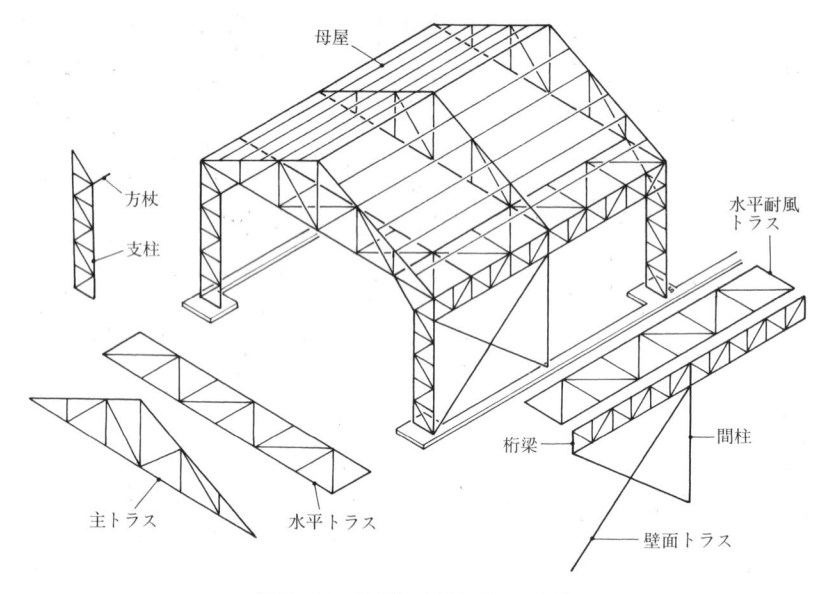

図2・31　位置によるトラスの名称

(2) トラスの種類

　トラスにおける三角形の形成方法にはいくつかの定石があり，図2・32 はその代表的な種類を示したものである。キングポスト，クイーンポストは，それぞれ真束小屋組，対束小屋組ともいう（図2・135）。

　フィンク（Fink），ハウ（Howe），プラット（Pratt），ワーレン（Warren），は，それぞれ発明者の名前に基づく名称である。このうちフィンク，プラットは，座屈による影響を考慮して，圧縮材は短く，引張材は長くなるように考案されたもので，鋼材のように断面積当たりの強度が高く，比較的小断面で使用するようなものには非常に都合がよい。また，スリーヒンジトラスは地盤が不安定なときに有効である。

　図2・32 の(a)から(h)までのトラスは部材の構成が平面的であり，平面トラスと呼ばれるのに対し，ドームを形成するトラスなどは形状が立体的に安定しており，立体トラスと呼ばれる（図(i)）。

立体トラスは，変形・座屈に対して有利であるというトラスの特性を3次元のすべてに生かしたものである。一般に，力の流れが3次元であるために，2次元の平面トラスに比べ，生じる応力は小さい。こうした特徴により，立体トラスは大スパン構造に利用されることが多いが，構造解析がむずかしく，加工も複雑である。

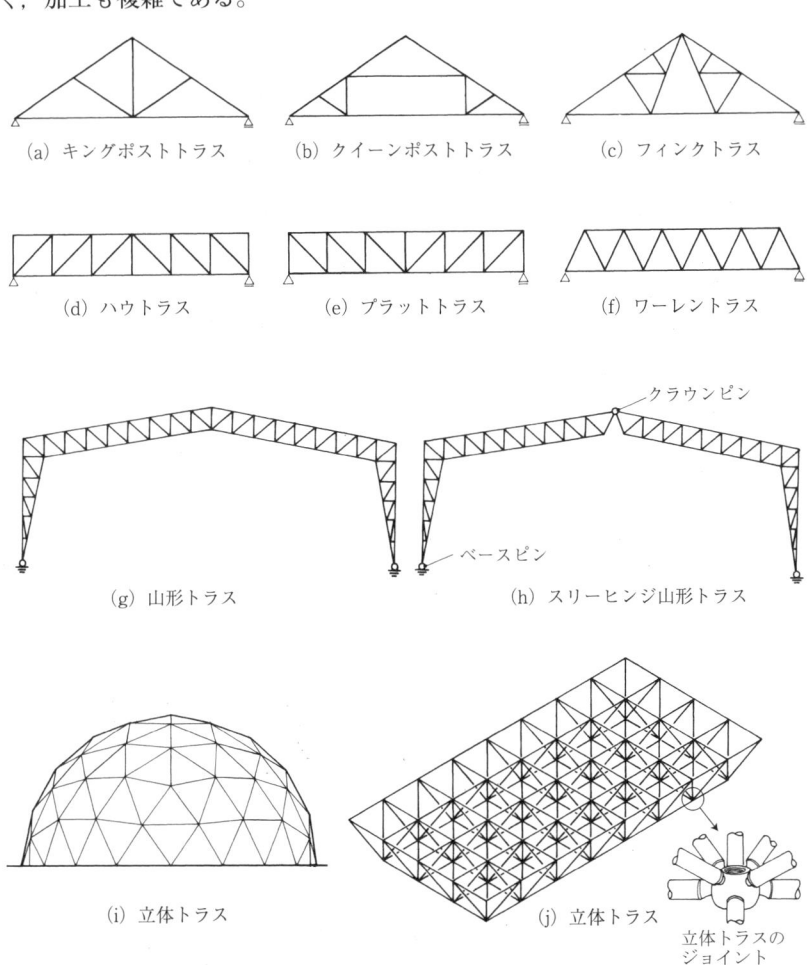

(a) キングポストトラス
(b) クイーンポストトラス
(c) フィンクトラス
(d) ハウトラス
(e) プラットトラス
(f) ワーレントラス
(g) 山形トラス
(h) スリーヒンジ山形トラス　クラウンピン　ベースピン
(i) 立体トラス
(j) 立体トラス　立体トラスのジョイント

図2・32　トラスの種類

(3) 接　合　部

　トラス構法における接合部は，トラスを構成する部材相互のピン接合部と，トラスと他の構造方式の部材との接合部の2つに大別される。

　前者の場合，節点をピンとするためには，接合部に集まる各部材の重心線を1点に交わらせる必要がある。ただし，山形鋼などでは重心線とボルトやリベットを配置するゲージラインとが異なっているが，便宜上，このゲージラインが1点に交わるように設計する。

　後者の場合，トラスを構成する部材は一般に軸方向力に見合う程度のものが普通であるので，他の構造方式の部材との接合においても，トラスを構成する部材の相互の接合と同様，曲げ応力の発生を極力押さえる。部分的な補強が必要となることもある。

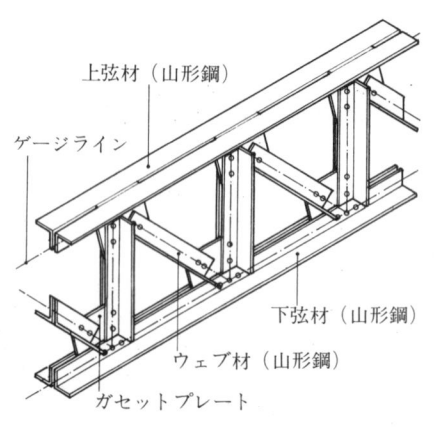

図2・33　ピン節点の形成

2・2・6　軽量形鋼による構法

(1) 構法の概要

　軽量形鋼は，ライトゲージ（Light Gauge Steel；LGS）とも呼ばれ，軽量のわりには強い。例えば，表2・12の形鋼の場合，両者の重量はほぼ等しいにもかかわらず，断面係数でみると，軽量形鋼が形鋼のおおよそ2倍あることがわかる。ただし，冷間成形による薄肉材であり，断面も小さいも

表2・12 普通形鋼と軽量形鋼の特性

断面特性 \ 断面形状	普通形鋼（溝形鋼）	軽量形鋼（リップ溝形鋼）
断面積 (cm^2)	11.92	11.81
単位質量 (kg/m)	9.36	9.27
断面二次モーメント (cm^4) I_x	189	716
I_y	26.9	34.1
断面係数 (cm^3) Z_x	37.8	71.6
Z_y	7.82	15.8

のに限られているため，軽量形鋼を主要な構造部材に使用する構法は，大規模な建築物には不向きである。以前は木造に頼っていたような中小規模の建築物に，不燃化などを意図し，この構法が採用されている。鉄鋼系プレファブ住宅はその好例である。

　軽量形鋼は軽いので運搬や組立は容易であるが，肉厚が幅・成に比べて薄いため応力の集中により，ねじれや局部座屈・局部変形が生じやすい。また，錆の影響も大きく受けるので，メッキや塗装などによる錆止め処置はもちろん，結露などに対しても十分な配慮が必要である。

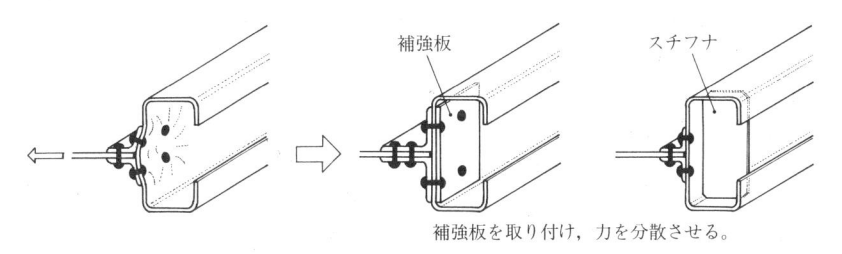

補強板を取り付け，力を分散させる。

図2・34　局部変形に対する配慮

接合法としては，ボルト，特に普通ボルトによることが多い。その場合，建物完成後ゆるむことのないように，二重ナットやばね座金などを用いる必要がある。溶接は，肉厚が薄いため，溶接温度が高いと材が溶け落ちて穴があきがちで，逆に低くしすぎると溶接が不完全になるなど，普通の形鋼より高度な技術が要求される。特に，現場での溶接は避けたほうが無難である。

(2) **部材と接合部**

構法全般としては，普通形鋼による軸組構法に準じて考えればよい。ただし，ねじれが生じやすいので，柱や梁などの主要部材については，単一材を用いないで，図2・35のように，2材以上の組合せによる2軸対称の断面形にして使用するのが普通である。

柱脚や柱・梁の接合部については，適宜，補強を兼ねたプレートを用いて，ボルト接合とすることが多い。

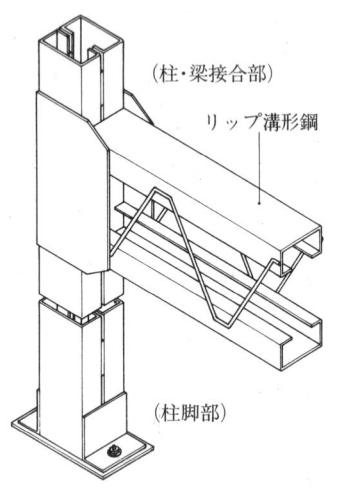

図2・35　2材以上の組合せによる主要部材間の接合部の例

2・2・7　**鋼管による構法**

(1) **構法の概要**

柱・梁など構造上主要な部分に鋼管を用いた構造方式を鋼管構造という。角形鋼管は軸組構法の柱に多用されている（図2・21）。

円形中空断面の鋼管は，曲げ・ねじれ・局部座屈などに対して強いうえ，断面の方向性もなく，構造材として多くの利点をもっている。鋼管を用いた外観は独特であり，意匠上のポイントとして構造体を露出させる場合も多い。ただし，鋼管と鋼管をボルトを用いて接合するのはむずかしく，鋼管を正確に加工するのも高度な技術を要するため，単なる柱材として使用する場合を除き，一般建築での使用は極めて少なかった。しかし，自動切断機の開発・改良や溶接技術の発達に伴い，技術的には一般的なものとなりつつある。図2・36は管径の異なる鋼管を既存の技術で接合する例であり，図2・37は

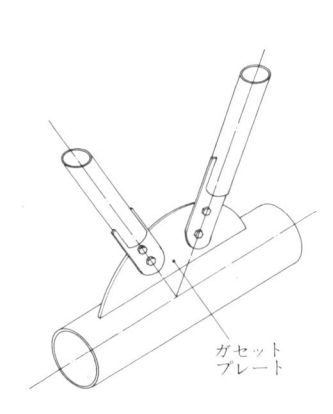

図2・36　鋼管の接合形式　　　　　図2・37　鋼管による柱脚

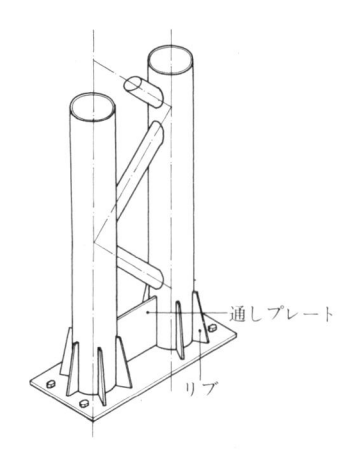

より洗練した形の実現を意図した例である。トラス構法とする場合は，各部材の重心線が1点に交わるように接合する必要があり，後者の場合，切断・加工は特に高い精度と確実性が要求される。

(2) **鋼管コンクリート**

鋼管が閉断面であることを活用し，内部にコンクリートを充填した鋼管コンクリートは耐火性能や対座屈性能が優れている。CFT（Concrete‐Filled Steel Tube）は，鋼管コンクリートを柱とするもので，コンクリートを充填しないタイプに比べ，耐火被覆が省略もしくは低減でき，剛性も高いので，近年使用例が増えている。

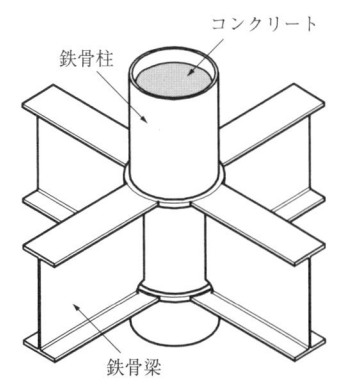

図2・38　鋼管コンクリート造の鉄骨の柱・梁接合形式

2・3 鉄筋コンクリート造

2・3・1 材料と構造
(1) 鉄筋コンクリート造の原理

棒鋼を組み立ててつくった鉄筋の周囲に,コンクリートを打設し,一体に働くようにしたものを,柱や梁など構造上主要な部分に用いた鉄筋コンクリート造をRC造[1]という。

日本で最初につくられたRC造は,20世紀初めの佐世保重工業ポンプ室であるといわれているが,ヨーロッパでも本格的に用いられるようになったのは,20世紀にはいってからである。

コンクリートは,セメントと砂や砂利などの骨材および水を混合して得られる。その性状は原料の種類・配合比によって異なるが,表2・13,表2・14に示すように,コンクリートは鋼材に比べ,おおまかにいって,ヤング係数で1/10,圧縮強度で1/20,引張強度で1/200程度である。

表2・13 鋼材とコンクリート材料の定数

	鉄筋	コンクリート	
ヤング係数	2.05×10^5	$1.26 \sim 3.35 \times 10^4$ *	N/mm^2
ポアソン比	—	0.2	
線膨張係数	1×10^{-5}	1×10^{-5}	$1/℃$

*以外:日本建築学会「鉄筋コンクリート構造計算規準」
* :参考式へ数値代入した結果

これからもわかるように,コンクリートを構造材として使用するためには,なんらかの補強が必要である。一方,鋼材を使用する際には,火熱や錆に対するなんらかの処置が必要である。

鋼材は高価なので,少なく用いて,おもに引張材として強度上の補強をする役目をもたせる。一方,コンクリートは,圧縮強度の割には安価で,建築物の素材としても優れている。大量に用いて鋼材を被覆して火熱から守り,アルカリ性であるから錆の発生を防ぐ役目をもっている。このような相互扶

---

1) Reinforced Concreteの略で,補強されたコンクリートの意味である。

助のしくみがＲＣ造の構造原理である。ＲＣ造の寿命は50～100年といわれているが，それはコンクリートの中性化が表面から進行して鉄筋にまで達し，錆を防ぐ能力を失うまでの時間に基づいている。

このほか，鋼材とコンクリートはよく付着し，線膨張係数（熱膨張率）もほぼ等しいので，構造体としての一体性はきわめて高い。図2・39は鉄筋コンクリートの梁の変形を模式的に示したものであるが，鋼材とコンクリートとの付着がなければ，補強の役割を果たし得ない。

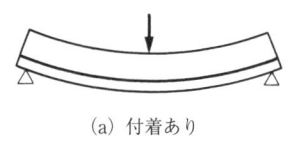

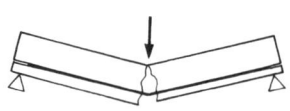

(a) 付着あり

(b) 付着なし

図2・39　鉄筋とコンクリートの付着

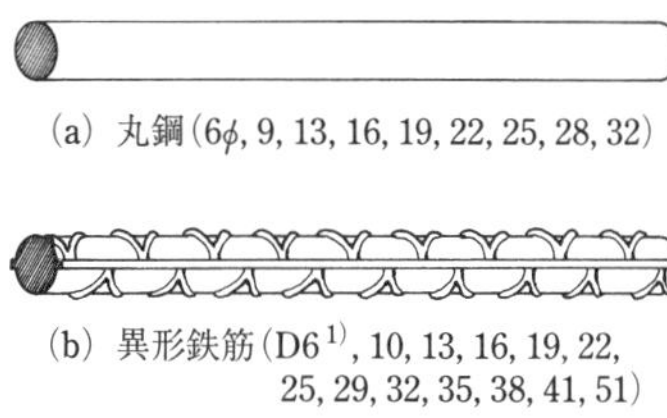

(a) 丸鋼（6ϕ, 9, 13, 16, 19, 22, 25, 28, 32）

(b) 異形鉄筋（D6[1], 10, 13, 16, 19, 22, 25, 29, 32, 35, 38, 41, 51）

図2・40　鉄筋の種類

鉄筋には，図2・40に示すように，単純な円形断面の丸鋼と，コンクリートとの付着がよいように表面に凹凸をつけた異形鉄筋とがある。付着はコンクリートと鉄筋との接触面積によるから，同じ鉄筋量なら径の細いものを多数使用するほうが付着上は有利である。

鉄筋は主として引張力を負担させるように入れられるが，圧縮力を受けることも多い。この場合，コンクリートは一種の座屈防止の役割も担っている。図2・41は鉄筋コンクリートの梁に荷重を加えていった場合の，断面に生じる応力の変化を示している。

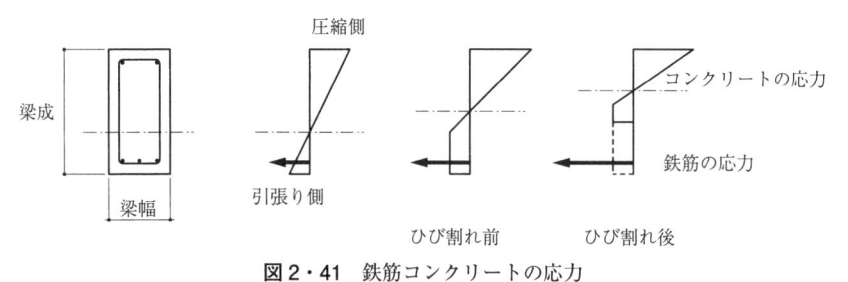

図2・41　鉄筋コンクリートの応力

---

1) 異形鉄筋のときは径を示すのに，Deformed bar の略のDを使用する。

(2) コンクリートの性質

コンクリートに圧縮力を徐々に加えていった場合,応力とひずみの関係は,図2・42のようになる。鋼材の応力ひずみ曲線と比べると,

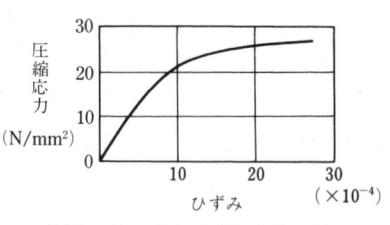

① 弾性限度が明確でない
② 降伏点と思われる箇所から破壊するまでの応力差が小さい

などの特徴があり,コンクリートを単純に構造材として用いることは,必ずしも適当でない。

図2・42 応力ひずみ曲線の例

また,コンクリートは,いわゆる水和反応で硬化するが,固まるに従って徐々に収縮[1]し,表面にひび割れの生じることがある。

コンクリートは比重によっていろいろな種類があり,許容応力度は設計基準強度 F (N/mm^2) に対して表2・14のように定められている。

表2・14 鉄筋コンクリート材料の例と基準強度[1] F, 許容応力度 f [2]

材料種別	長期許容応力度 f_L (N/mm^2)				短期許容応力度 f_S (N/mm^2)				材料の例	F (N/mm^2)
	圧縮	引張	せん断	付着	圧縮	引張	せん断	付着		
丸鋼		$\frac{F}{1.5}$ ただし≦155	ただし≦195			F ただし≦295			SR 295	295
異形鉄筋		$\frac{F}{1.5}$ ただし D≦28の時 ≦215 D>28の時 ≦195	ただし≦195	—		F ただし≦390		—	SD 295 SD 390	295 390
普通コンクリート	$\frac{F}{3}$	$\frac{F}{30}$		0.7	長期許容応力度の2倍				基本仕様 18〜36 高強度 36〜60	
軽量コンクリート				0.6					18〜36	

建築基準法施行令91条などより作成。
1):鋼材は基準強度,コンクリートは設計基準強度という。
2):コンクリートは $F≦21$ の場合。

コンクリートの性質は,セメントや骨材の種類,水量によっても異なる。セメントの種類のうち,最も一般的なものは,粘土と石灰石を主原料とし,凝結時間調節の目的で石膏を加えてできる普通ポルトランドセメントである。セメントにはこのほか,強度発現が早く,低温でも強度を発揮し,緊急工事

---
1) 空気中放置の場合の収縮率は,0.1%程度である。

や冬期工事に使用される早強ポルトランドセメントがある。また，初期強度は小さいが長期強度が大で，水和熱も小さく，ダム工事などに使用される中庸熱ポルトランドセメントや高炉セメント，施工性の良いフライアッシュセメントなどもある。

一般的に，早期強度の大きいものは水和熱も高く，乾燥収縮が大で，ひび割れが生じやすい。普通ポルトランドセメントを使用したものの強度と材齢（打設後の経過時間）の関係は，表2・15に示すとおりである。一般に，コンクリート強度は材齢4週のものを基準とする。

表2・15 材齢と強度のめやす

材齢	3日	1週	4週	3か月	1年
強度	25	50	100	125	140

4週強度を100としている。

(3) 配筋の原理

コンクリートの断面の中に鉄筋を配置することを配筋というが，部材に生じる引張力にはおもに鉄筋が対応するので，図2・41に示したように部材応力の引張り側に配置するのが原則である。ただし，柱や梁などは，水平荷重に対する余力と組立加工の際の利便性を考慮して圧縮側にも鉄筋を配置する。このように軸方向力や曲げモーメントを負担する鉄筋を主筋という。

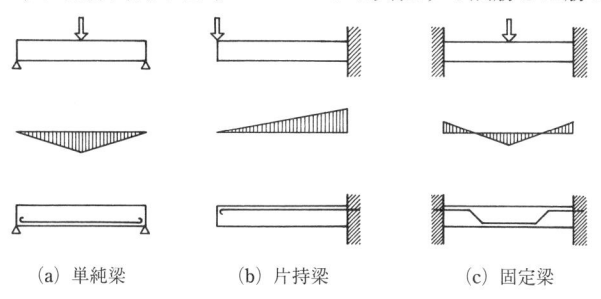

(a) 単純梁　　(b) 片持梁　　(c) 固定梁

図2・43 配筋の考え方

(4) 構法の種類

構造方式に着目すると，おもなものにラーメンと壁式がある。ほかに特殊なものとして，屋根・床に用いられるフラットスラブ，屋根・壁などに用いられるシェルなどがある。

RC造は，生産方式に着目すると，場所打ちコンクリート[1]とプレキャス

---

1) 現場打ちコンクリートということもある。工場からミキサ車で配達されるレディミクストコンクリート（生コンクリートともいう）によることが多い。

トコンクリート（Precast Concrete, PCaと略される）とに分けられる。

　前者は，建築物の形態に応じて現場で組み立てられた型枠の中にコンクリートを打設するのに対し，後者は，あらかじめプラントなどでコンクリートを打設してつくられた鉄筋コンクリート部材を現場で組み立てるもので，さまざまな工法が改良・開発されている。

　以上のほか，鉄骨鉄筋コンクリート造やプレストレストコンクリート造なども，基本的な考え方がRC造に類似しており，それぞれRC造の応用形と考えることができる。

2・3・2　施工法の概要

(1) 施工法の種類

　場所打ちRC造の標準的な施工は，配筋・型枠組立・コンクリート打設・脱型の4つの手順から成る。

　このうち，配筋・型枠組立・脱型に関しては手間を省くため，さまざまな工法が工夫されている。また，コンクリート打設後は，コンクリートの強度が出るまでの養生期間が必要である。プレキャストコンクリートは，こうした手順がすべて工場に移されるが，現場では，プレキャストコンクリート部材を揚重機を用いて組立・接合するという現場打ちコンクリートとは異なる工程が行われる。

　このほか，鉄筋組立（配筋工事）にも手間がかかるので，この手間を省くため，鉄筋をあらかじめ溶接し組み立てた，プレファブ鉄筋も多用されている。

(2) 継手と定着

　鉄筋は柱や梁などの各部材ごとに1本ものを用いるのが望ましいが，運搬や組立上の便宜から，途中で継手を設けてつなぐ必要が生じる。図2・44のように相互の材端を折り曲げ，フックを形成したうえで重ね合わせたもの，あるいは丸鋼では認

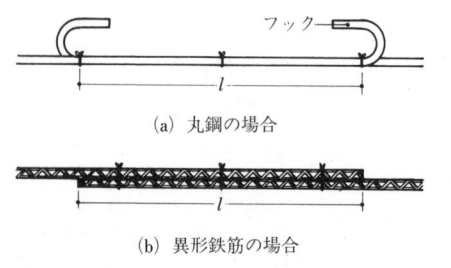

(a) 丸鋼の場合

(b) 異形鉄筋の場合

図2・44　重ね継手

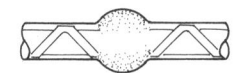

2・3 鉄筋コンクリート造　57

(a) ガス圧接　　　　　　　(b) アーク溶接（突合せ継目）

図2・45　溶　接　継　手

(a) ねじ形継手（一部断面図）　　(b) スリーブ充填継手（断面図）

図2・46　さやを用いた継手の例

められていないが，2材を単純に重ね合わせたものを重ね継手という。

また，図2・45のようなガス圧接やアーク溶接による溶接継手が用いられることも多い。図2・46のように，ねじやさやを用いた継手も用例が増えている。

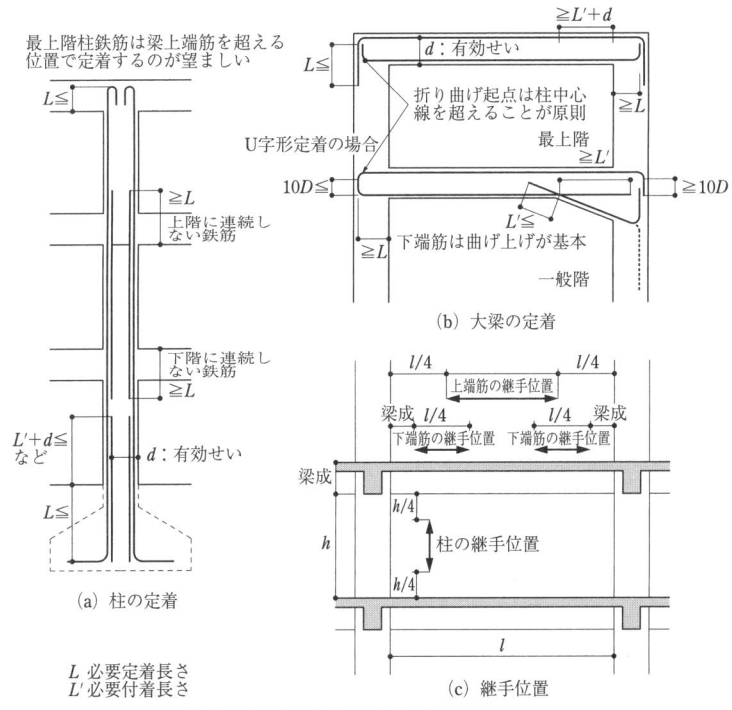

(a) 柱の定着

(b) 大梁の定着

(c) 継手位置

L 必要定着長さ
L' 必要付着長さ

図2・47　鉄筋の継手の位置・定着長さ
（日本建築学会「鉄筋コンクリート構造計算規準」など）

継手の位置は，図2・47に示すように，柱・梁とも応力の小さい箇所がよい（図2・55参照）。

場所打ちコンクリートの場合，柱梁の接合部は剛接合とするのが普通であり，それを実現するためには一方の部材の鉄筋を他方の部材に十分に延ばし込んで緊結する必要がある。これを定着といい，必要な延ばし込みの長さを定着長さという（図2・47）。定着長さは，重ね継手同様，付着などを考慮して求められる。

重ね長さ・定着長さは，コンクリート許容付着応力度，鉄筋径，鉄筋配置などによって異なる。また，溶接継手における溶接形状や，スリーブジョイントにおけるスリーブ長さなども規定があるが，ここでは定着長さと重ね継手における重ね長さについて，表2・16に示す。

表2・16 継手の重ね長さと梁筋の定着長さ

	設ける部分	重ね長さ・定着長さ
重ね長さ	引張力の最小部分	継手鉄筋径の25倍以上
	上記以外の部分	継手鉄筋径の40倍以上
定着長さ	柱	定着する梁の鉄筋径の40倍以上

建築基準法施行令73条

(3) **かぶり厚さとあき**

鉄筋はコンクリートに被覆されることにより，火災の熱による耐力低下や，酸化による錆の発生からまぬがれている。コンクリートの表面から，最も外側に近い鉄筋の表面までの被覆をかぶりというが，かぶりは鉄筋コンクリート造の耐火性・耐久性を決める重要な要素である。かぶり厚さについて表2・17に示す。

表2・17 鉄筋のかぶり厚さ（cm）

部位・部分	かぶり厚さ
非耐力壁，床	2以上
耐力壁，柱，梁	3以上
土に接する壁，柱，床，梁 布基礎立ち上がり部分	4以上
（上記以外の）基礎	6以上

建築基準法施行令79条

表2・18 鉄筋のあきの最小寸法

	以下のうち最も大きい寸法
異形鉄筋，丸鋼	1) 呼び名の数値の1.5倍 2) 粗骨材最大寸法の1.25倍 3) 25 mm

日本建築学会「鉄筋コンクリート構造計算規準」より

鉄筋と鉄筋の間隔をあきという。あきが十分でないとコンクリートの骨材が十分に回りきらず，鉄筋とコンクリートの一体性が弱まって，鉄筋コンクリート本来の耐力を十分発揮することができない。表2・18はあきの規定であるが，重ね継手や定着鉄筋のある箇所では，特に注意が必要である。

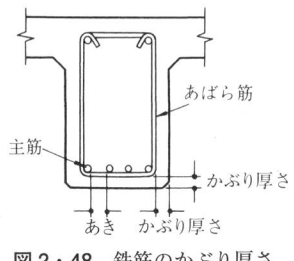

図2・48 鉄筋のかぶり厚さ

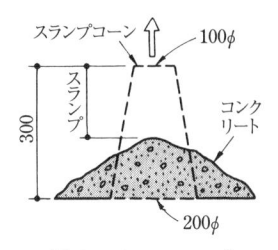

図2・49 スランプ

(4) **スランプ**

コンクリートの軟らかさを表すものにスランプ値がある。スランプコーンを抜き取った後の下がりをcm単位で読んだもので，大きいほど軟らかい。

(5) **型枠とサポート**

型枠のうち，コンクリートにじかに接する面材がせき板である。その代表的なものを次の(a)〜(d)に示す。

(a) **合板型枠**　建築では最も使用頻度が高い。軽量なうえ，現場で必要に応じて細工が可能なこと，適宜，切張りをすることにより自由な形状に対応可能なことなどの利点がある。

(b) **鋼製型枠**（メタルフォーム）　現場での加工は難しいが，耐久性があり，規格化された建築物に使用すると非常に有効である（図2・52）。

(c) **アルミ型枠・プラスチック型枠**　鋼製型枠に比べ，軽量で[1])組立も容易であるが，そのほかは鋼製型枠とよく似た特徴をもっている。

(d) **木製パネル型枠**　かつては型枠の主流であったが，合板型枠の普及とともに激減し，木目を生かした意匠上のポイントとして部分的に用いられる程度である。

---

1) アルミ型枠では大形のものも用いられる。

型枠としては，以上のようなせき板のほかに，コンクリート打設時の圧力でせき板が凸状にならないように裏側から押える桟木やばた角[1]，それを支えるサポートや支柱などが必要で，支保工と総称される。そのほか，両側の桟木やばた角をせき板を通して緊結するフォームタイ，フォームタイと一体となって壁厚や梁幅を所定のものに保つセパレーター，かぶり厚さを確保するためのスペーサーなども型枠工事に関連する必需品である（図2・51）。

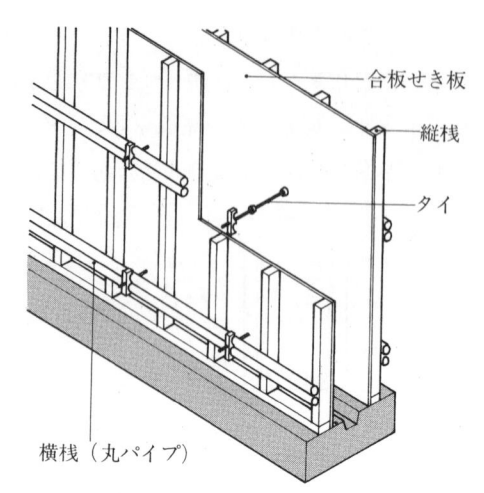

図2・50 合板による壁型枠

型枠は，転用して繰り返し使用するのが普通であり，生産性からはなるべく早く脱型したい。しかし，コンクリートの強度が不十分のうちに脱型するのは危険である。脱型に要する期日がセメントの種類，型枠の区分，建築物

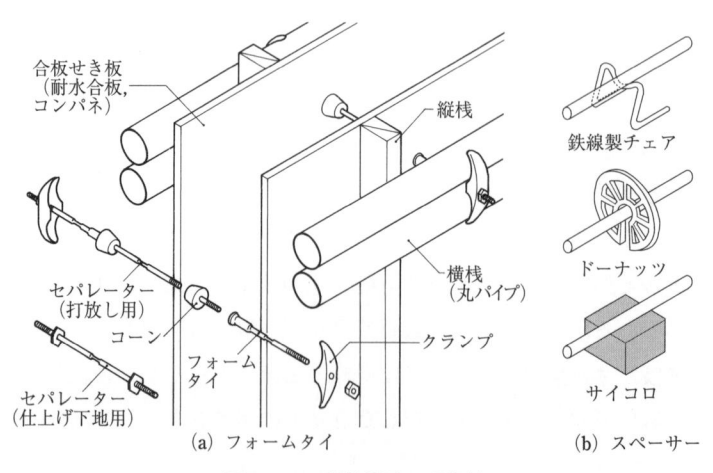

(a) フォームタイ　　　(b) スペーサー

図2・51 型枠関連の副資材

---

1) 角材，現在では図2・51に示すように鋼製のパイプを用いる。

の部分，平均気温などによって決められているが，これ以外のものについては，圧縮強度試験による確認を得る必要がある（表2・19）。

型枠の組立・脱型は手間がかかるうえ，同じような作業の繰り返しが多いこともある。そこで工事の簡略化・改良として，いくつかの施工法が考案されている。このうち，比較的特徴のあるものの概要を(a)～(c)に示す。

表2・19 型枠存置期間

区分	建築物の部分	存置期間	コンクリート圧縮強度
せき板	基礎・梁側・柱・壁	3日以上	50 kg/cm² 以上
	版下，梁下	6	$F×0.5$
支柱	版下	17	$F×0.85$
	梁下	28	F

普通ポルトランドセメント，
平均気温15℃以上
（昭和63年建設省告示1655より抜粋）

(a) **捨型枠** 型枠を脱型しないで，そのまま仕上げや下地として使用するもの。この方法の変形として，仕上げ材や下地材として使うものをあらかじめ型枠の内側に設置しコンクリートを打設する打込み方式があり，タイル仕上げなどがある（図3・58）。

(b) **スライディングフォーム** エレベータ・シャフトなどを施工するのに，型枠をジャッキを用いて徐々に持ち上げながら，連続的にコンクリートを打設する方式である（図2・53）。

(c) **大形型枠** 共同住宅のように，同じような空間を多数有する建築物

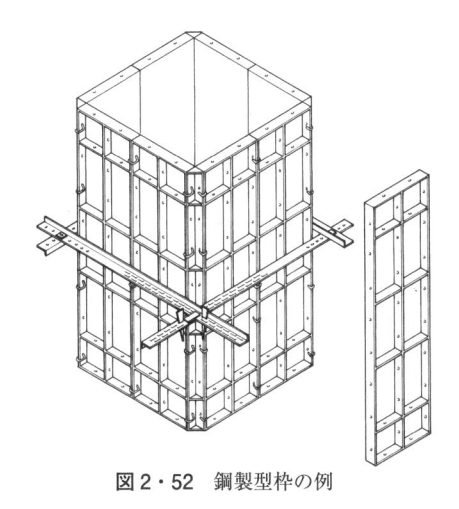

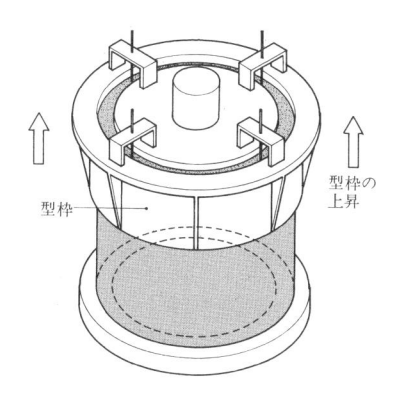

図2・52 鋼製型枠の例

図2・53 スライディングフォームでサイロをつくる例

を施工するのに，ルームサイズ以上の大形型枠を，ばらすことなく，繰り返し使用して，コンクリートを打設する方式である。

2・3・3　ラーメン

(1) 構法の概要

接合部を剛にしたラーメン構造の柱梁に床や屋根のスラブを加えて構成する。場合により耐震壁を併用するものもある。

近年，RC造でも30階以上の超高層住宅がつくられているが，経済性からは6,7階までが適当とされており，中層の事務所ビルや学校建築などによく使用される。スパンは6～8m程度がよく使われている。

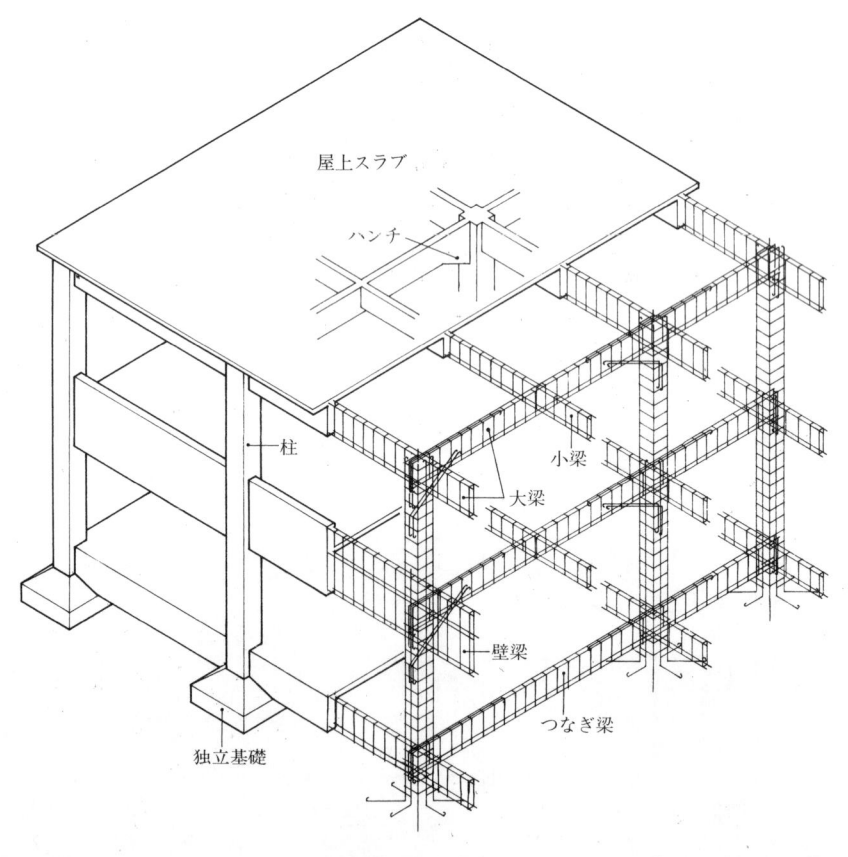

図2・54　ラーメン

(2) 梁

図2・55の曲げモーメントの分布から明らかなように，梁の引張応力は，中央では常に下側に生じ，端部では上側に生じるが，水平荷重の方向によっては下側に生じることがある。配筋の際この引張応力の変化に応じて，中央部の下端筋の部をスパンの1/4付近で折り曲げ，中央部は下端筋，端部では上端筋とすることがあり，これを折曲げ筋[1]と呼ぶ。

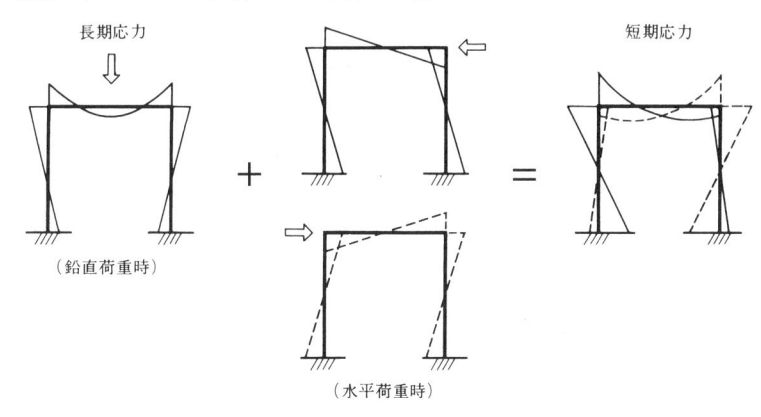

図2・55 ラーメンの曲げモーメントの分布

このほか，梁にはあばら筋（スターラップ：stirrup）と呼ばれるせん断補強筋を入れる（図2・58）。図2・56(a)のような単純梁では，梁の任意の正方形断面ＡＢＣＤには，鉛直方向に$P/2$のせん断応力を生じており，水平方向にもこれによる回転に抵抗する$P/2$のせん断応力が働いている。これらの合力を考えるとＡＢＣＤには，図(b)に示すように，正方形をひし形にするような応力が生じていることになる。その結果，圧縮（による曲げ座屈）に弱い部材では，図(c)のような破壊が，引張りに弱い部材では，図(d)のような破壊が起こりやすいことになる。鉄骨造で肉厚の薄いウェブに斜め圧縮に座屈が生じる可能性があるのに対し，ＲＣ造では斜め引張りによる破壊が起こりやすく，あばら筋を設けて対応している[2]。

---

1) 近年は，加工手間との関係もあって，あまり用いられない。
2) 建築基準法施行令では，その間隔を梁の丈の3／4以下と規定している（15cm程度と算定される場合もある）。

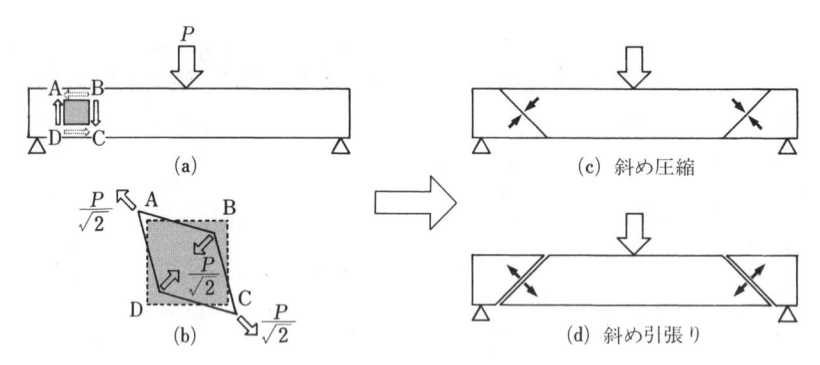

図2・56 せん断破壊の原理

梁は断面形状としては，ほとんどが縦長の長方形である。建築物の外周にある梁の場合，上部の腰壁や下階の垂れ壁と一体にして剛性を高めることがあり，壁梁（ウォールガーダー：wall girder）と呼ばれる。

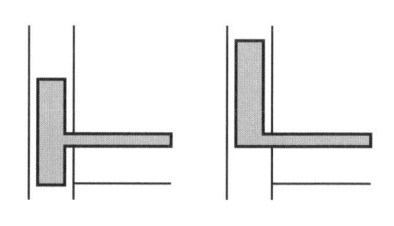

図2・57 ウォールガーダーのパターン例

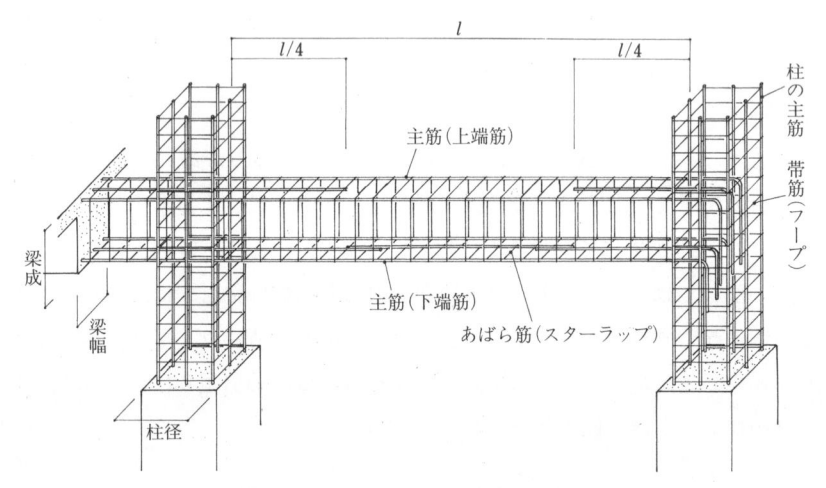

図2・58 ラーメン式 柱・梁の配筋例

RC造の場合，構造計算を進めるに当たり，あらかじめ柱・梁の断面を仮定しておく必要があるが，断面の大きさとしては，6，7階程度の建築物の1階の梁はスパンを6〜8mという前提のもとで，成(せい)がスパンの1/10，幅が成の1/2というのが目安である。応力の小さい最上階あるいは低層の建築物の梁の場合は，成が1/12，幅が成の1/2という程度ですむ。

　ウォールガーダーの場合は，開口部との関係で梁成の決まることが多いが，成1200mm前後なら，幅200〜400mmというのが一般的である。

　梁の応力は，一般に柱との接合部付近で大きくなり，端部の応力に合わせた断面で梁全体をカバーすることにすると，著しく不経済になることがある。その場合，図2・54のようなハンチをつけて断面を調節することがある。同じ考え方による水平方向のものを水平ハンチという。

(3) 柱

　柱に生じる曲げモーメントは，図2・55に示すように水平荷重の方向により変化する。そこで断面が正方形・長方形・円形など対称形の柱の主筋は，重心軸に対称に配置される。

　梁のあばら筋に相当するものとして，柱には帯筋（フープ：hoop）を入れる[1]。帯筋は図2・59に示すように，せん断による亀裂を防止する役割のほかに主筋の座屈を防ぎ，コンクリートがはらみ出すのを防ぎ，粘りを確保する役割も果たしている。1本1本鉄筋を加工する代わりに，スパイラル状の鉄筋により連続的に形成する方法があり，構造的にも優れている。

　断面の大きさとしては，通常の6，7階程度の中層建築物で，1階の柱径がスパンの約1/10というのが目安である。最上階あるいは低層建築物では，応力が小さくなるので，柱径もスパンの約1/12程度ですむということになる。最上階500mm，2，3階下がるごとに50mmずつ増やすという方法もよくみられる。このほか，柱径については，柱自体の座屈や配筋などの理由から階高の1/15以上を確保するように定められている。

---

[1] 建築基準法施行令では，間隔を15cm（壁・梁との接合近傍では10cm）以下と規定している。

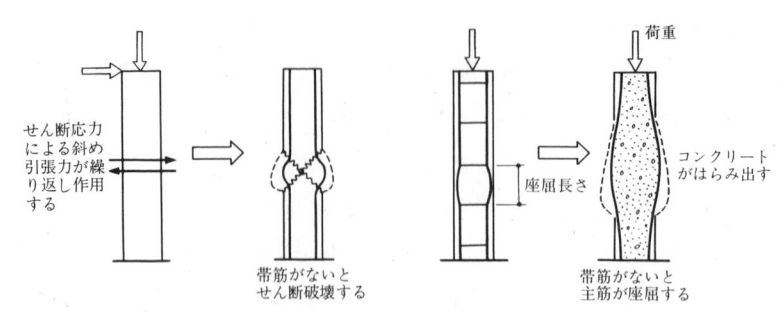

図2・59 帯筋の役割

(4) 床

床は単に積載物を支えるというだけではなく，水平荷重を柱・梁に伝達するという重大な役割を担う構造要素である。

通常,床スラブは大梁または小梁によって4辺が囲まれ,固定されている。床スラブの配筋は，図2・60のようにx, yそれぞれの方向について，成の低い梁のように配置すればよい。短辺方向の鉄筋を主筋，長辺方向の鉄筋を配力筋あるいは副筋という。

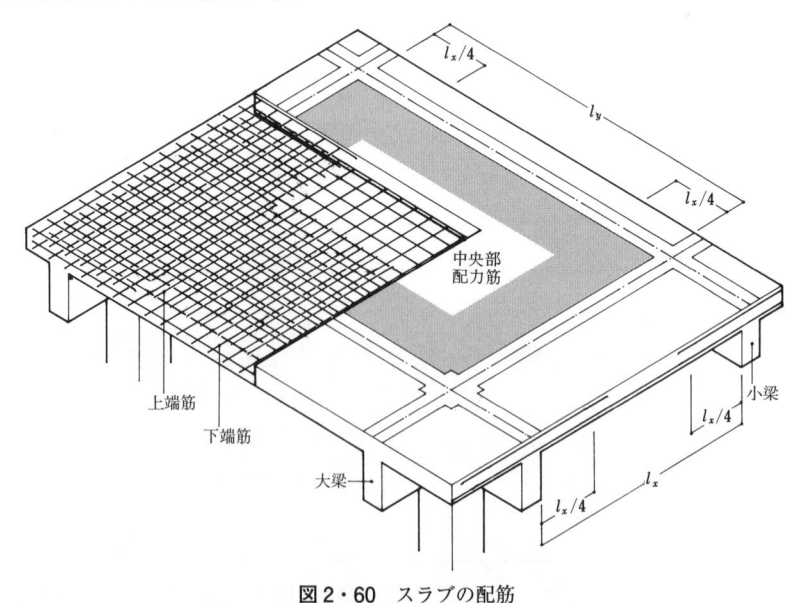

図2・60 スラブの配筋

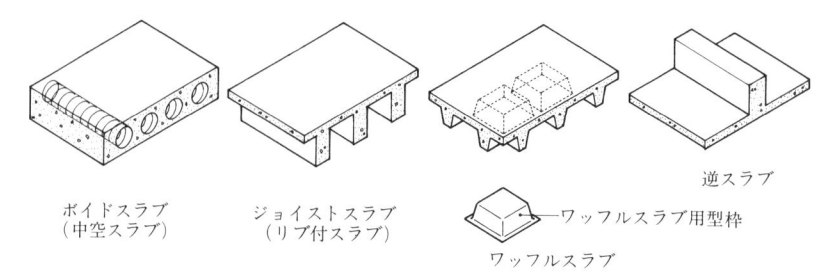

図 2・61 床スラブの形式

ボイドスラブ（中空スラブ）
ジョイストスラブ（リブ付スラブ）
ワッフルスラブ
ワッフルスラブ用型枠
逆スラブ

4辺固定の床スラブの厚さは 8cm 以上，かつ短辺方向スパンの 1/40 以上という規準があるが，15～20cm が一般的である．最近，亀裂や疲労あるいは振動などを考慮して厚くする傾向がある．

以上述べた標準的な平らな床スラブのほかに，ラーメンの床スラブの形式としては，図 2・61 に示すような，いわば小梁を内包したようなタイプのものがある．このうち，ボイドスラブとジョイストスラブは，小梁が 1 方向に短い間隔で並んでいるものと考えられ，また，ワッフルスラブは小梁が 2 方向に格子状に配置されているものとほぼ同様と考えてよい．いずれにしても，これらはスパンの長い，大きな空間を得る目的で使われることが多い．

このほかの特殊な床スラブの例として，逆スラブがある．逆スラブは，梁の下端に合わせて床スラブを配置するので，コンクリートの打設がむずかしいが，床上配管が多数ある場合などに用いられる．逆スラブの場合は，通常のように天井を吊ることなく，直接仕上げる場合もある．

(5) **壁**

壁は構造上，耐力壁と帳壁に分けられる．鉛直荷重や水平荷重に抵抗させる目的でつくられる耐力壁（ベアリングウォール：bearing wall）のうち，構造設計上，水平荷重にだけ抵抗するものが耐震壁（シアウォール：shear wall）である．

耐震壁の壁厚は 12cm 以上必要で，縦横に格子状に組んだ鉄筋を必要に応じて一重（間隔 30 cm 以下）あるいは二重（間隔 45 cm 以下）に配置する．前者を単筋壁，後者を複筋壁（壁厚 20 cm 以上）という．

壁に開口を設ける場合は，図2・62のように開口部の周囲のほか，斜め方向にも補強筋を配置する。

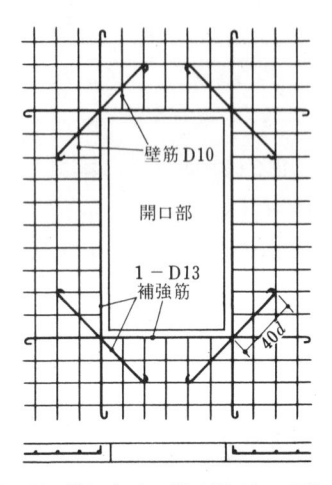

図2・62 壁における開口部回りの配筋の例

帳壁は，カーテンウォール（curtain wall）とも呼ばれ，建築物全体に対する構造要素ではない。自分自身を維持する程度の耐力を備えた帳壁をRC造とする場合，壁厚は10cm程度とし，外壁は内壁より厚くするのが普通である。近年は，ひび割れや経年疲労への配慮から壁厚を厚くする傾向にある。

以上のほか，地下の外壁は土圧を受けるので，深くなるにつれて厚くなる。地下1階で20cm，2階で25〜30cm，3階で30〜35cmが目安である。

2・3・4 フラットスラブとシェル

(1) フラットスラブ

梁のない床スラブを直接柱で支えるフラットスラブ構造は，マッシュルーム，無梁版構造とも呼ばれる。日本では水平荷重の処理など難しい点も多いので採用例は少ないが，欧米では多用されている（図2・63）。

フラットスラブ構造は梁がないので，配管ダクトなどの設置が容易，階高を低くすることが可能，型枠・鉄筋工事が容易などの利点がある。

断面寸法は支板のあるものと，ないものとで異なるが，その目安としては図2・63のようなものが規準として決められている。

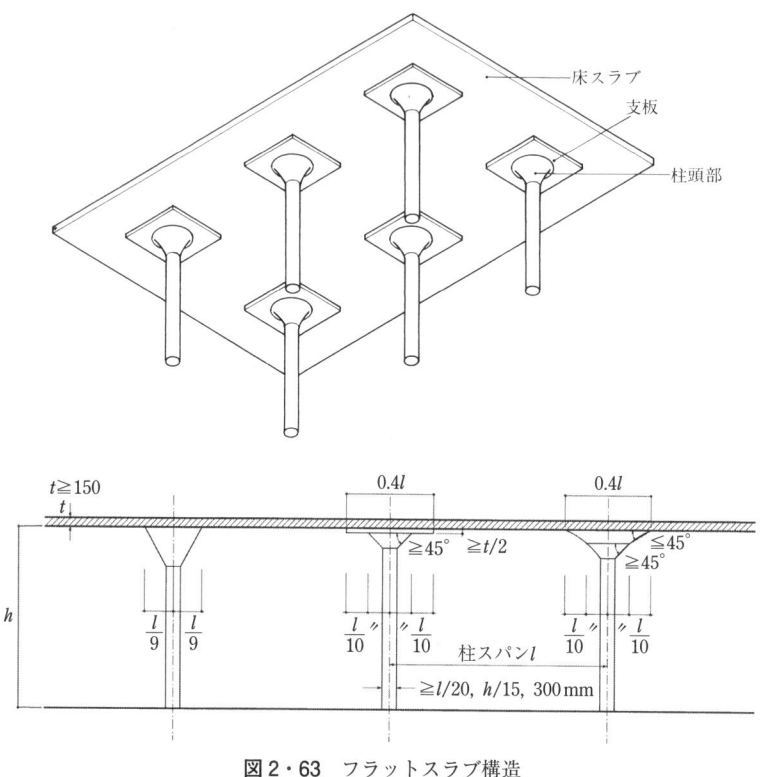

図2・63 フラットスラブ構造

(2) シェル

シェル構造とは，屋根や壁など面を構成する要素を3次元の折版や曲面版にして，面外方向の剛性を得るもので，荷重を主として曲げモーメントによらず，面内応力によって処理する。薄肉構造であり，ひび割れから錆の発生，そして，ひび割れの拡大というサイクルを繰り返し，大惨事をまねくおそれがあり，後述するプレストレスを利用する方法も試みられている。

シェルの例として，EPシェル，円筒シェル，鞍型シェルを図2・64に示す。

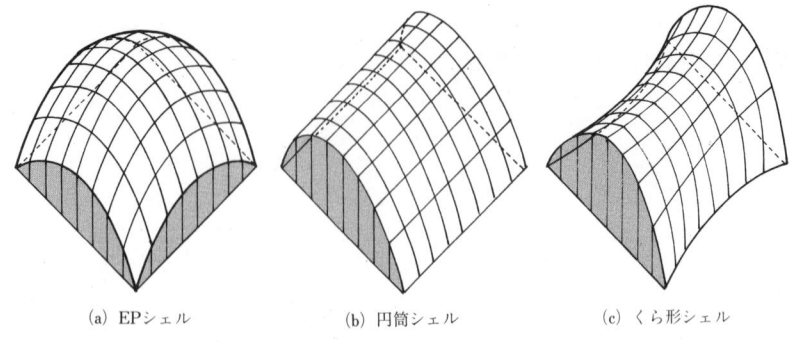

(a) EPシェル　　　(b) 円筒シェル　　　(c) くら形シェル

図2・64　シェル構造の例

2・3・5　壁式構造

(1) 構法の概要

柱や梁の代わりに耐力壁と床とで主要構造を構成する壁式構造のうち鉄筋コンクリート造によるものは，日本建築学会の壁式構造関係設計規準集（壁式鉄筋コンクリート造編）で取り上げられている。壁式構造は住宅建築で利用されることが多いが，その理由として次のことがあげられる。

① 住宅ではある程度の間隔で壁があってもそれほど問題にはならない。
② 壁と構造体とが兼用できるので経済的である。
③ 柱型や梁型がないので内装等に特別の処理が不要である。
④ 耐震上優れている（これまで地震における被害がきわめて僅少）。

壁式構造は以上のような多くの利点をもっているが，厳密な構造解析は複雑なので，実用性の観点から整形な建物を前提に，主として耐力壁に関して壁量や壁厚，配筋要領などについて規定[1]を設け，規定のない部分については一般のRC造の規定を準用するという形で対応している。

壁式RC造として許される規模の範囲は，地上階数5以下，軒の高さ20m以下，階高3.5m以下であるが，共同住宅などの限られた用途に関しては，6階建以上の高層建築物についても設計指針などができている。

---

1) 以下に示す数値は，建築基準法施行令に基づく告示を原則とし，補足的に日本建築学会：設計規準などを用いる。

2・3 鉄筋コンクリート造　71

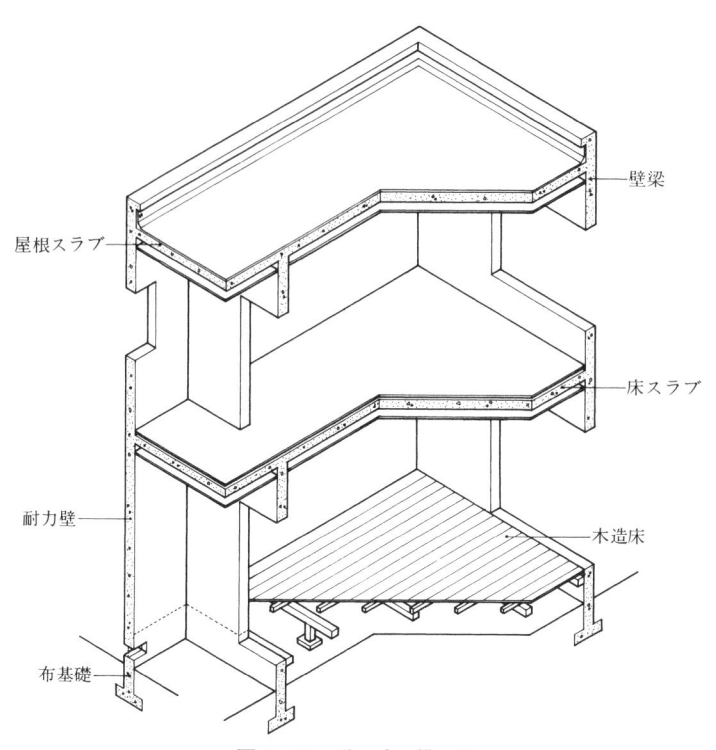

図2・65　壁式構造

表2・20　耐力壁の最小壁量 (cm/m^2) と壁厚 (cm)

5階	壁量	12				
	壁厚	15				
4階	壁量	12	12			
	壁厚	18	15			
3階	壁量	12	12	12		
	壁厚	18	18	15		
2階	壁量	15	12	12	12	
	壁厚	18	18	18	15	
1階	壁量	15	15	12	12	12
	壁厚	18	18	18	15	12
地階	壁量	20	20	20	20	20
	壁厚*	18	18	18	18	18
		5階建	4階建	3階建	2階建	1階建

平成6年建設省告示1908号参考
＊：かぶり厚さの関係から19以上となる場合が多い。

(2) 耐力壁

表2・20は，壁式ＲＣ造における耐力壁の壁量・壁厚に関するものである。壁量とは平面上直交するxとyの2方向それぞれについて，耐力壁長さの合計をその階の床面積で除した数値をいい，表はその最小値を示している。壁厚に関しても表はその最小値を示しているのであるが，壁量に算入しない非耐力壁，すなわち帳壁はこの数値と関係がない。

耐力壁については，このほか，横方向・縦方向それぞれについて，コンクリートの断面積に対するせん断補強筋の割合，耐力壁の端部，取合いの隅角部，開口部周囲などに配する曲げ補強筋など，詳細な規準が用意されている。

以上の規準は，作成時の前提条件から次のような建築物には適用できない。

① 平面形が長方形と著しく異なる不整形の建築物
② 積載荷重が住宅に比べてかなり大きな建築物
③ ラーメン構造と混用する建築物

また，こうした数値以前の問題として，耐力壁を平面的に偏りなく分散配置することはきわめて重要なことである。

開口部の上部などの，耐力壁と連結する壁梁や，基礎のつなぎ梁などに関しては，成・幅などの最低の規定はあるが，そのほかは屋根・床・基礎などと同様，普通のRC造の基準に従って設計・計算することになる。

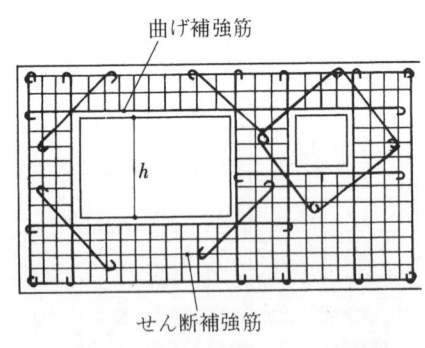

図2・66 曲げ補強筋とせん断補強筋

2・3・6　プレキャストコンクリート造

(1) **構法の種類**

壁や床などの部材を工場で製作し，現場では組み立てるだけの建築物をプレキャストコンクリート（PCa）造[1]という。PCa造は天候に左右されない生産，現場作業の機械化，品質の安定，労務量の削減などの利点がある。

PCa造としては，図2・67に示す壁式構造の床や壁をプレキャストコンクリート部材に置き換えた壁式プレキャスト鉄筋コンクリート造が代表的なものである。

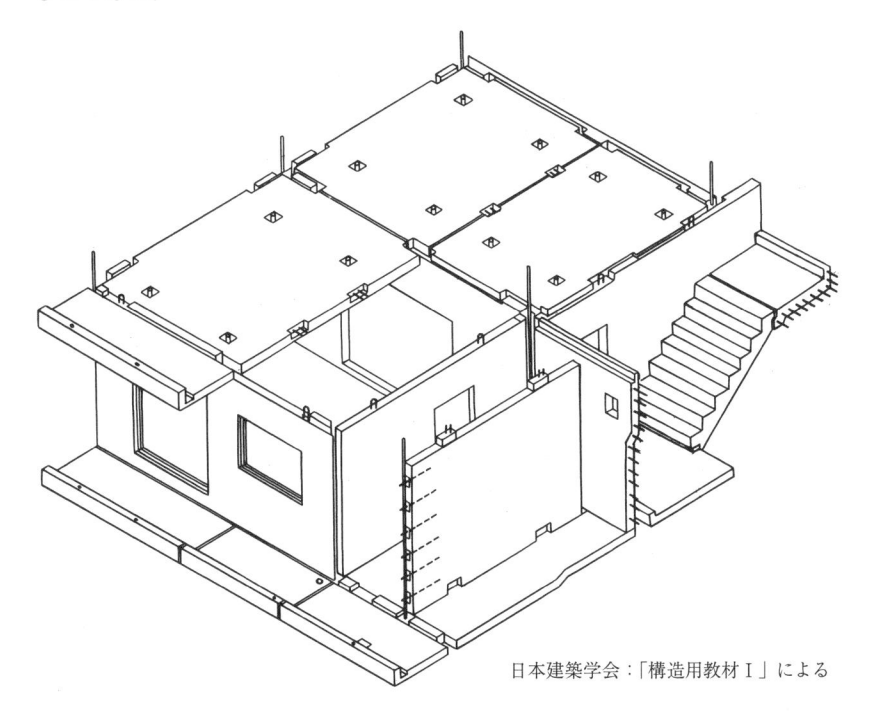

日本建築学会：「構造用教材I」による

図2・67　壁式プレキャスト鉄筋コンクリート造

---

[1] PCと書く場合もあるが，プレストレストコンクリートと区別する意味からPCaとするのが一般的。

(2) 部材の製造法の概要

PCa造の主要な部材は工場で生産される。床や壁などのパネルを生産する型枠の設置方式には，水平に設置・打設するフラットタイプが一般的である。

プレキャストコンクリート工場は，型枠のほかは蒸気養生の設備が必要なくらいで，簡単なものである。一方，運搬はトラックによる場合がほとんどであるが，重量が大きいだけに大変である。そこで，大きい建築現場では，敷地あるいはその周囲に仮設の工場を設け，部材を製作する方式をとる場合もある。このような方式は，サイトプレファブと呼ばれる。

PCa版の吊り上げにはクレーンが用いられる。版にとっては，吊り上げ時（図2・68），運搬時（図2・69）に最大応力の生じる場合が多く，版の設計において十分よく検討しておく必要がある。

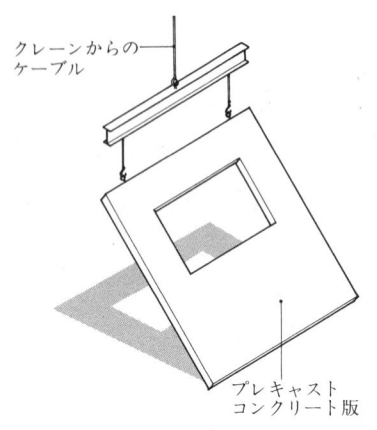

図2・68　PCa版建て起こし

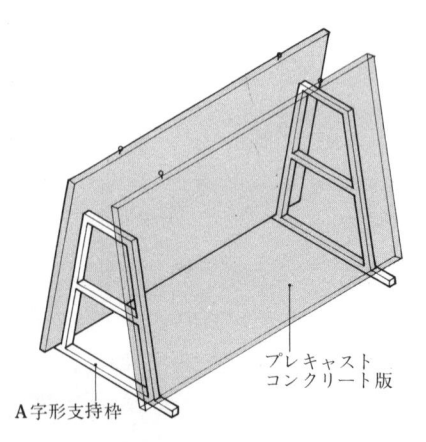

図2・69　運搬時の荷姿

(3) 大型パネル

基本的な考え方は，現場打ちによるものと同様であるが，部材は工場で生産されるので，次の①〜④のような利点がある。こうした利点により，壁厚については，場所打ちの規定より多少薄くできることになっている。

① コンクリートの密実な充填
② コンクリートの十分な養生
③ コンクリートの高い強度
④ 鉄筋の正確な配置

接合部については，工法上，鉄筋と鉄筋との接合（ウェットジョイント），鋼板と鋼板との接合（ドライジョイント）とに分けられる。前者は，力の分散がはかられ好ましいが，接合箇所が多くなり，施工の良否に左右されやすい，などの問題点がある。反対に後者は，施工の信頼性が高く，接合箇所は少なくてすむが，応力が集中することに対する配慮が必要である。

おもな接合箇所と水平荷重時の力の流れを図2・70に，それぞれの接合箇所についての実例を図2・71に示す。

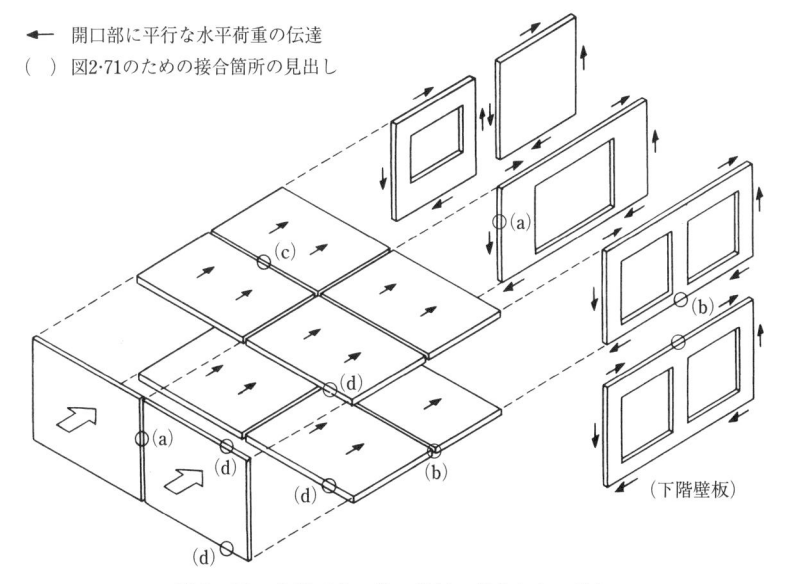

図2・70　大型パネル造の部材の接合と力の流れ

76　第2章　躯体構法

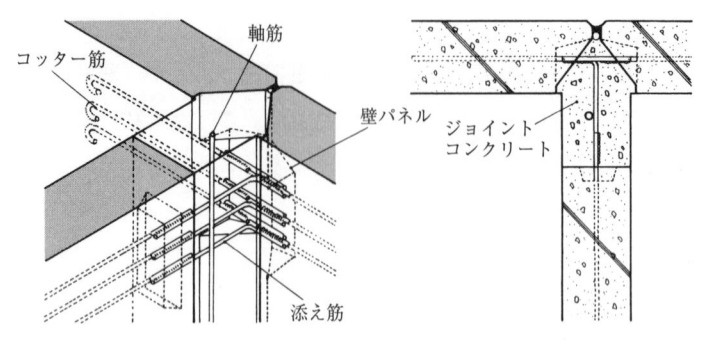

(a) 壁－壁の鉛直ジョイント

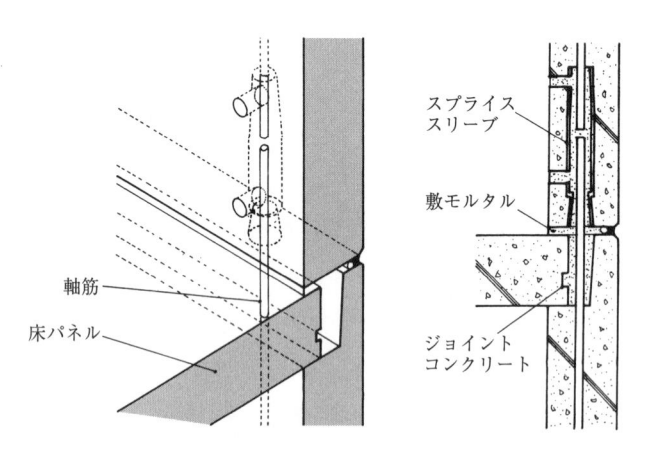

(b) 壁－壁の水平ジョイント

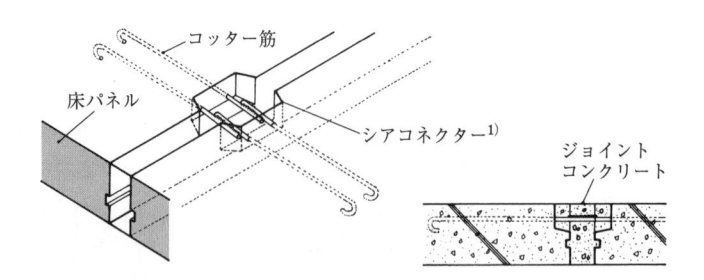

(c) 床－床のジョイント

図2・71(1)　ジョイントの例

1) PCa部材同士を接合（コッター筋がない場合もある）。

2・3 鉄筋コンクリート造　77

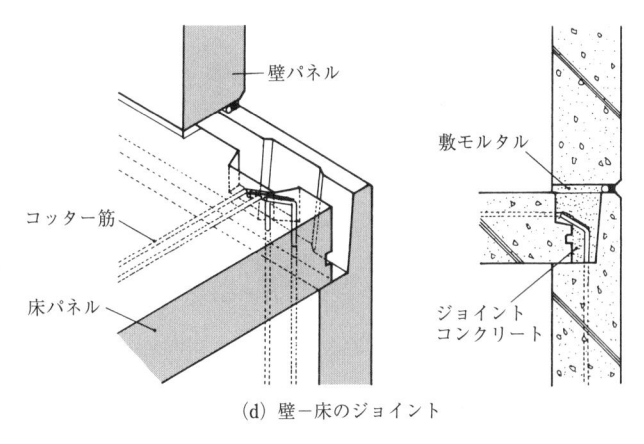

(d) 壁－床のジョイント

図2・71(2)　ジョイントの例

(4) **中型パネル**

　高さ階高分，幅1m程度の中型パネルによるもので，かつての量産公営住宅型が最も代表的なものである（図2・72）。現場の建方機械は比較的小規模なものでよく，ある程度品質の確保されたＲＣ造の建築物を普及させるのには貢献したが，版の薄さに起因する性能上の問題などから，現在ではほとんど建設されていない。

(5) **プレキャストコンクリート組立床構造**

　場所打ちＲＣ造のほか，図2・73(a)に示すようなプレキャストコンクリートのパネルによる床もあり，後述するプレストレスを利用するタイプがある（図2・95）。また，図(b)はトラス状の鉄筋の一部をあらかじめプレキャストしておき，現場で必要な配筋をし，コンクリートを打つことでスラブとして完成させ，あわせて周辺の梁などと一体化を図るものである。

78　第2章　躯体構法

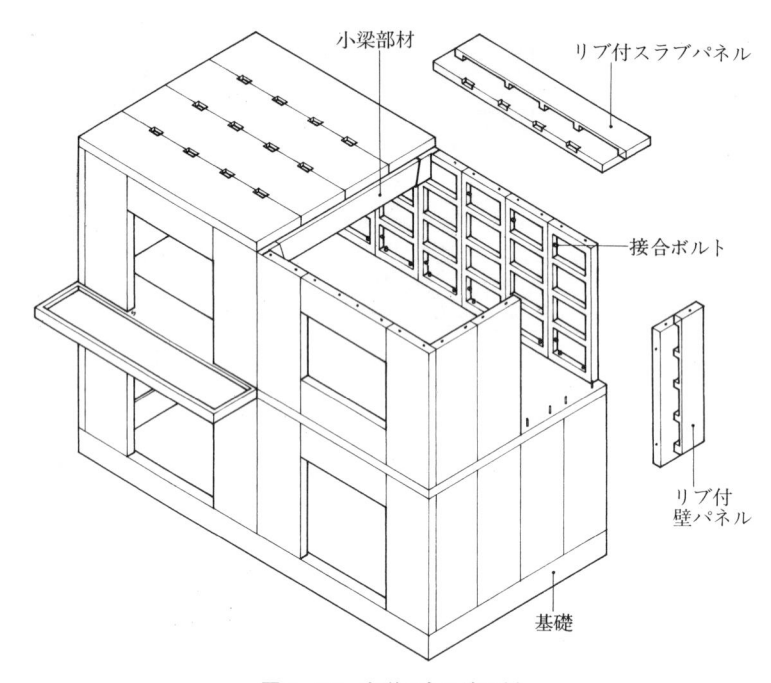

図2・72　中型パネル造の例

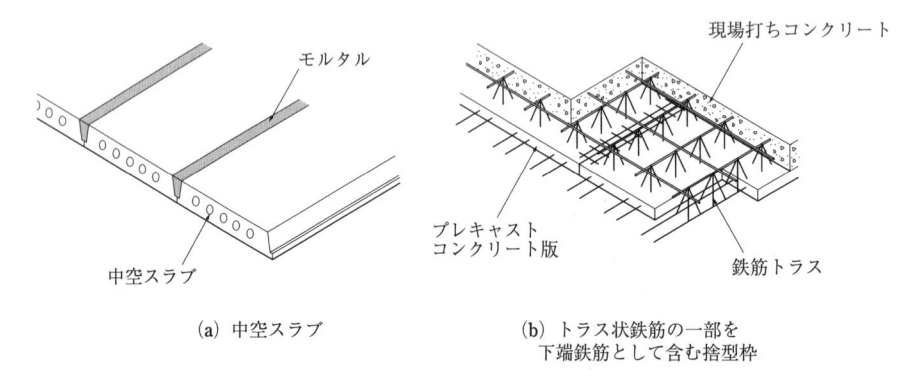

(a) 中空スラブ

(b) トラス状鉄筋の一部を
下端鉄筋として含む捨型枠

図2・73　プレキャストコンクリート組立床の形状例

2・4 補強組積造・組積造

2・4・1 組積造の原理
(1) 補強組積造・組積造の種類

　ヨーロッパでは古くから，木材・レンガ・石などを積み重ねて建築物をつくってきた。組積造は，図2・74の(a)のように，レンガなどを，上下の段でずらして，破れ目地となるように積み，上部の荷重を下部に行くに従って広く分散させる構造である。これに対し，単に積むのではなく，鉄筋などで補強する補強組積造と呼ばれるものには，図(b)のように上下の段でずらさないで，芋目地となる積み方を行うことが多い。

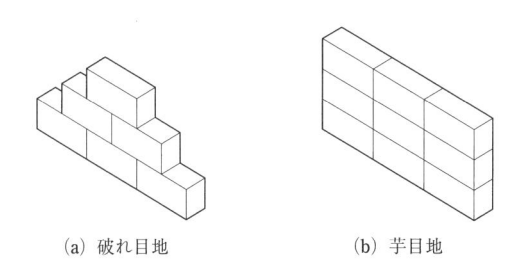

(a) 破れ目地　　　　(b) 芋目地

図2・74　組積造の積み方

　代表的な組積造の材料であるレンガの大きさは，地域によって異なるが，20 cm×10 cm×6 cm程度の大きさである。これは，片手で積むのに適当な大きさと重さであると言われている。これに対し，コンクリートブロックは，40 cm×20 cm×10〜20 cm程度の大きさであり，手で扱える範囲の大きさと言われており，軽量化を図るために中空になっている。レンガ造に遅れて1900年前後に日本に導入された。

　積み上げるのに機械力を用いることができるようになると，施工性を向上させるために，あらかじめ大きな版に構成しておく方法も試みられるようになり，コンクリートのパネルが出現した。

コンクリートによるパネルは，厚さは十数cmのものが一般的であるが，大きさは様々なものがある。一部屋分の床または壁に使える大きさのパネルを大型版（大型パネル）といい，大型版を分割して高さ・幅・長さのいずれかが一部屋分の大きさのものを中型版（中型パネル）という。これに対し，幅・高さともにさらに小区画のものを小型版あるいはブロックという（図2・75）。レンガや石材を含め，ブロック状の部材を積み重ねただけでできる建物を組積造といい，レンガを積んだものをレンガ造，石材を積んだものを石造という。

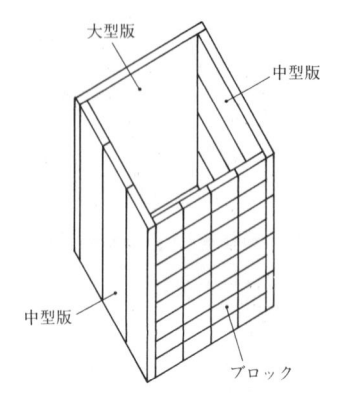

図2・75 立方体の面を構成する各種版

組積造は，ヨーロッパのように地震が少なく，水平荷重に比べて鉛直荷重が大きい場合に適している。日本では耐震性を増すために，鉄筋で補強した形式が多く補強組積造という。代表的なものとしては，配筋用の空胴をもつコンクリートブロックを鉄筋で補強しながら積み重ねる補強コンクリートブロック造（図2・80），捨型枠として機能するコンクリートブロックによる型枠コンクリートブロック造（図2・85）などがある。なお，補強コンクリートブロック造を補強CB造，型枠コンクリートブロック造を型枠CB造と略して表記することがあり，以下本書でもこのように略記する。また，鉄筋補強をしないレンガや石などによる純然たる組積造も，限られた小規模の建築物までは許されている。

組積造には柱に類するものがなく，壁式構造の一種である。耐力壁と耐力壁上の臥梁(がりょう)，布基礎が主要な構造要素である。日本建築学会では，壁式構造関係設計規準集を作成しているが，壁式鉄筋コンクリート造関係とメーソンリー関係とに分冊されており，後者には，表2・21の6つの設計基準が用意されている。

表2・21 メーソンリー関係の設計基準

型枠コンクリートブロック造設計規準
中層型枠コンクリートブロック造設計規準
補強コンクリートブロック造設計規準
コンクリートブロック帳壁構造設計規準
コンクリートブロック塀設計規準
組積造設計規準

(2) 耐 力 壁

補強ＣＢ造などの耐力壁については，ブロックを組み立ててつくられるために，一体的につくられる壁式ＲＣ造に比べてより細かな規準がある。すなわち，階数などに応じて壁厚や壁の配筋要領などが決められていることは，壁式ＲＣ造と同じであるが，それ以外にも，次のような制限がある（図2・78）。

① 壁の中心線で分割される平面面積に関する制限
② 対隣する壁の中心線間距離に関する制限
③ 耐力壁の形状に関する制限

こうした基準は，実効性のある耐力壁を平均的に分散配置するために設けられたものである。

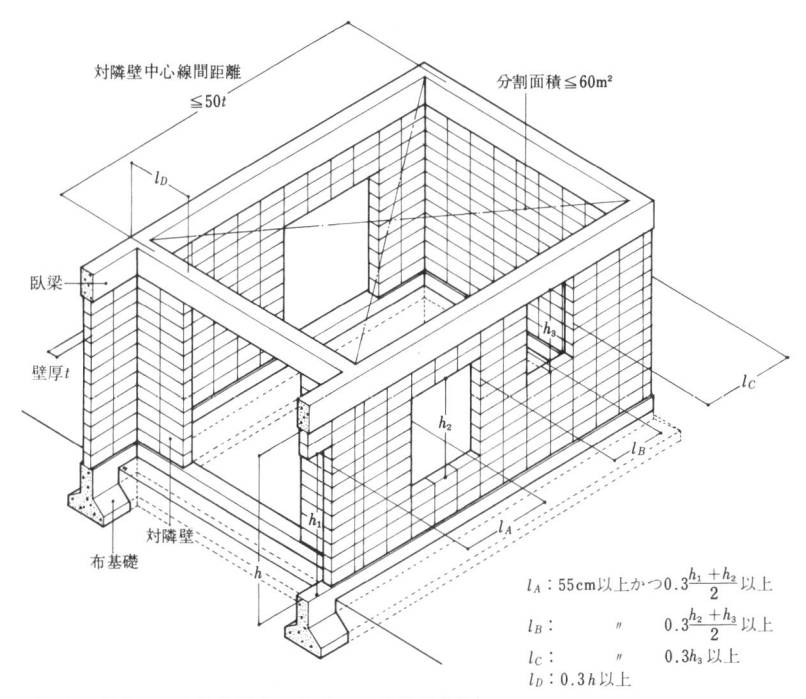

l_A：55cm以上かつ$0.3\dfrac{h_1+h_2}{2}$以上

l_B：　　〃　　$0.3\dfrac{h_2+h_3}{2}$以上

l_C：　　〃　　$0.3h_3$以上

l_D：$0.3h$以上

（図中の数字は日本建築学会の補強ＣＢ造設計規準）

図2・76　耐力壁の規定

(3) 臥梁・開口部・基礎

　積み重ねたブロックの頭をつなぐ部材が臥梁である。臥梁は耐力壁の補強筋を定着させ，水平荷重に対して耐力壁を一体化する，あるいは，荷重を分散させるなどの役割をもつほか，鉛直荷重を下階に伝達したり，目地のくるいや不陸の調整代(しろ)として使われる。通常は場所打ちの鉄筋コンクリートでつくられ，床や屋根のスラブと一体になっていることが多い。

　臥梁は建築物の水平方向の変形を最小限にとどめ，耐力壁の面外方向への振れを防止するための主要な要素であり（図2・78），幅が成と同程度に重要である。

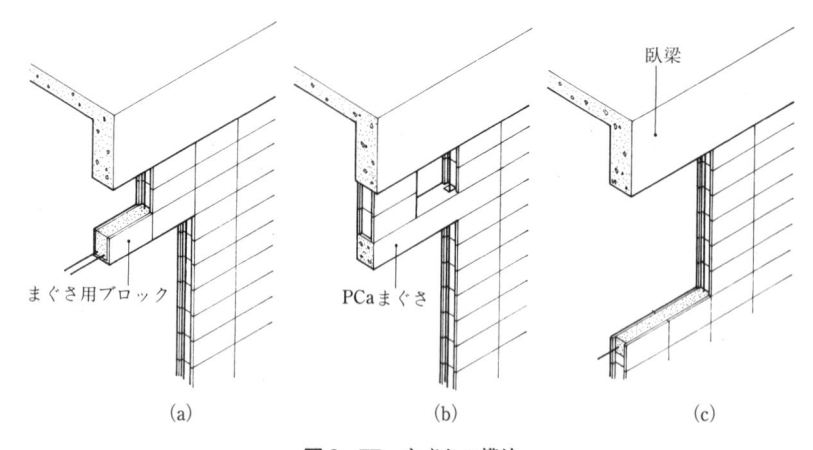

図2・77　まぐさの構法

　また，ブロックを積み重ねる構造方式であるので，開口部上部のまぐさの設置方法には注意が必要である。まぐさとしては，次の3種類が代表的であるが，(c)の，臥梁と一体としたまぐさが最も安全性が高い（図2・77）。

　(a)　まぐさ用ブロック
　(b)　プレキャストコンクリートまぐさ
　(c)　臥梁と一体のまぐさ

　組積造では，耐力壁の最下部に場所打ちコンクリート造の布基礎または基礎つなぎ梁を連続して設ける。基礎も臥梁と同様，耐力壁を一体化する重要な要素である。

2・4・2 補強コンクリートブロック造（補強ＣＢ造）
(1) 構法の特徴

補強ＣＢ造に用いられるブロックの形状には，図２・79に示すようなものがある。コンクリートブロックの材質は，強度により表２・22に示すように３種に分けられ，その種類に応じて階数や軒高の制限がある。

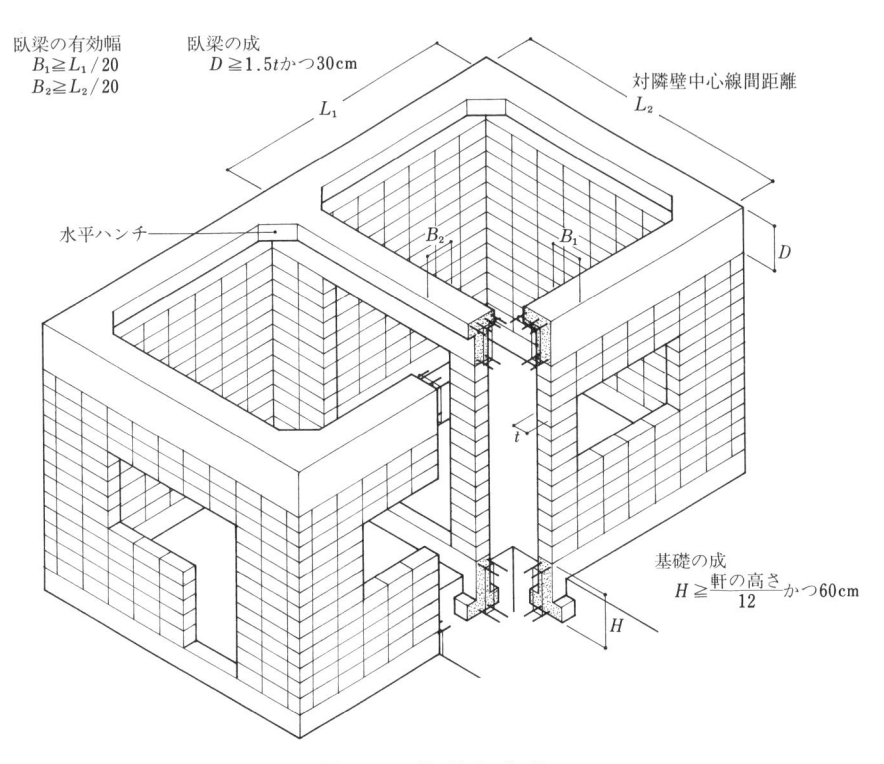

臥梁の有効幅
$B_1 \geqq L_1/20$
$B_2 \geqq L_2/20$

臥梁の成
$D \geqq 1.5t$かつ30cm

対隣壁中心線間距離

水平ハンチ

基礎の成
$H \geqq \dfrac{軒の高さ}{12}$かつ60cm

図２・78　臥梁と基礎

表２・22　コンクリートブロックの種類と規模の制限

材種	圧縮強さ (N/mm²)	全断面に対する圧縮強さ (N/mm²)	最大階数	最大軒の高さ(m)
A種	8以上	4以上	2	7
B種	12以上	6以上	3	11
C種	16以上	8以上	3	11

日本建築学会：「補強ＣＢ造設計規準」による。

84   第2章 躯体構法

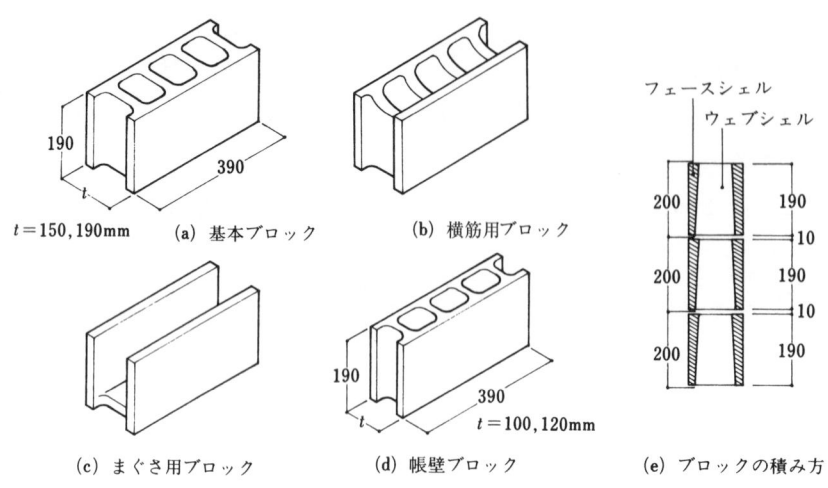

$t = 150, 190$ mm　(a) 基本ブロック　(b) 横筋用ブロック

(c) まぐさ用ブロック　(d) 帳壁ブロック　$t = 100, 120$ mm　(e) ブロックの積み方

図2・79　コンクリートブロックの形状・寸法の例

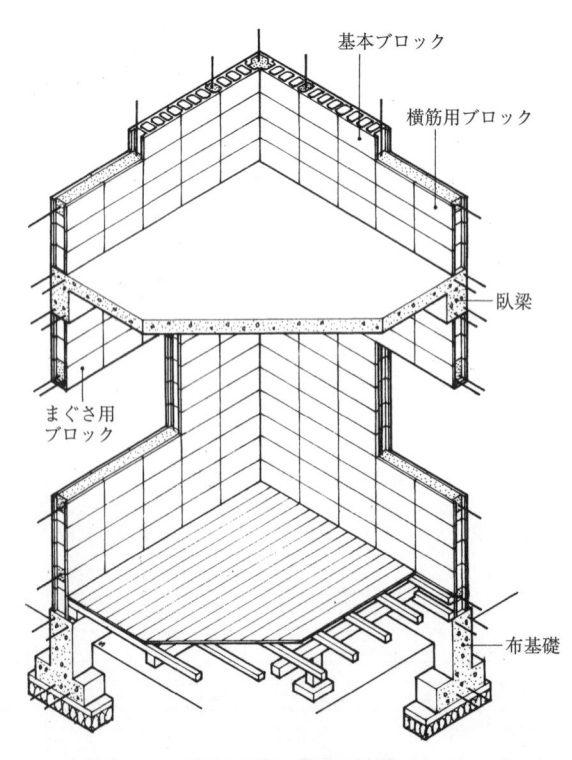

図2・80　補強CB造

(2) **壁厚と壁量**

耐力壁は，上部が臥梁，下部が臥梁または布基礎に連続している必要がある。その壁量の最低値は，使用されているブロックの種類により，図2・81のように決められている。また，壁厚の最低値も，建築物の階数と耐力壁のある階とにより，図2・82のように決められている。

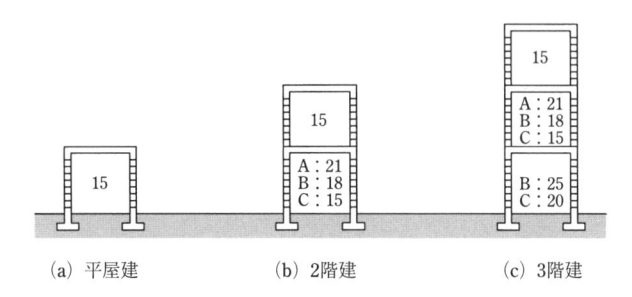

図2・81 補強CB造の最小壁量 （cm/m²）

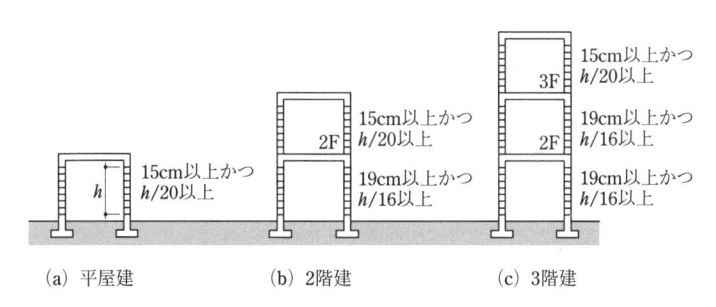

図2・82 耐力壁の厚さ

h：ブロック積み部分の高さ

(3) **施工法と設計**

補強CB造がその耐力を十分発揮するためには，精度よく積み重ねられたブロックが建築物として一体となっている必要があり，耐力壁の端部や，L型・T型の取合い部などは場所打ちコンクリートにする必要がある。また，耐力壁に挿入される鉄筋の間隔や径，それに継手長さ・定着長さの基準も用意されている。図2・83は，それを図示したものである。

(a) 隅角部
(b) 端部

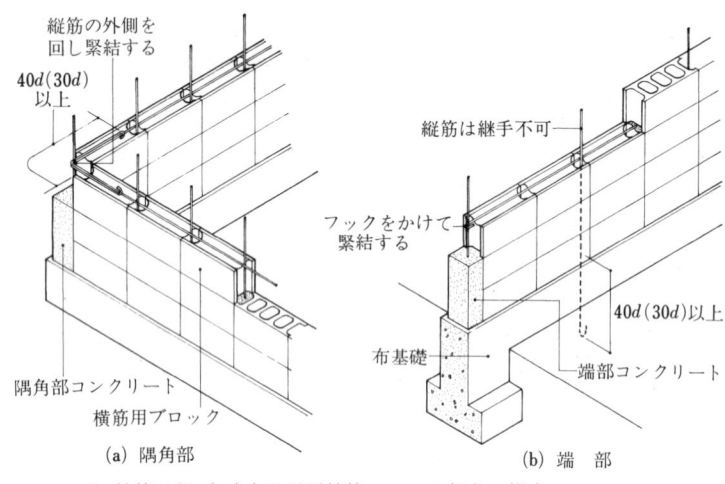

d：鉄筋の径，（　）内は異形鉄筋・フック付きの場合

図2・83　壁筋の定着・継手例

2・4・3　コンクリートブロック帳壁・塀

(1) コンクリートブロック帳壁（ＣＢ帳壁）

　コンクリートブロックによる壁は，耐力壁でなく，単なる帳壁として，Ｓ造やＲＣ造の建築物の間仕切壁や腰壁にも利用される。帳壁は支持形式から表2・23に示すように，両端が支持される一般帳壁と，構造的には主としてその一辺が固定される小壁帳壁とに分けられる。

　帳壁は，自重以外の面内方向の荷重は加わらないので，大きな耐力は必要としないが，地震時や強風時の倒壊や落下防止のために，規模の制限や壁厚に関する規準がある（表2・23）。

　コンクリートブロック帳壁は，柱や梁などの躯体ができあがった後に施工されることが多く，躯体との緊結は補強筋と躯体側鉄筋または鉄骨との溶接によることが多い。図2・84はＲＣ造と剛性の高いＳ造における緊結方法の例である。

(2) コンクリートブロック塀

　コンクリートブロック塀は，地震力や風圧力などの水平荷重と自重にだけ耐えればよく，帳壁と同様に，比較的容易に施工できるために，広く普及し

表2・23　CB帳壁と壁厚の規模制限

帳壁の種類		最小壁厚（cm）	
		一般帳壁Ⓐ, Ⓑ	小壁帳壁Ⓒ, Ⓓ, Ⓔ
間仕切壁		12*かつ $l_1/25$	12*かつ $l_2/11$
外壁	地盤面からの高さ10m以下の部分	12かつ $l_1/25$	12かつ $l_2/11$
	10mを超え20m以下の部分	15かつ $l_1/25$	15かつ $l_2/9$
	スパンまたは持出し長さの最大限(m)	3.5	1.6

*　地盤面からの高さ10m以下の部分にあっては10とすることができる。

$l_1 \leq 3.5\text{m}$（地下 $\leq 4.2\text{m}$）

$l_2 \leq 1.6\text{m}$

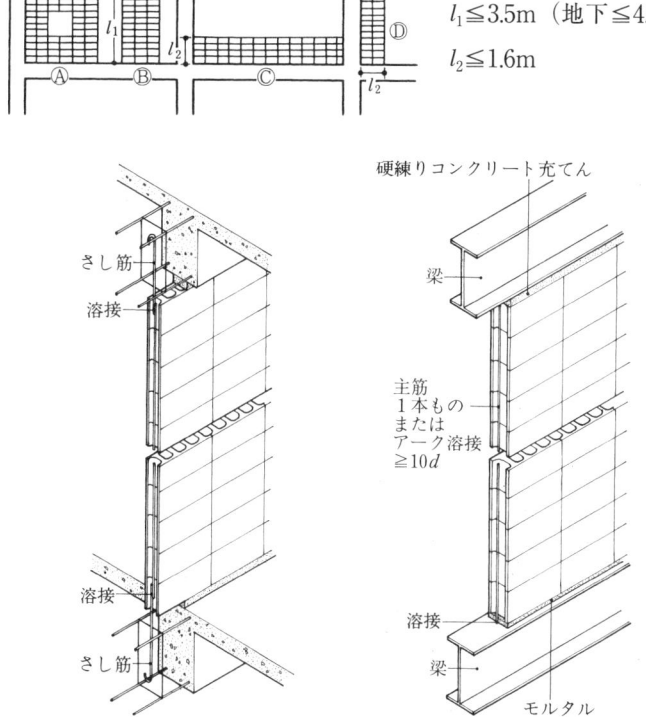

図2・84　CB帳壁の緊結方法例

ている。ただ，あまりに安易に設計・施工されている例も多く，不十分な配筋のために地震で倒壊して死傷事故につながることも少なくない。こうしたことから独自の構造規定が設けられるようになった。建築基準法施行令によ

る概要を次に示す。

① 高さ 2.2m 以下
② 壁厚 15cm（高さ 2m 以下では 10cm）以上
③ 長さ 3.4m 以下ごとに高さの 1/5 以上の幅の控壁
④ 基礎の成は 35cm 以上，根入れ深さ 30cm 以上

2・4・4 型枠コンクリートブロック造

　肉厚の薄いブロックを積み上げ，中に鉄筋を配し，コンクリートを打設することにより構造体を形成するもので，打ち込まれたコンクリートと型枠となるブロックが一体となって耐力を負担する第1種型枠ＣＢ造と，ブロックを単なる捨型枠として扱い，耐力を期待しない形式の第2種型枠ＣＢ造がある。第1種と第2種では，図2・86のように耐力壁として算入できる長さ，あるいは厚さが異なる。第1種の場合は壁式構造に限られるが，第2種の場合は柱状の構成をとるものはラーメン構造，壁状のものは壁式構造としてそれぞれ計算する。

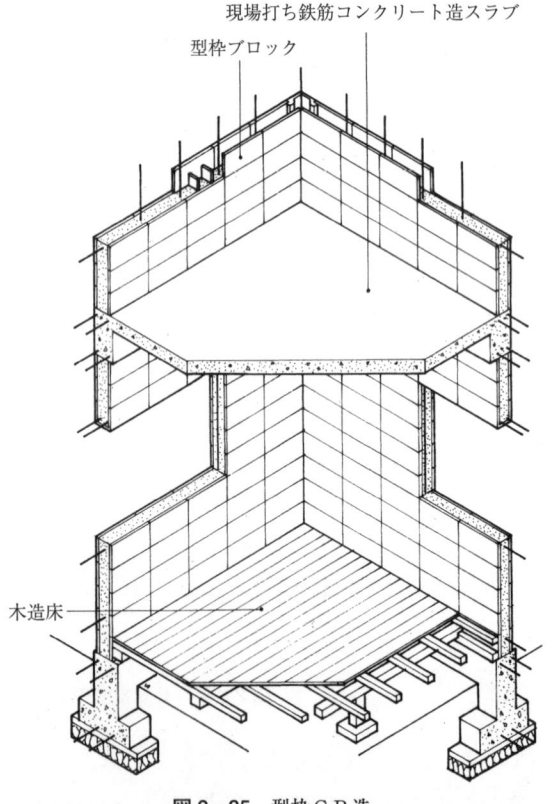

図 2・85 型枠ＣＢ造

(a) 第1種　　　　　　　　　　(b) 第2種

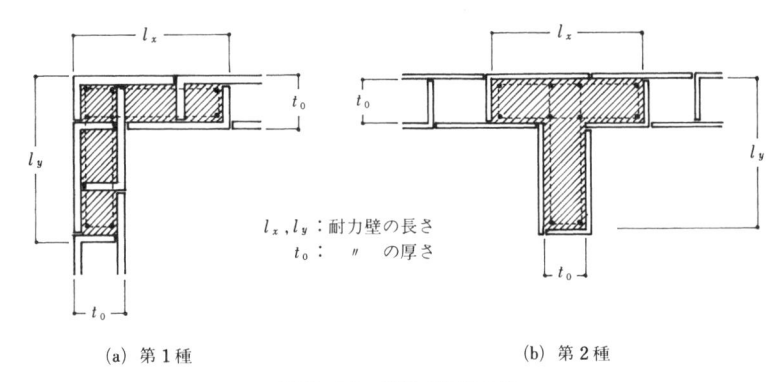

l_x, l_y：耐力壁の長さ
t_0：　〃　の厚さ

図2・86　型枠 CB 造の例

ブロックの形状としては図2・87に示すようなものなどがあるが，型枠ＣＢ造では最小肉厚 20mm，最小圧縮強度 20 N/mm² と決められている。

規模の制限として，軒高は第1種で 11m 以下，第2種で 12m 以下と異なっており，階数はいずれも3階建まで可能とされている。

また，必要な耐力壁の量や厚さ，および打込みコンクリートの厚さの最低限を定めた基準を表2・24に示す。

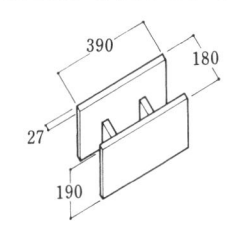

図2・87　型枠 CB 造用のブロックの形状例

表2・24　型枠ＣＢ造用の必要壁量と最小壁厚

階	壁　量 (cm/m²)	壁の厚さ (cm)	充填コンクリート部分の厚さ (cm)
平家，最上階	15	15 かつ $h/24$	9
最上階から数えて2つめの階	15	18 かつ $h/20$	12
最上階から数えて3つめの階	18	20 かつ $h/18$	14

h：基礎上端から，臥梁下端までの高さ

2・4・5 レンガ造・石造

(1) 構法の概要

重量のある石・レンガ・コンクリートブロックなどを，モルタルを用いて組積する組積造，すなわち鉄筋補強のない狭義の組積造は，水平力の中でも地震力に対して弱い。日本では関東大震災で大きな被害をこうむって以来，ごく軽微な建築物に限られており，ほかの構造体に頼って単なる仕上げとして用いられる場合が多い。

表2・25 組積造の種類と規模の制限

	全断面積に対する圧縮強度(kgf/cm^2)	建築物の高さ(m)
1種組積造（石造・CB造）	60 以上	6 (9*)
2種組積造（石造・れんが造・中実CB造）	100 以上	9

＊ 壁厚が表2・27の1.2倍以上の場合

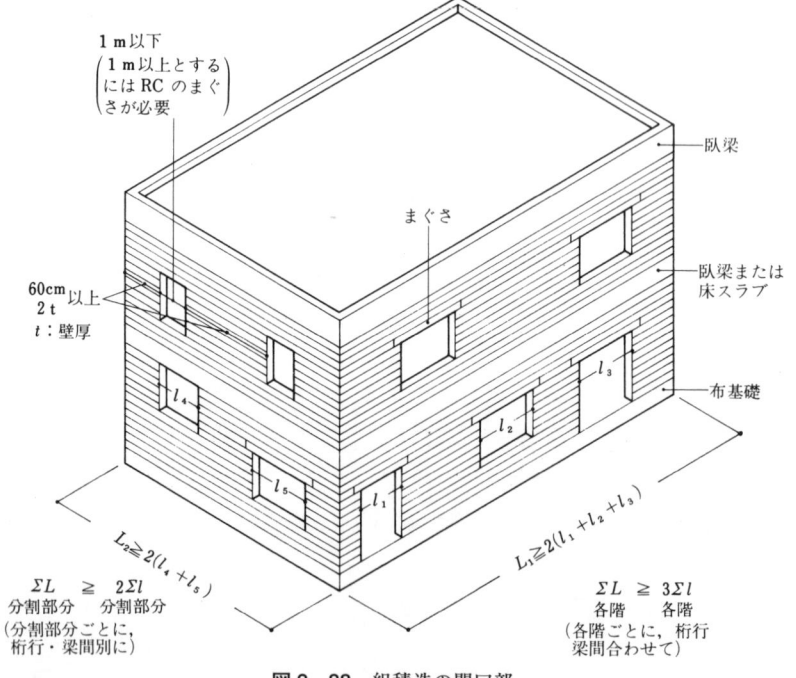

図2・88 組積造の開口部

組積造に使用されている材料の規格・規模の制限は表2・25のとおりであるが，2階建以下の小規模なものとするのが無難である。

組積造における基準は，最小壁厚（表2・26）などのほか，開口部の配置に関する制限（図2・88）など，厳密に用意されている。

表2・26 組積造の壁厚 (cm)

階＼壁の長さ	5m以下	5mを超え10m以下
平家	20	30
2階建・3階建の各階	30	40

(2) レンガの組積法

我が国では，レンガ積みは仕上げ構法として用いられることが多く，また，その目地のパターンは単なる意匠としてタイルの目地などに応用されている。しかし，レンガの積み方は本来，どのようにして強度のある壁体を造るかを工夫したものであり，壁体内部の目地が層の上下でどのような関係になっているかが重要である。代表的なものに，イギリス積み（イングリッシュ・ボンド），フレミッシュ積み（フレミッシュ・ボンド）などがある。なお，フランス積みと呼ばれるものは，明治時代にフレミッシュ積みを誤訳したものであるが，我国では現在でもフランス積みで通用している。

壁体の厚さには様々なものがあり，レンガの長手方向の大きさを壁の厚さとするものを一枚積みという。壁体としては，半枚積み・1枚積み・1枚半積み・2枚積みなどがある。

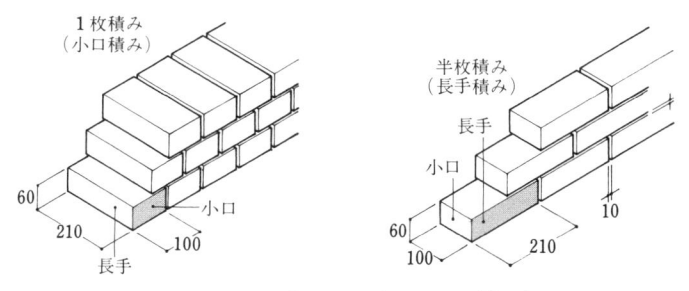

図2・89 壁厚さからみたレンガの積み方

図2・90は，イギリス積み・フレミッシュ積みの1枚半の壁厚の組積形式を示すものであるが，この図からわかるように，各種の積み方が可能になるためには，通常のレンガより小さなレンガが必要であり，その形状と名称は図2・91のとおりである。

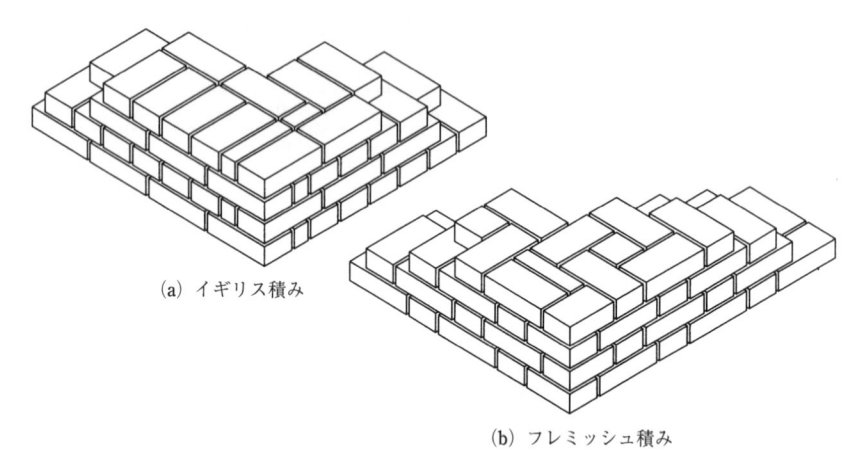

(a) イギリス積み

(b) フレミッシュ積み

図2・90　れんが造壁体の組積形式

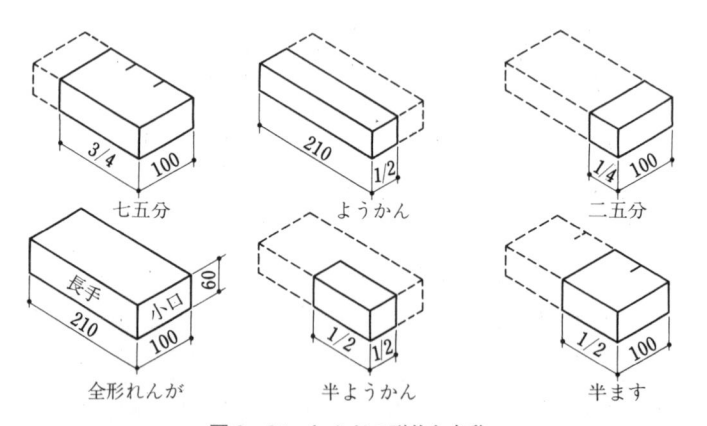

図2・91　れんがの形状と名称

2・5　プレストレストコンクリート造

(1) 構造の原理

通常，梁は荷重により図2・92(a)に示すように，上側が圧縮，下側が引張りになる。そこで図(b)のように下側をあらかじめ圧縮しておけば，通常の状態では引張りが生じないことになり，コンクリートのような性質の材料には都合がよい。このように設計荷重による応力の全部または一部を打ち消すようにあらかじめ計画的に与えられる応力をプレストレスといい，柱や梁など主要な部分にプレストレスを導入した建築物をプレストレストコンクリート（ＰＣ[1]）造という。また，図2・92(c)のようにプレストレスと設計荷重によって，部材断面に引張応力の生じない程度のプレストレスを与えることをフルプレストレッシング，部材断面の一部に許容範囲の引張応力が生じるものをパーシャルプレストレッシングという。

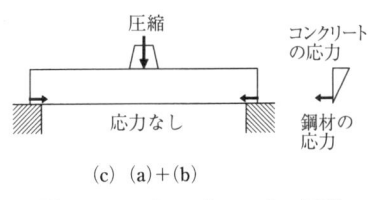

図2・92　プレストレスの原理

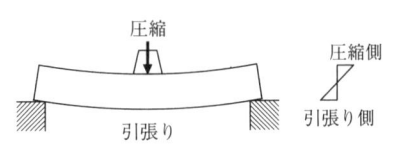

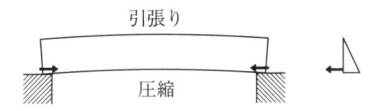

(a) 荷重による応力
(b) プレストレスによる応力
(c) (a)+(b)

ＰＣ造はプレストレスを与えるのに鋼材を用いるので，広義には，ＲＣ造の一種とも考えられるが，通常のＲＣ造に比べて，次のような特徴がある。

①　通常はひび割れの発生がなく，予想以上の荷重によりひび割れが発生しても，その荷重が除去されればひび割れがなくなるなど，ひび割

---

[1] Prestressed Concrete の略。プレキャストコンクリート（PCa）と区別するためPSと略す場合もあるが，一般的にはPCと略記する。

れ→水の浸入→錆の発生→ひびの増大→ひび割れというサイクルが生じにくく，耐久性が優れている。
② 部材断面積を削減でき，自重軽減による効果とあわせて大スパン架構が可能である。
③ ひび割れ発生荷重と破壊荷重とが接近しており，設計荷重の想定には注意が必要である。
④ プレストレスを与えている鋼材は，常に高応力の状態にあり，腐食しやすい。また，火熱により大きな損傷を受けやすい[1]。
⑤ 高強度のコンクリートや鋼材を使用するため，材料費が高く，生産にも手間がかかる。

プレストレストコンクリートには，プレストレスを与える時期により，プレテンション（Pre-tension）方式とポストテンション（Post-tension）方式の2つがある。前者はあらかじめ固定装置を使って引張力を与えたＰＣ鋼材をセットしてコンクリートを打設し，硬化後にＰＣ鋼材の緊張を解くとコンクリートに圧縮応力が加わるもので，工場で製作される。後者はさや（シース）を入れてコンクリートを打設し，硬化後にＰＣ鋼材に引張力を与えてコンクリートに圧縮応力を生じさせるもので，現場施工が可能である。

(2) 材料の性質

ＰＣ造に使われるコンクリートには構造の原理から高い圧縮強度が要求され，表2・27のようなものが使われる。また，乾燥収縮やクリープが大きいとプレストレスが時間の経過とともに減少することになるから，膨張性のセメントが用いられることもある。

表2・27 工法・設計種別によるコンクリートの設計基準強度

工　　法	コンクリートの設計基準強度
プレテンション	35 N/mm^2 以上
ポストテンション	30 N/mm^2 以上

（建設省告示）

---

1) ＰＣ鋼材の最低かぶり厚さは，非耐力壁・床で35㎜，耐力壁・柱・梁で50㎜など，鉄筋より大きめに規定されている（建設省告示）。

PC造には，普通の鉄筋コンクリート用の棒鋼とPC鋼材が用いられる。PC鋼材はプレストレスを与えるので高い引張強度が必要である。種類としてはPC鋼棒，PC線，PC鋼より線（ストランド）があり，最も強度の劣るPC鋼棒でも表2・28のように，一般の鋼材に比べて2倍以上の強度をもっている。

表2・28　PC鋼棒の引張強さ

種類	N/mm^2
A種2号	1030 以上
B種1号	1080 以上
B種2号	1180 以上
C種1号	1230 以上

表2・29　PC鋼材の種類

PC鋼材		記号	径 (mm)
PC鋼棒		SBPR	9.2～40.0
PC鋼線		SWPR 1*	(2.9)～9
PC鋼より線	(2本より)	SWPR 2	(2.9)
	(3本より)	SWPR 3	(2.9)
	(7本より)	SWPR 7	9.3～15.2
	(19本より)	SWPR 19	17.8～28.6

＊：異形線は SWPD 1

　プレテンション工法では，PC鋼材は付着によってコンクリートと一体になっているが，ポストテンション工法においては，プレストレスを与えているPC鋼材をコンクリートに定着させる定着具が必要で，これを定着具という。その代表例を図2・93に示す。

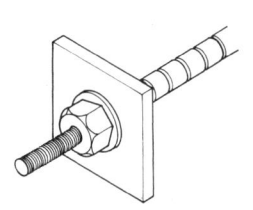

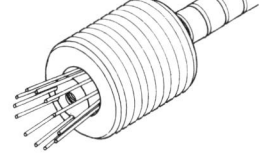

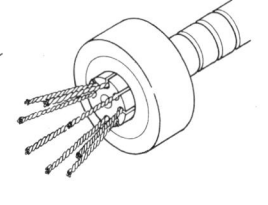

ねじ式：PC鋼棒　　　くさび式：PC鋼線　　　くさび式：PCストランド

図2・93　定着具とPC鋼材

　定着具はあらかじめコンクリートや補強筋などと一体になっており，PC鋼材をねじ式・くさび式などの方法で緊結する。
　PC造では，以上のほか，PC部材どうしの接合部に注入する目地用グラウト材，ポストテンション工法においてコンクリート中にPC鋼材を配置するための中空のシース，それにコンクリートとPC鋼材との付着のため，シース内に注入するグラウト材などが使用される。

(3) 工場製作とPC製品

工場での製作はプレテンションによることが多い。その場合，ひとつひとつつくるより図2・94に示すロングライン工法のように2本のアバットと呼ばれる固定装置の間に数多くの型枠を並べて一度に大量に製作することが多い。PC製品には図2・95に示すようなものがあり，これらを現場で接合することにより，床や屋根を形成する。

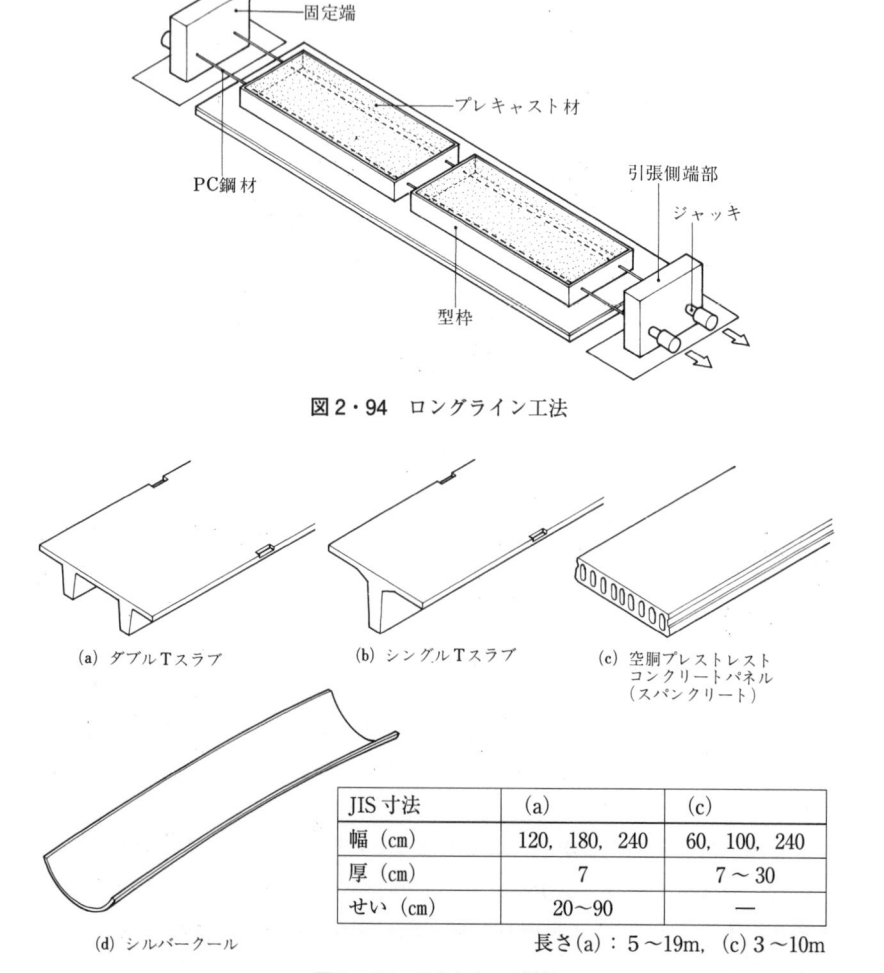

図2・94 ロングライン工法

(a) ダブルTスラブ
(b) シングルTスラブ
(c) 空胴プレストレストコンクリートパネル（スパンクリート）
(d) シルバークール

JIS寸法	(a)	(c)
幅（cm）	120, 180, 240	60, 100, 240
厚（cm）	7	7～30
せい（cm）	20～90	—

長さ(a)：5～19m，(c) 3～10m

図2・95 おもなPSC製品

図2・96は普通のプレキャストコンクリート（PCa）版とPC版について，使用材料，支持・荷重条件などを同一にして比較し，支持スパンと版厚との関係の概略を示したものである．この図からもわかるように，PC版は普通のPCa版に比べ，版の厚さをはるかに薄くすることができ，大スパン架構が可能である．

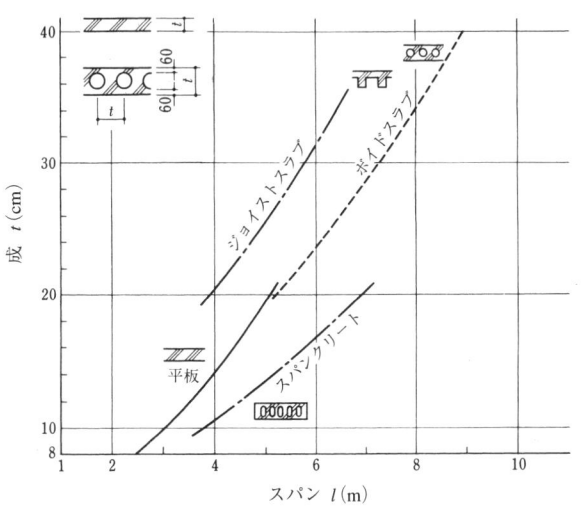

図2・96 各種スラブのスパンと厚さの比較
（高坂清一：「プレハブ建築の構造計画と設計」を参考に作成）

(4) 現場施工と接合

ＰＣ造の現場施工は大きく3つに分けられる．すなわち，ＰＣ製品をそのまま使うもの，工場製作されたPCa製品にポストテンションをかけて接合するものと，現場でコンクリートを打設した後の建築物にポストテンションをかけてプレストレスを導入するものの，3つである．

図2・97はＰＣ鋼棒を使ったプレストレスコンクリートに柱・梁部材の接合例であり，図2・98は柱・梁・スラブ・壁を一体に打設し，柱外側からプレストレスを導入する場合の配筋例である[1]．

---

1) 鉄筋とＰＣ鋼材とのあきは，20 mm以上，またＲＣ鋼材相互間のあきを鋼材直径3倍以上（プレテンション），あるいはシース相互間のあきを30 mm以上（ポストテンション），いずれも粗骨材最大寸法の1.25倍以上とＲＣ造に準じた規定がある（日本建築学会計算規準）．

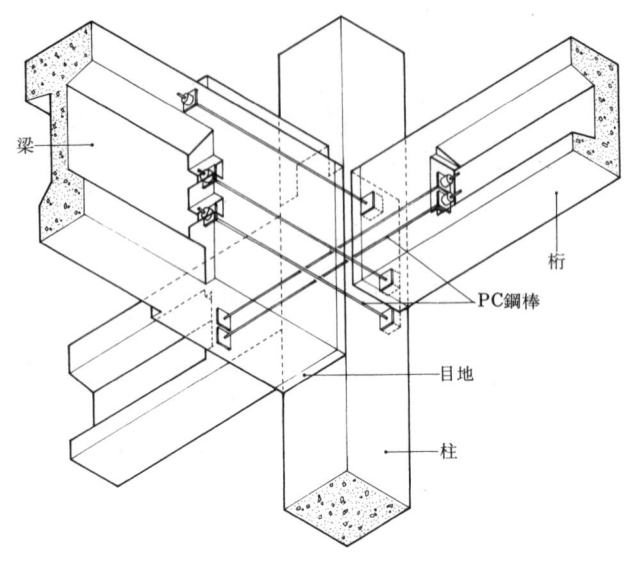

図2・97　PC鋼棒によるプレキャストコンクリート部材の組立て

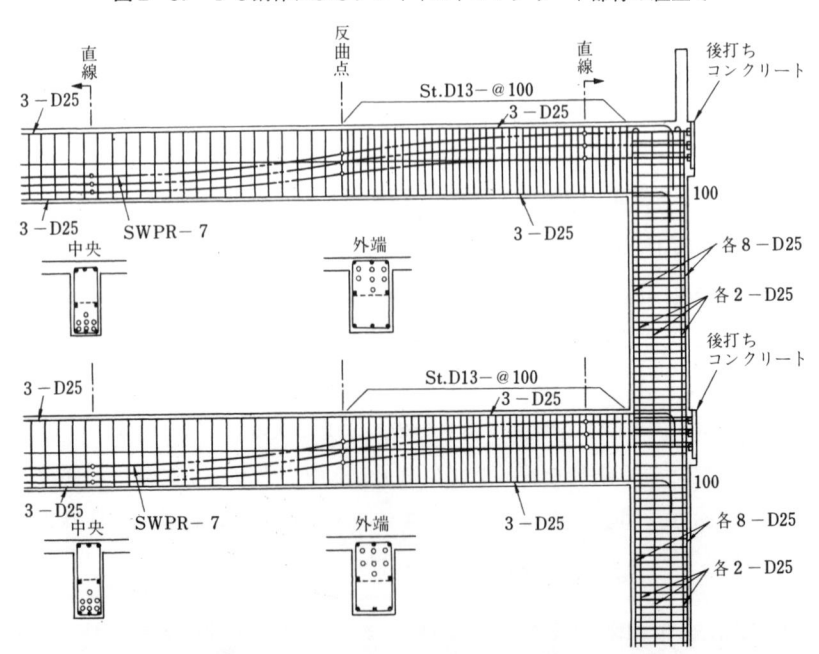

図2・98　場所打ち一体式ラーメンのプレストレス導入例

（日本建築学会：「構造用教材」より）

2・5 プレストレストコンクリート造

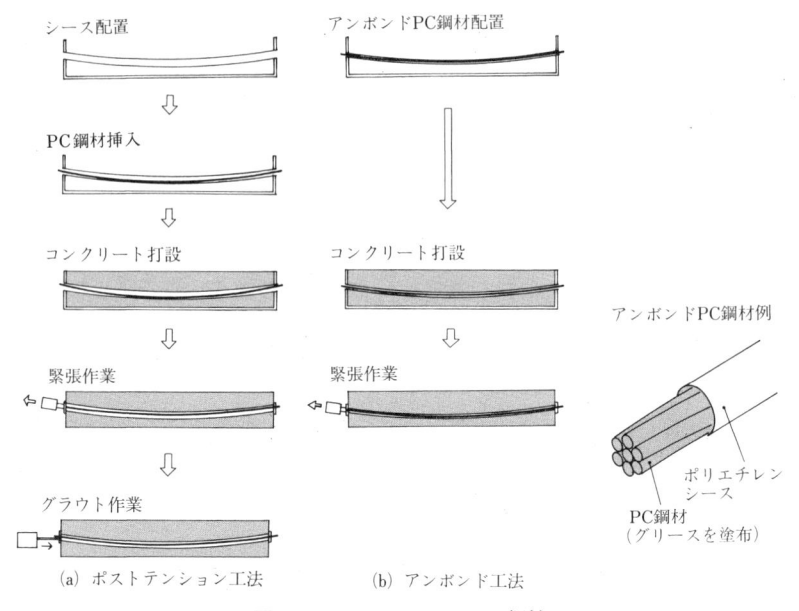

図2・99 ＰＣスラブのPC鋼材

近年，ＲＣ造の床スラブに，ＰＣ鋼材をコンクリートに付着させないアンボンド工法と呼ばれるＰＣ造を用いることがある（図2・99）。小梁のない広い床スラブを実現できることに加え，施工上の手間が少なくなるという利点もある。

2・6 鉄骨鉄筋コンクリート造

(1) 構法の概要

鉄骨骨組の周囲に鉄筋を配し、その上で型枠を組み、コンクリートを打ち込むことによって得られる鉄骨鉄筋コンクリート造はＳＲＣ[1]造とも呼ばれる（図2・100）。

ＳＲＣ造は一般的に、通常のＲＣ造に比べて鋼材の割合が多いだけ耐震性に優れ、鉄骨造に比べて鋼材がコンクリートに被覆されているだけ耐火的であるといえる。このような理由から、7～25階建程度の建築物や超高層建築物の下層部に使われることが多い。

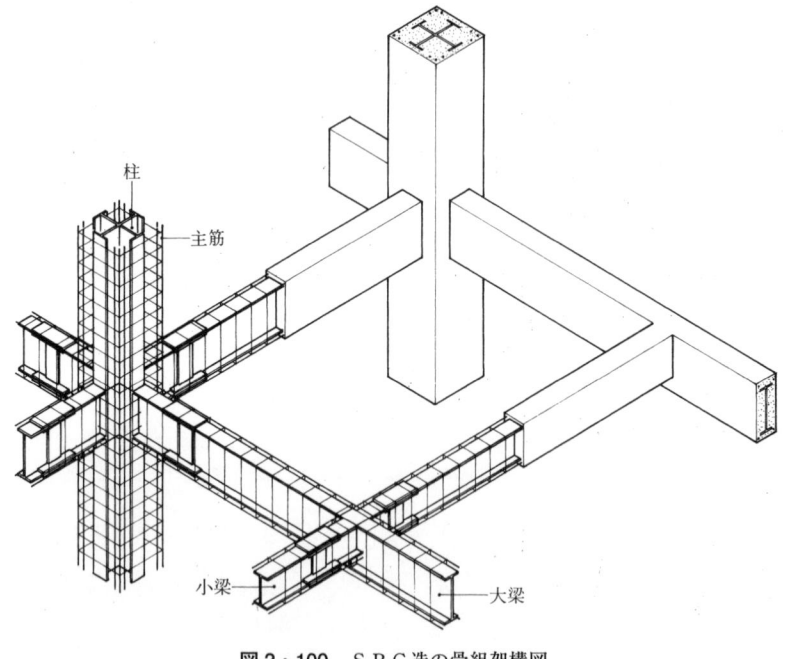

図2・100　ＳＲＣ造の骨組架構図

---

1) Steel framed Reinforced Concrete の略。以下ＳＲＣ造と表記する。

SRC造は地震の多い日本で独自に進歩した構法である。構造原理上は，多量に必要な鉄筋の代わりに鉄骨を入れたものと考える，きわめてRC造に近いものから，コンクリートの耐火被覆の厚さが非常に大きくなったと考える，S造に近いものまである。構造設計においても，鉄骨を同等な断面積をもつ鉄筋とみなして計算する鉄筋コンクリート式と，鉄骨部分と鉄筋コンクリート部分との許容耐力の和が必要耐力を上回るように設計する累加強度式の2つがあり，最近は後者で設計することが多い。

(2) 材料と施工

SRC造に用いられる材料は，原則的にはRC造や鉄骨造に用いられるものと同じであり，鉄骨鉄筋コンクリートとしての比重は，鋼材の割合が多いだけに，通常の鉄筋コンクリートより $0.1 t/m^3$ 程度重い。

配筋のうちコンクリートのかぶり厚さに関して，建築基準法施行令では鉄骨で5cm以上と定められているが，耐火被覆としての実効性や周囲に鉄筋を配置した際のコンクリートの充填性を考慮して，鉄骨に関しては12〜15cm程度とるのが普通である。鉄骨・鉄筋の間隔に関しても，コンクリートの充填性に配慮し，RC造に準じて最低値が表2・30のように決められている。

表2・30 鉄骨と鉄筋のあき

主筋と主筋	1.5Dかつ2.5cm以上	粗骨材の最大寸法の1.25倍以上
主筋と軸方向鉄骨	2.5cm以上	

(日本建築学会：鉄骨鉄筋コンクリート構造計算基準)

SRC造はコンクリートを打設して，初めて本来の構造体となるのであるが，施工時は，鉄骨だけでかなりの高さ・階数まで立ち上げられるのでコンクリート打設までの間[1]，強風や地震に対する十分な配慮が必要となる。

(3) 梁

図2・101(a)は梁の断面形状として一般的なタイプで，図(b)は，山形鋼と平鋼などで組み立てたもので，従来からのタイプである。

---

[1] 厳密にはコンクリートが硬化し，所定の強度となるまで。

(a) H形鋼を主とした構成　　(b) 山形鋼を主とした構成

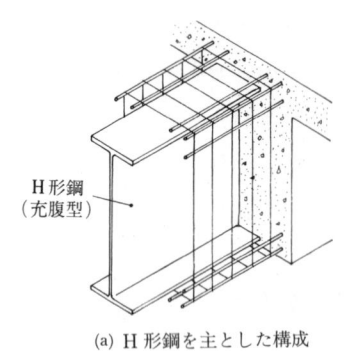

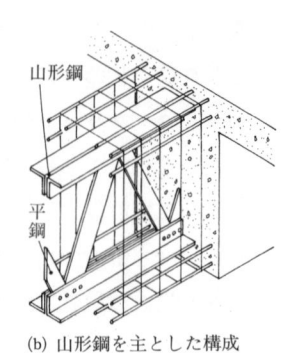

図2・101　梁の断面形状

　企画時や，設計の初期の段階で，断面寸法を予測する場合，15階建程度で階高3m前後，スパン6～8mの一般的な建築物について，梁成は最上階でスパンの1/12，最下階でスパンの1/8というのが目安である（梁幅はその1/2程度である）。

(4)　柱

　柱の断面形状は梁に類似していて，図2・102に示すようなものがあり，このほか鋼管や角形鋼管によるものもある。梁の項で取り上げたものと同程度の建築物については，最上階でスパンの1/12，最下階でスパンの1/8というのが柱径の目安である。

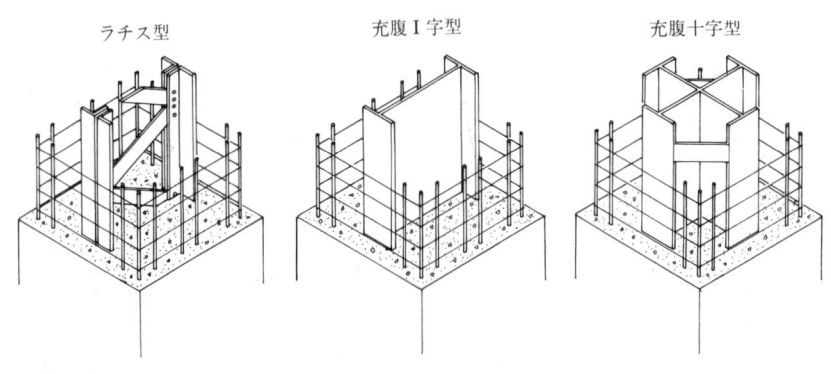

(a) 山形鋼を主とした構成　　(b) H形鋼を主とした構成

図2・102　柱の断面形状

(5)　柱・梁接合部

　柱・梁接合部は，応力の伝達機構が明快で柱と梁の応力のやりとりに無理

がないこと，局部変形や局部的な応力集中が生じないこと，主筋の配筋が無理なくできること，コンクリートが容易に打設できて充填性がよいこと，そして，鉄骨の溶接工作が容易であること，などが考慮されなければならない。実例を図2・103に示す。

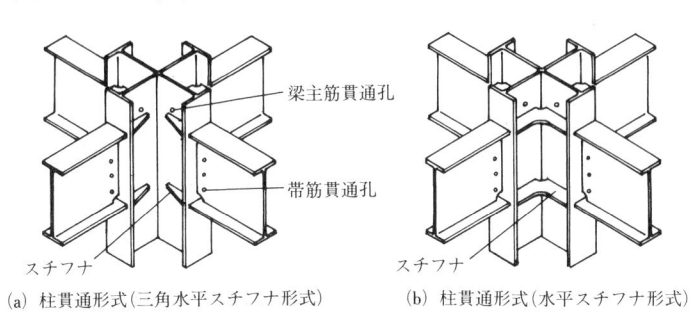

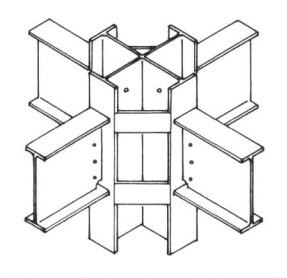

(a) 柱貫通形式(三角水平スチフナ形式)　　(b) 柱貫通形式(水平スチフナ形式)

(c) 柱貫通形式(鉛直スチフナ形式)　　(d) 梁フランジ貫通形式

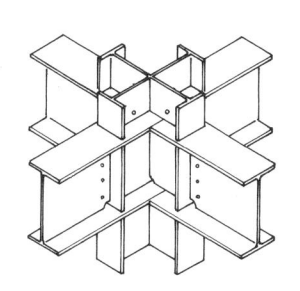

図2・103　SRC造鉄骨の柱・梁接合方式

水平スチフナ形式と梁フランジ貫通形式は，応力の伝達には優れているが，コンクリートの充填性は劣る。逆に，鉛直スチフナ形式はコンクリートの充填性が優れているが，応力の流れには注意を要する。三角水平スチフナ形式は，スチフナを小さくして，応力の伝達を若干犠牲にし，コンクリートの充填性をよくしようとしたものである。

図2・104は柱梁接合部（側柱）における鉄骨と鉄筋の取合い例である。SRC造に使用される鋼材は，コンクリートで被覆されることから比較的スレンダーで，局部変形防止や応力伝達のためにバンドプレートやスチフナが利用される。このほか梁主筋や柱帯筋のための貫通孔もSRC造独特のもの

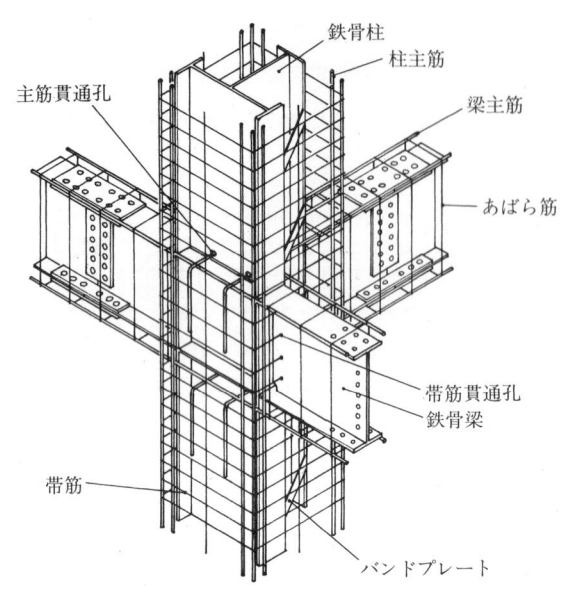

図2・104 鉄骨と鉄筋との取合い

である。柱・梁接合部は錯綜する鉄骨と鉄筋，その中で確実な充填が求められるコンクリート打設など，施工上いろいろ問題が生じがちな部分である。

(6) **柱　　脚**

ＳＲＣ造の柱脚は，一般的に固定接合である。形式としては図2・105(a)のように，固定は鉄筋とアンカーボルトとで確保し，ベースプレートはつなぎ梁上端に設置するものが多い。

(7) **継　　手**

ＳＲＣ造の継手には，鉄骨の継手と鉄筋の継手両方があるが，基本的な考え方はＳ造やＲＣ造と同様である。すなわち，次のような点に注意する。

① 大きな応力の生じる位置は避ける。
② 同一箇所に集中させない。特に鉄骨と鉄筋はずらす。
③ 接合される部材が一体となるように十分，耐力に考慮する。

梁の鉄骨はＳ造と同じく，端部をあらかじめ柱に接合しておき，中間部の両側を現場で接合する形式をとることが多い。また，鉄筋の継手はＲＣ造に準じて考える。

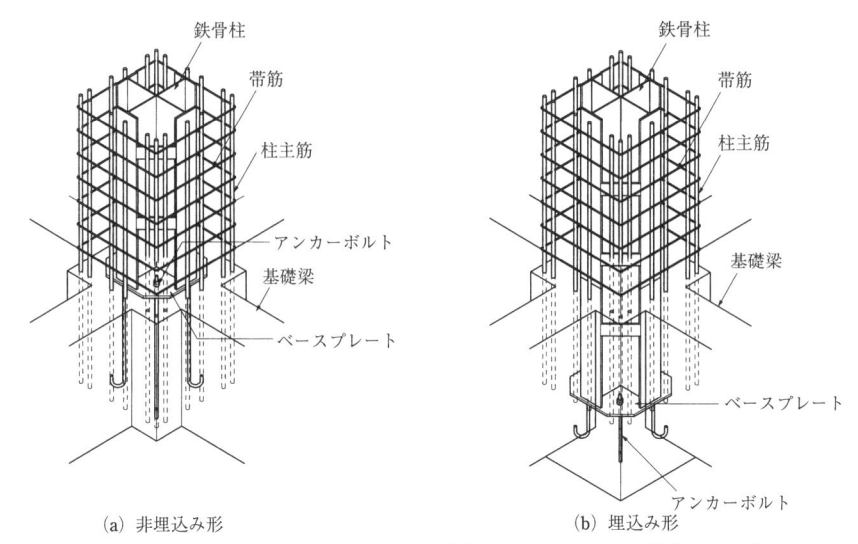

図 2・105 柱脚詳細（日本建築学会：「鉄骨鉄筋コンクリート計算規準」を参考に作成）

(a) 非埋込み形　　(b) 埋込み形

(8) **各部取合**

図 2・106 は柱・梁と床・壁との取合例である。柱梁接合部ほどではないが，やはり施工に際し，配筋や打設時におけるコンクリートのまわりに十分な配慮が必要となる。

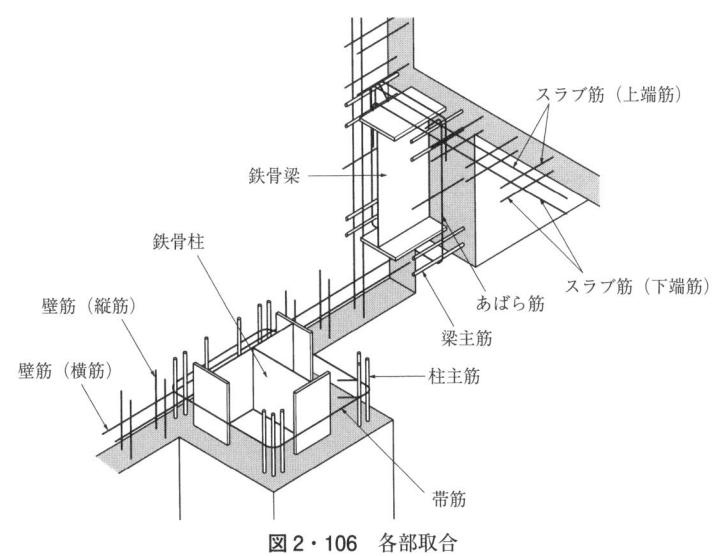

図 2・106　各部取合

(9) 合成構造

　ＳＲＣ造は鉄骨造とＲＣ造を合わせた形式であるが，２・２・７で述べた鋼管コンクリートにＳＲＣ造的な考え方を適用したものを図２・107に示す。いずれも，構造の考え方や施工における留意点など鉄骨鉄筋コンクリート造と共通である。図２・38の鋼管コンクリートを充填型鋼管コンクリートという。なお，これら鋼管にコンクリートを充填するタイプのダイヤフラムには，コンクリートが十分充填できるように打設用の穴を設ける(図２・107(a))。

　複数の基本的な構造材料・形式を合わせたものを合成構造と総称することがあるが，そのバリエーションは極めて多様である。

(a) 充填型鋼管コンクリート

(b) 被覆型鋼管コンクリート　　(c) 充填被覆型鋼管コンクリート

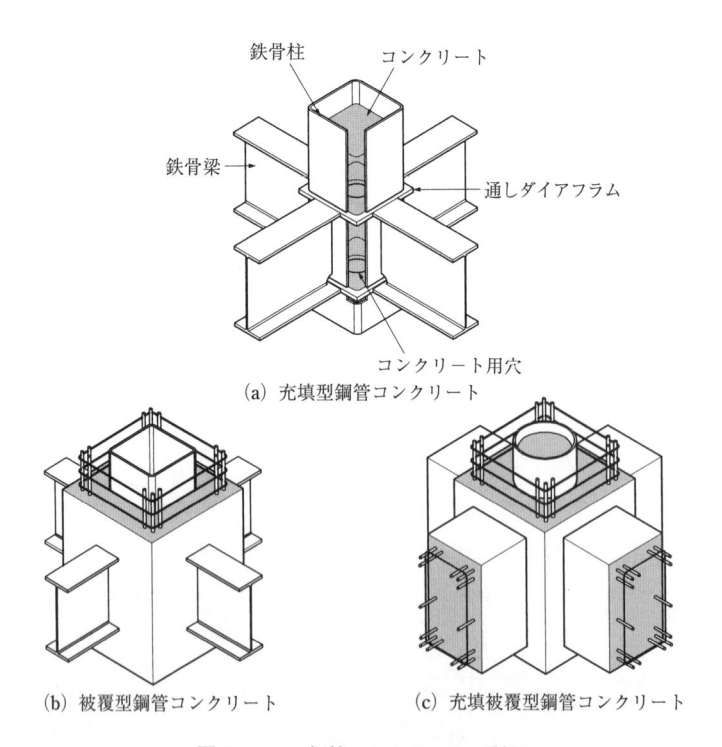

図２・107　鋼管コンクリートの種類

2・7 木　　造

2・7・1　材料と構造
(1)　**構造材としての木材**

　木材は，軽量のわりには強度が大きく，圧縮・引張り・曲げ・せん断の各応力に対し適度な強さと粘りをもっている。また，加工や組立接合も容易であり，日本では良質な木材がとれることもあって，古来から主要な建築構造材として多用されている。

　木材の組織は，図2・108に示すとおりであるが，繊維に対する方向の相違によって，許容応力度が，表2・31のように異なる。

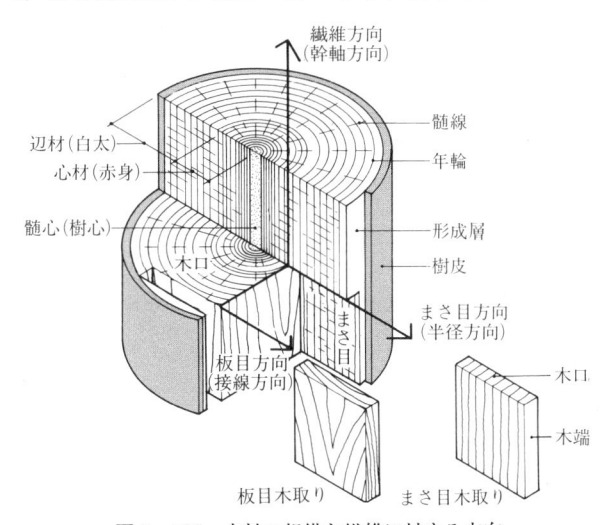

図2・108　木材の組織と繊維に対する方向

　繊維と直角方向の許容圧縮応力度が低いのは，繊維が押しつぶされてへこむためである。広葉樹に比べて，針葉樹の場合は低下の度合が大きい。材を押した場合をめり込みといい，金物を用いて接合を行う場合などに，その強度が問題となる。詳細な構造計算によって木造の設計を行う場合は，めり込みに対しても十分な配慮が必要である。

表2・31 繊維に対する方向による基準許容応力度の例 (N/mm²)

繊維方向と加力方向とのなす角度			0〜10°	70°〜90°
全面圧縮		針葉樹Ⅰ類 ベイマツなど	7.4	0.93
		広葉樹Ⅰ類 カシ	9.0	1.8

(日本建築学会:「木質構造設計規準・同解説」より)

(注) 繊維方向と加力方向のなす角度が10°〜70°の場合，直線補完した値とする。

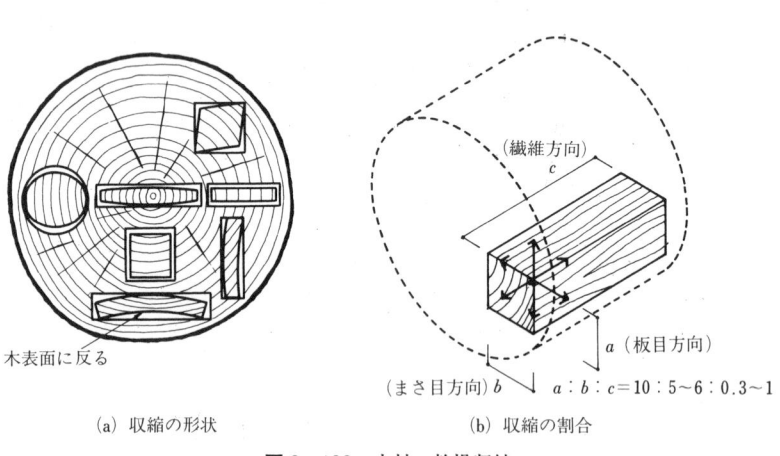

(a) 収縮の形状

(b) 収縮の割合

$a:b:c=10:5〜6:0.3〜1$

図2・109 木材の乾燥収縮

木材の絶乾重量に対する水分の含有量の比率を含水率と呼ぶが，含水率が大きくなると強度が低下する。木材は伐採後乾燥し，含水率が低下するが，それに伴って収縮する。この乾燥収縮の程度も，図2・110のように方向によって異なっており，反りや割れの原因となる。

このため，木材の十分な乾燥を待って加工・施工し，含水率の変動によって生じる変形への配慮をし，部材を組み合わせることが必要である。

木材の短所としては，含水率の高い状態が続くと腐りやすく，また，しろありの害を受けやすいことがあげられる。

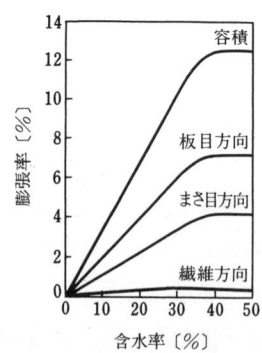

図2・110 含水率と変形の関係

節，繊維の傾き，割れなどのきずは，強度や変形に悪影響を与える。無きずの材を用いるのは理想的であるが，実際には多少のきずをもつものも使用される。節には，生節と死節[1]とがあり，死節のある材は主要構造部材としては好ましくない。割れは乾燥収縮に伴って生じることも多く，免れがたい。そのため化粧柱などでは，主要な面の割れを逃げるために背割り（図2・111）を施す。

木材の繊維方向の許容応力度は，以下のように設定される。

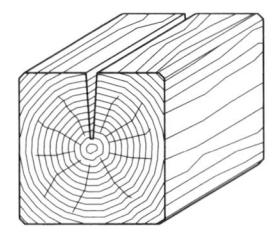

図2・111　背割り

長期に生じる力に対する許容応力度　$f_L = 1.1/3 \times F$

短期に生じる力に対する許容応力度　$f_s = 2/3 \times F$

ここで，F：基準強度

表2・32に針葉樹の構造用製材（目視等級区分）の基準強度の例を示す。可燃材であることも，構造材料としての木材の短所であり，建築物の不燃化

表2・32 製材のJAS[1]（目視等級区分構造用製材）の基準強度（繊維方向）の例

樹　種	区　分	等級	基準材料強度 (N/mm²)			
			圧縮 (F_c)	引張 (F_t)	曲げ (F_b)	せん断 (F_s)
ベイマツ	甲種構造材	1級	27.0	20.4	34.2	2.4
		2級	18.0	13.8	22.8	
		3級	13.8	10.8	17.4	
ヒノキ	甲種構造材	1級	30.6	22.8	38.4	2.1
		2級	27.0	20.4	34.2	
		3級	23.4	17.4	28.8	
ベイツガ	甲種構造材	1級	21.0	15.6	26.4	2.1
		2級	21.0	15.6	26.4	
		3級	17.4	13.2	21.6	
スギ	甲種構造材	1級	21.6	16.2	27.0	1.8
		2級	20.4	15.6	25.8	
		3級	18.0	13.8	22.2	

＊平成12年建設省告示　第1452号

---

[1]　生節は生枝から生じた節で，周囲の樹幹組織と連続しているもの。
　　死節は死枝から生じた節で，周囲の樹幹組織と連続していないもの。

の流れの中で，木造は長い間，弱点のある構造とされてきた。しかし，断面の大きな木材は，火災にあっても表面が炭化するため，中心に向けて燃える速度はそれほど速くはない。30分間で15～20mm程度燃えるとされている。したがって，構造上必要な断面より数cm大きな断面で設計を行っておけば，その木造はある程度耐火的であるということができる。

1993年に燃え代設計という概念が建築基準法に採用され，例えば，柱などで表面から内側に3.5cmの部分を除いても耐力上有効な構造が残れば，45分の準耐火構造になるようになった。

木材は樹種によって，性質が異なるが，構造材には，繊維が素直で軽く，加工が容易な針葉樹が適している。土台など腐朽・虫害が生じがちな部分には，ヒノキ・ヒバ類を，梁のように曲げ耐力の必要な部分にはまつ類を，という具合に使い分ける。躯体を構成する各部材に用いられる主要な樹種を表2・33に示す。

近年，北米等から輸入された木材が広く用いられている。その樹種と用途を表2・34に示す。

木造構法の部材の多くは，規格に基づく製材が用いられるが，在来構法の梁材やログハウスの部材には，丸太に簡単な加工を施したものも用いられる。

表2・33 木造在来構法の各部位に用いられる主な樹種

部位	樹種
土台	ヒノキ，ヒバ，ベイヒ，ベイヒバ，保存処理製材，土台用加圧式保存処理木材
柱	ヒノキ，スギ，ベイツガ，化粧貼り構造用集成柱
胴差，桁	アカマツ，クロマツ，ベイマツ，ベイツガ，スギ，カラマツ
小屋梁	アカマツ，クロマツ，ベイマツ，カラマツ
床梁	アカマツ，クロマツ，ベイマツ，カラマツ，ベイツガ
大引	ヒノキ，スギ，アカマツ，クロマツ，ベイマツ，カラマツ，ベイツガ
筋かい	スギ，ベイツガ
母屋，垂木	スギ，アカマツ，クロマツ，ベイマツ，ベイツガ，カラマツ

「平成17年度改定木造住宅工事共通仕様書（住宅金融公庫）」を参考に作成

---

1) Japanese Agricultural Standard（日本農林規格）の略。

2・7 木　造　111

表2・34　輸入木材の種類

名　称（樹種）	主 産 地	用　途
ダグラスファー（ベイマツ）	アメリカ・カナダ・太平洋岸	一般構造用材
ホワイトシーダー（ベイヒ）	アメリカ・太平洋岸	ヒノキの代用
ヘムロック（ベイツガ）	アメリカ・カナダ	建築一般
レッドシーダー（ベイスギ）	アメリカ・カナダ・太平洋岸	建築造作・外壁
スプルース	アメリカ・太平洋岸	建具
イエローシーダー（ベイヒバ）	アメリカ・太平洋岸	土台・造作建具

(2) 製 材 規 格

日本の在来木造構法に用いられる製材は，JASで寸法のほか，木目の価値に基づく日本独自の区分が定められてきた。製材は，厚さと幅によって図2・112のように区分され，構造材には主として正角・平角(しょうかく)が用いられる。

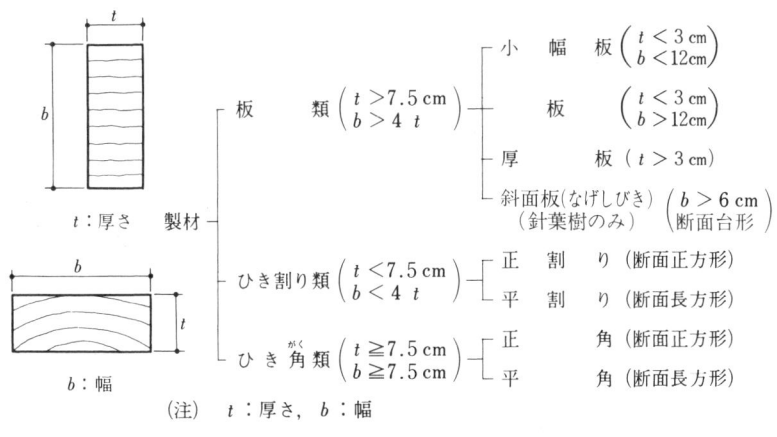

製材 ┬ 板　類 $\left(\begin{array}{l}t>7.5\,\text{cm}\\b>4\,t\end{array}\right)$ ┬ 小　幅　板 $\left(\begin{array}{l}t<3\,\text{cm}\\b<12\text{cm}\end{array}\right)$
　　│　　　　　　　　　　　　　　　├ 板 $\left(\begin{array}{l}t<3\,\text{cm}\\b>12\text{cm}\end{array}\right)$
　　│　　　　　　　　　　　　　　　├ 厚　板（$t>3\,\text{cm}$）
　　│　　　　　　　　　　　　　　　└ 斜面板(なげしびき)（針葉樹のみ）$\left(b>6\,\text{cm}\,\text{断面台形}\right)$
　　├ ひき割り類 $\left(\begin{array}{l}t<7.5\,\text{cm}\\b<4\,t\end{array}\right)$ ┬ 正　割　り（断面正方形）
　　│　　　　　　　　　　　　　　　└ 平　割　り（断面長方形）
　　└ ひき角(がく)類 $\left(\begin{array}{l}t\geqq 7.5\,\text{cm}\\b\geqq 7.5\,\text{cm}\end{array}\right)$ ┬ 正　角（断面正方形）
　　　　　　　　　　　　　　　　　　└ 平　角（断面長方形）

t：厚さ　　b：幅

（注）t：厚さ，b：幅

図2・112　旧JASによる製材の分類

各種の製材は，原木を分割加工してつくられるが，分割することを木取りといい，たとえば，図2・113のように行われる。

北米に起源をもつツーバイフォー構法（枠組壁工法）は，独自の規格寸法の製材を用いる。その代表的な製材の断面寸法が2インチ×4インチであるが，実際の寸法は，製材の過程で多少減少し，また乾燥状態でも変動するため，JASでは未乾燥材は厚さ40mm，幅90mm，乾燥材は厚さ38mm，幅89mmと定められている。また，2インチ×6インチ，2インチ×8インチ

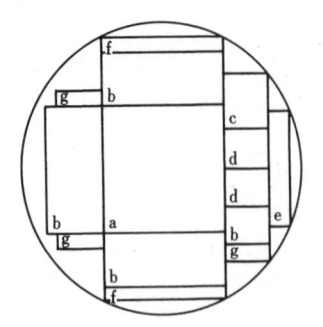

原木：ヒノキ　径28cm, 材長4m

材種　a：柱　　材　　120×120
　　　b：かもい材　　120×55
　　　c：回り縁材　　 55×45
　　　d：さお縁材　　 45×36
　　　e：縁甲板　　　105×18
　　　f：板　　　　　120×14
　　　g：板　　　　　 45×14

（注）日本住宅木材技術センター調査より

図2・113　木取りの例

などの材も用いられ，それぞれ206，208というように表記する。

このほか，丸太組構法などでは，それぞれ独自の寸法体系の製材が用いられる。

(3) 木質系構造材料

木材を主な原料として工場で製造される材料は，エンジニアドウッド[1]と呼ばれている。木質系構造材料は，その主要なものである。

木材は断面の大きさに限界があり，きずをもたないものは高価である。また，反りやねじれなどが起こりやすい。集成材はこれらの欠点を補うため，ラミナと呼ばれる板材を接着剤[2]で集成したもので，通常の柱梁材のほか，集成材アーチに使われる大型部材も製造される（p.144参照）。

構造用合板は薄い単板（ベニア）を繊維方向を直交させて数枚張り合わせたもので，木材を効率良く利用している。薄い単板を繊維方向を平行にして張り合わせたものをＬＶＬ[3]と呼び，端材にするような部分まで活用した木質建築材料である。構造用ボード類（ハードボード・パーティクルボード・ウェファーボード・ＯＳＢ[4]など）は，耐力壁材として用いられる。北米では，鉄骨の梁のようなＩ型断面を構成するよう木質材料を組み合わせた製品が多用されている。

---

1) engineered wood
2) 集成材には構造用集成材と造作用集成材とがあり，JASでラミナと接着剤の品質などが定められている。造作用材を構造に用いてはならない。
3) ＬＶＬ：Laminated Veneer Lumber
4) ＯＳＢ：Oriented Strand Board

(a) 集成材による柱　　(b) 構造用合板

(c) パーティクルボード　　(d) 木質Ｉビーム

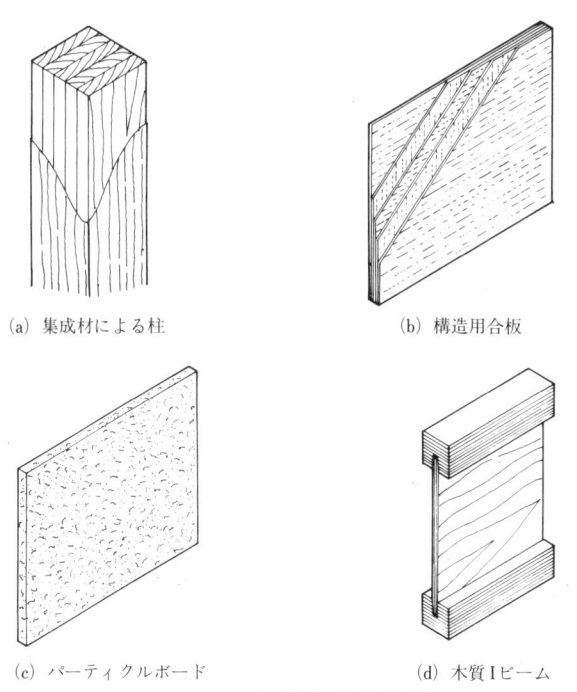

図2・114　木質系構造材料

(4) **木造構法**

　各種木材および木質系構造材料を用いてつくられる木造構法は，軸組式・壁式・組積式に大別される。

　軸組式には日本の在来構法も含まれ，我々には大変なじみ深い。主要部材である柱を表わした構法を真壁造，柱を壁で隠した構法を大壁造と呼んでいる。

　壁式の例としては，ツーバイフォー構法やパネル構法があげられる。これらの壁体を構成する個々の細い線状材や板材は，単独では頼りないが，それらによって構成される厚みのある壁体は丈夫なものである。

　組積式の例としては，丸太組構法があげられる。歴史的には校倉(あぜくら)とも呼ばれ，線状材を水平に積み重ね，交差部でかみ合わせながら壁体を構成する構法である。

2・7・2 軸組と基礎

(1) 在来構法の概要

日本の在来構法は，柱と，梁や桁などの横架材によって構成される軸組を主体とする構法で，豊富な木材と大工など高度な技能を持つ多くの職種に支えられて発展してきた。耐震性確保のための基礎構法の進歩，耐力壁や接合金物の普及，新しい建築材料・部品の導入など，現在でもなお新しい状況に対応しつつ，日本の主要構法として多用されている（図2・115）。

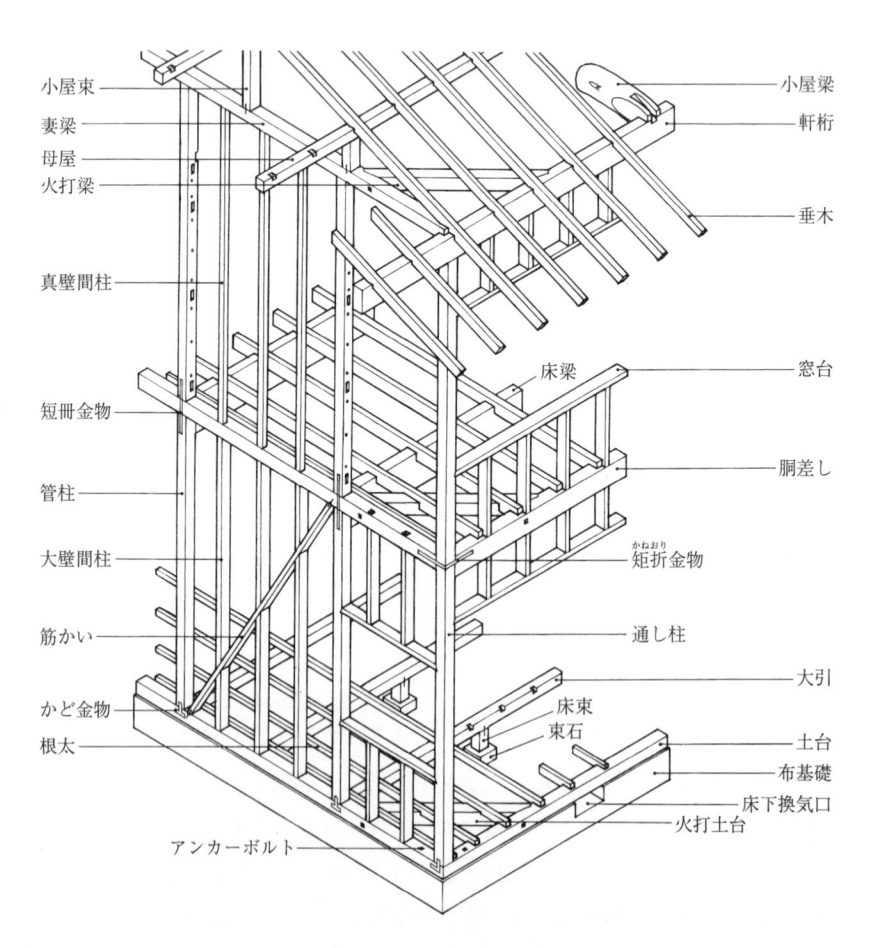

図2・115 在来構法の概要

（図中の名称）
小屋束，妻梁，母屋，火打梁，真壁間柱，短冊金物，管柱，大壁間柱，筋かい，かど金物，根太，アンカーボルト，小屋梁，軒桁，垂木，床梁，窓台，胴差し，矩折金物（かねおり），通し柱，大引，床束，束石，土台，布基礎，床下換気口，火打土台

(2) 基礎と土台

在来構法に限らず通常の木造躯体は，ほかの構造に比べて軽量であり，基礎には最も簡便な構法が用いられる。現在は，1階の柱や壁の足元まわりに土台を設け，土台の下に布基礎を回し，補助的に独立基礎を用いる方法が多い。

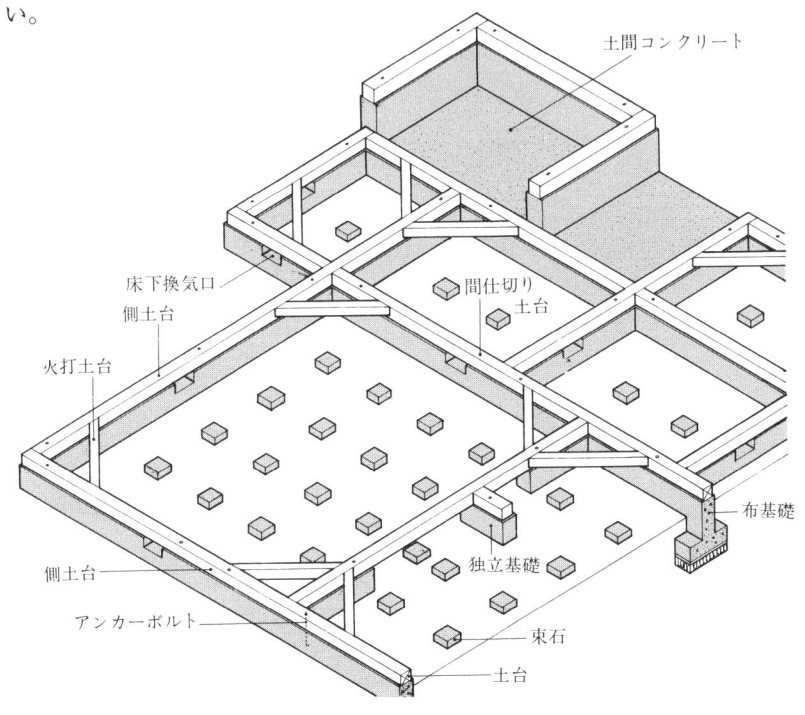

図2・116 基礎と土台

布基礎[1]は，一体式の鉄筋コンクリート造とする。特に地盤がよい場合に限り，無筋コンクリート造でもよいとされている。また，布基礎には，床下に湿気が滞留するのを防ぐため，換気口を設ける。配置は通風の良さを考慮し，間隔は5m以下，大きさは$300cm^2$以上とする。

土台は，軸組最下部の水平材で，基礎の上に設けられる。外周部のものを側土台，間仕切りの位置のものを間仕切り土台と呼び，隅角部の補強に火打

---

1) 図3・14参照。

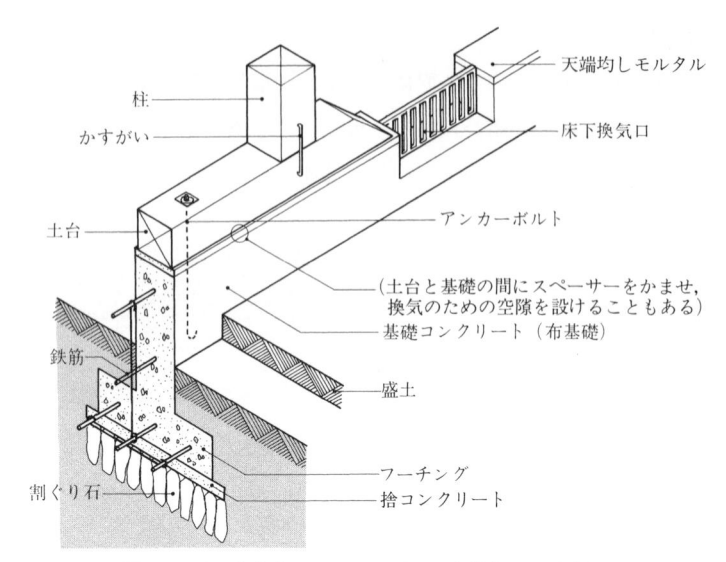

図2・117 布基礎・アンカーボルトと換気口の取付け

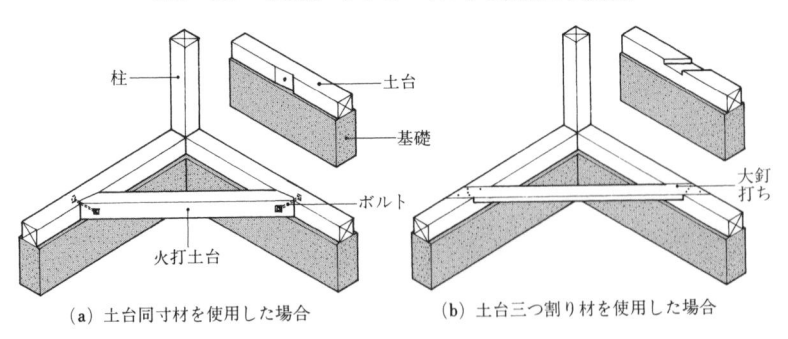

(a) 土台同寸材を使用した場合　　(b) 土台三つ割り材を使用した場合

図2・118 火 打 土 台

土台を設ける。

また，土台は地震や風によるずれや持上りを防ぐために，布基礎にアンカーボルト（M12またはM16）[1]で緊結する。アンカーボルトは，2階建では間隔が2.7m，3階建では2.0m以内とし，構造上重要な柱や土台の継手の近くに設ける。埋込深さは250mm以上とする。特に耐力壁の部分では，適切な位置に設けるよう注意する。

---

1) M12およびM16は，㈶日本住宅木材・技術センターによる認定品の記号で，数値はボルト軸の太さに対応している。ホールダウン専用のアンカーボルトはM16である。

土台と布基礎の間にスペーサーをかませ，空隙を設けたものをねこ土台という。床下換気口を省略できる。

土台の継手・仕口は，図2・119に示すものが多く用いられる。継手・仕口に近接して設けるアンカーボルトは，接合される部材のうち，他を上から押えるほうを固定するように配置する。

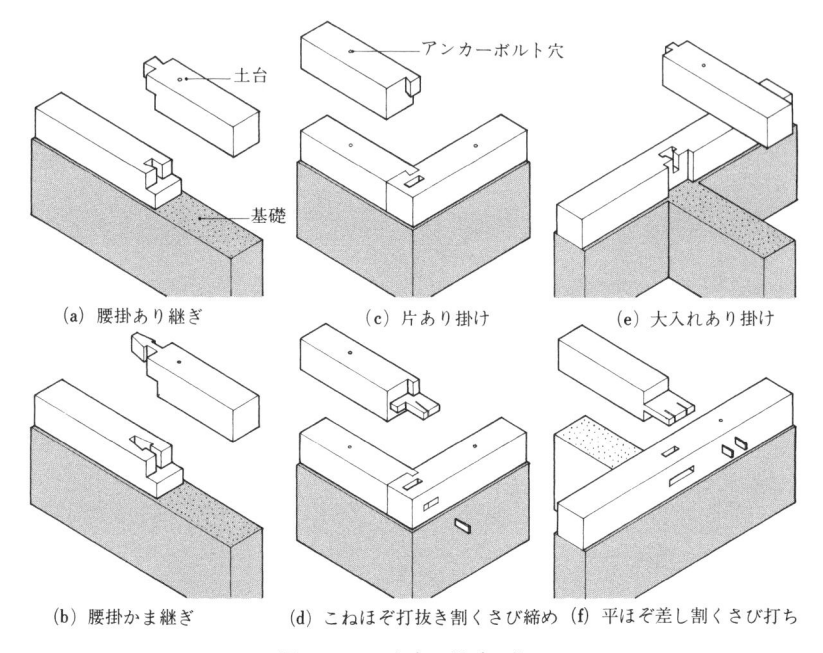

(a) 腰掛あり継ぎ　(c) 片あり掛け　(e) 大入れあり掛け

(b) 腰掛かま継ぎ　(d) こねほぞ打抜き割くさび締め　(f) 平ほぞ差し割くさび打ち

図2・119　土台の継手・仕口

土台は地盤に近いので腐りやすく，ありの害を受けやすい。そのため，防腐・防蟻処理を施す。あらかじめ高圧で防腐剤を含浸させた防腐土台を用いてもよい。なお，防腐・防蟻処理は，土台下面に限らず，ほぞ孔なども含め少なくても地上1mまで行う。

(3) **柱と横架材**

柱は上部の荷重外力を土台に伝える鉛直材で，建築物の隅角部や壁体交差部のほか，1.8mを超える長い壁体の中間に設けられる。

2階建の場合，1階と2階を1本で通す通し柱と，胴差で上下に分けられる管柱とがある。通し柱は，軸組全体を堅固に組み固めるため，構造上重要

な隅角部や軸組の主要な交差部に設け，断面の大きい部材を用いる。

　柱と横架材の構成と，継手・仕口の例を図2・120に示す。構造上重要な接合部は金物で補強する。また，通し柱に3方以上から胴差や梁が当たる場合には，通し柱の断面欠損が大きすぎないように，仕口を上下にずらすなどの配慮がいる（図2・121）。

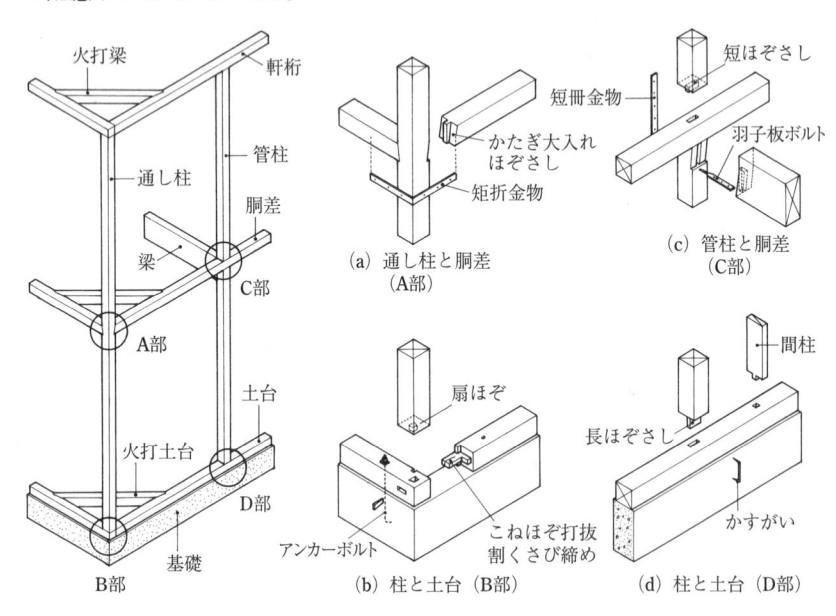

図2・120　柱と横架材

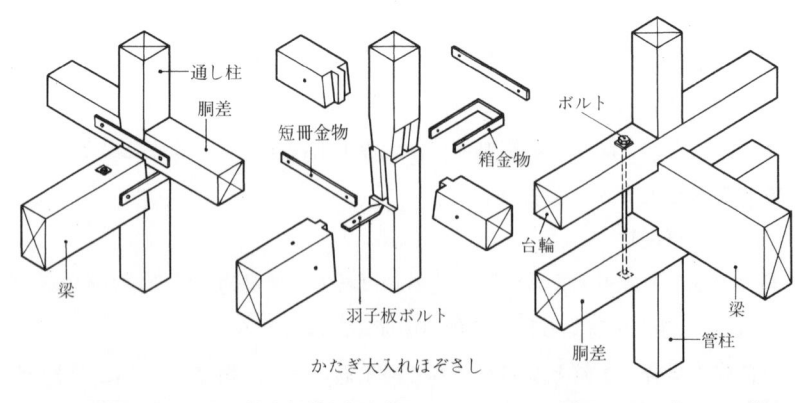

図2・121　通し柱と胴差と梁の仕口

図2・122　台　輪

胴差は，1階と2階の管柱の間に設けられる横架材である。大規模な建築物では，さらに台輪が設けられることもある。

桁は，柱の頭を連結する横架材である。外周部のうち平側にあるものを軒桁，あるいは敷桁という。梁間の中間で小屋梁を受ける梁を敷梁というが，同様の位置にある部材の中で間仕切壁の上部のものを間仕切桁（頭つなぎ）ということもある。

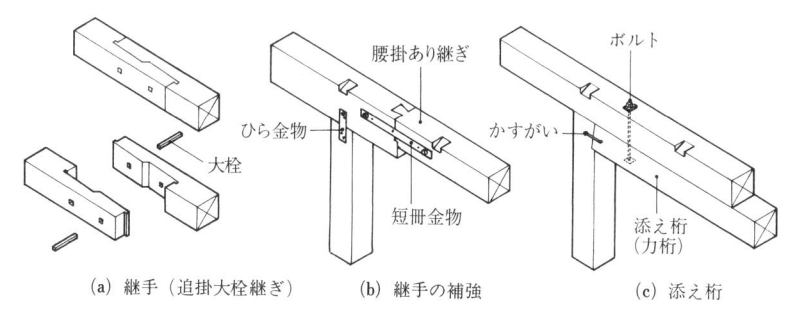

図2・123　桁の継手と補強

桁や胴差の継手は，追掛大栓継ぎが多く，部材断面が異なる場合は，成が高い方を持出して継ぎ金物で補強する。柱間隔が大きく，その中間で梁などを受ける場合は，部材の成を大きくするか，添え桁で補強する。また，この部分には継手を設けないようにする。

(4) 筋かい・火打・方づえ

筋かいは，土台・柱・胴差・桁などで四辺形に組まれた軸組に，対角線状に設け，変形を防ぐものである。筋かいが設けられている部分は，地震や風圧によって生じる水平力に抵抗する耐力要素として，構造上重要な役割を果たす。部分的に隅角部を固める斜材のうち，鉛直構面のものを方づえ，水平構面のものを火打という。

筋かいには，力の負担の

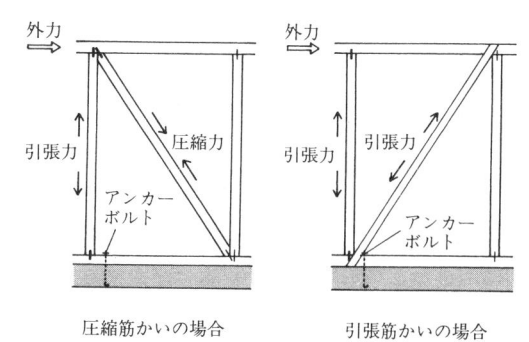

図2・124　筋かいの影響

120　第2章　躯体構法

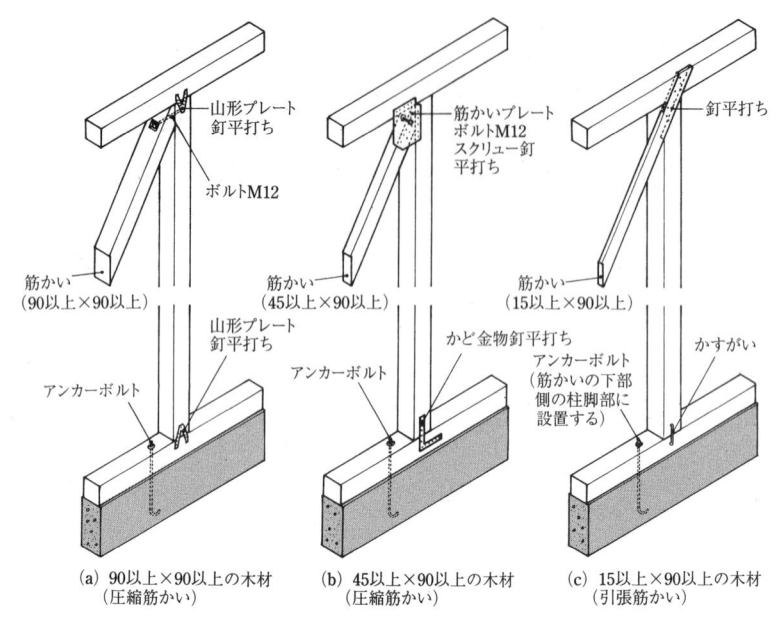

(a) 90以上×90以上の木材（圧縮筋かい）
(b) 45以上×90以上の木材（圧縮筋かい）
(c) 15以上×90以上の木材（引張筋かい）

図2・125　筋かいの種類と仕口の例

しかたによって圧縮筋かいと引張筋かいとがあり，入れ方によって，片筋かいと両筋かい（たすきがけ）とがある。筋かい端部の仕口は，負担する力の方向にふさわしいものとし，金物で補強する。また，筋かい部材の欠取りは，できるだけ行わないようにする。

　筋かいの種類と仕口の例を図2・125に示す。柱と筋かいの角度が小さいと効果が損なわれるので，通常は幅90cm以上の柱間に設ける。土台の上に設けられる場合には，筋かいを入れることによって生じる土台の浮き上りを防ぐよう，アンカーボルトを引張力が生じる部材に近接して設ける。通し柱，および

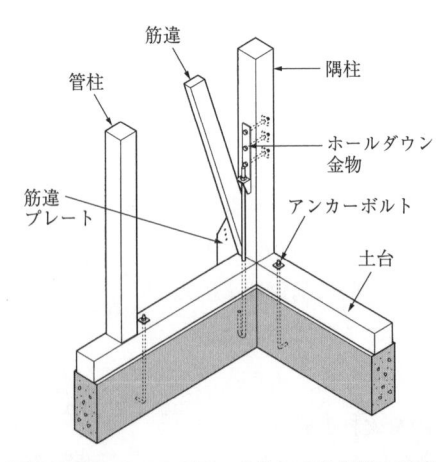

図2・126　ホールダウン金物による隅柱の固定

1階の管柱のうち構造上重要なものについては，ホールダウン金物により，土台をはさんで基礎に直接接合する（図2・126）。

なお，柱や横架材に方づえや火打を設けると，接合部に応力が集中する。

(5) **貫・間柱と開口部**

貫と間柱は，壁の骨組として柱と柱の間に設けられる。

貫は真壁の骨組として柱の間に水平に通す。歴史的には，寺社建築にみられるように構造的にも重要な役割を果たしていたが，現在の在来構法ではその役割は小さくなっている。貫は柱にあけられた孔に貫を通し，くさび打ちまたは釘止めで取り付ける。

間柱は，柱の間に約45cm間隔に設け，土台・胴差・桁に取り付ける。大壁の骨組の場合は，柱の二つ割り材もしくは三つ割り材が用いられる。真壁の骨組の場合は，より小さな断面のものが用いられる。

窓や出入口などの開口部には，開口部枠を取り付けるための骨組を設ける。真壁では特別な骨組を組まないで，枠となる敷居・鴨居を直接柱に取り付ける。柱間が大きい開口部では，吊束を設け，鴨居がたれるのを防ぐ。

なお，間口の大きい開口部は，構造上の弱点となるので，その配置には配慮が必要である。

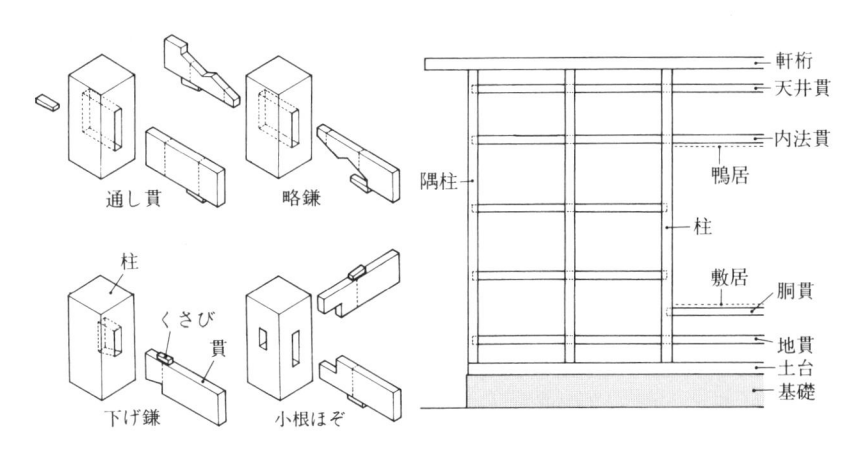

図2・127　貫の種類と貫の柱への取付け

2・7・3 小屋組

(1) 小屋組の種類と用途

屋根の形をつくる架構を小屋組という。

木造の小屋組の構法は，和小屋と洋小屋の2つが主要なものであるが，そのほかに，母屋を使わない垂木小屋，日本古来の草葺屋根の合掌造りに用いられるさす組，特殊な形態に用いる立体トラスなどがある。

和小屋は，屋根荷重を束を介して梁に伝える小屋組で，梁と束，梁と桁の組み方にはいくつかの種類がある。丸太を梁材として使用することができるが，梁間が大きくなると梁に生じる曲げ応力が増大して部材断面が大きくなるので，大きな梁間には用いない。

洋小屋は，小屋組全体がトラスを構成し，屋根荷重を支える。部材の接合は金物を用いて堅固にし，比較的大きな梁間に使用できる。

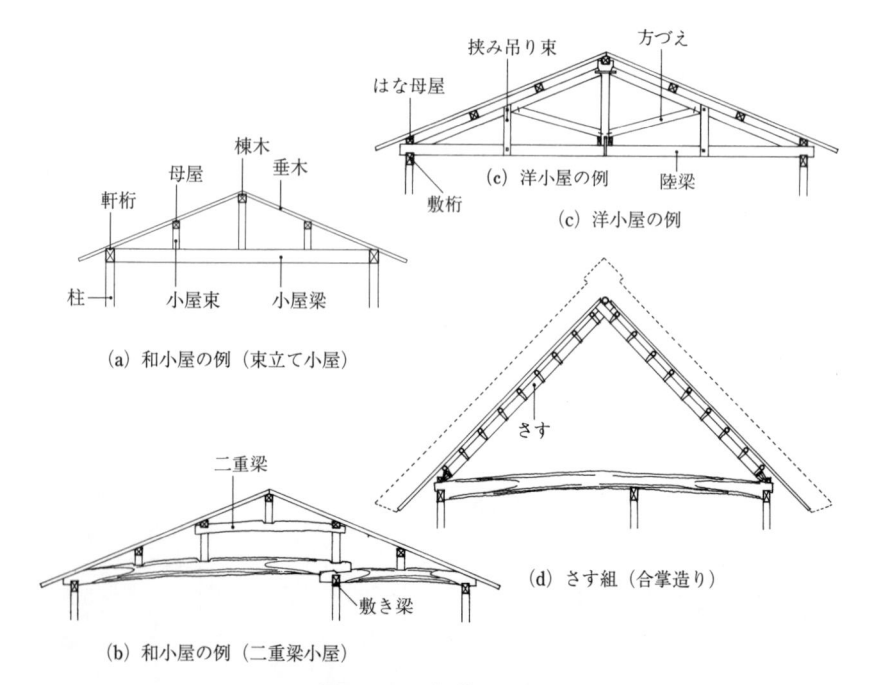

図2・128 各種小屋組

(2) 和小屋

和小屋は，小屋梁に束を立てて母屋および棟木を支えるもので，小屋梁材には，松丸太が用いられることが多かったが，近年は製材が多用される[1]。

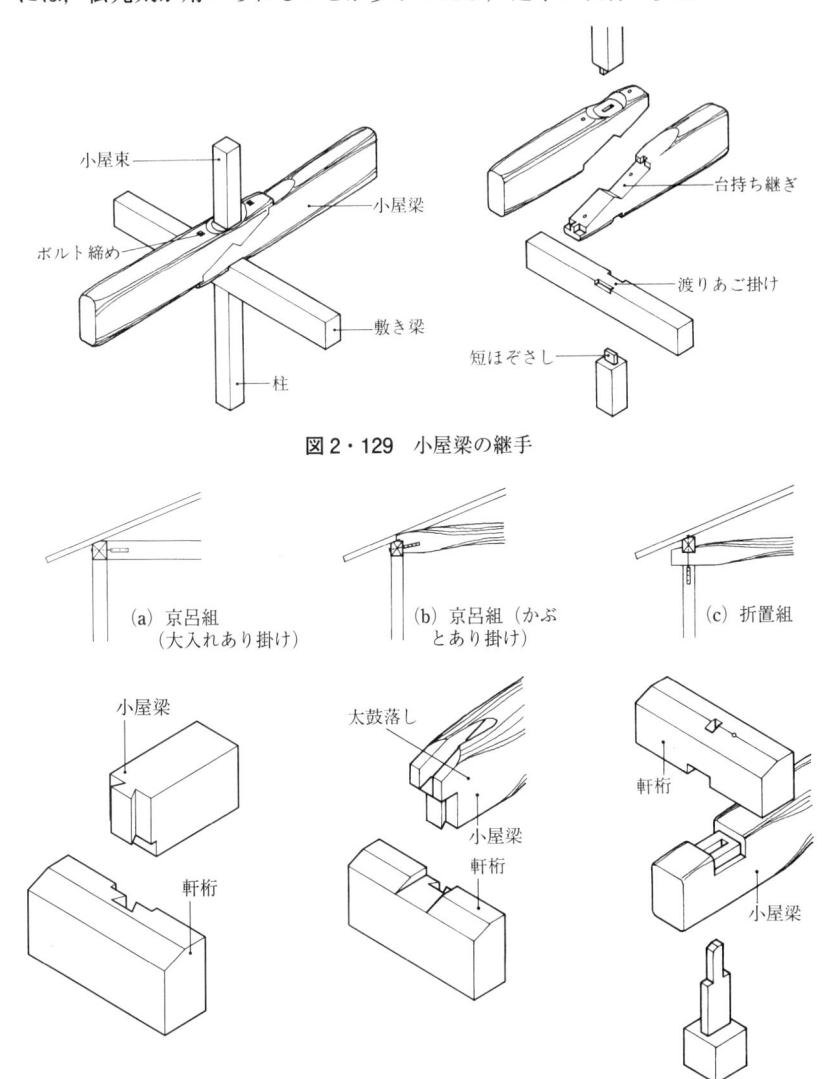

図2・129 小屋梁の継手

図2・130 小屋梁と軒桁

---

1) 仕上加工を施さない木材を野物と呼ぶ。通常は仕上げ材には用いない。

小屋梁の掛け方には，軒桁の上にかぶとあり，または渡りあごで小屋梁をかける京呂組と，柱のほぞに直接小屋梁を打ち込み，その上に軒桁を設ける折置組とがある。通常は柱の不規則な配置に対応できる京呂組が用いられる。

梁間が大きい場合は，小屋梁は複数の部材を台持継ぎで連結した投掛梁とする。継手は敷梁の上に設ける。さらに，二重梁を設けることもある。

小屋組の構成は，例えば図2・132のようになる。

小屋組を堅固にするには，小屋貫・小屋筋かい・火打梁などを設ける。

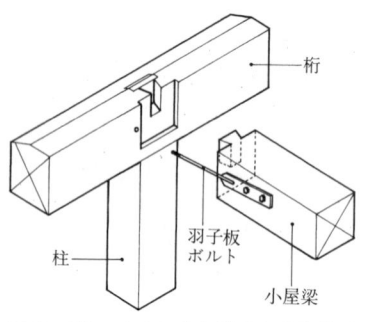

図2・131 大入れあり掛けを羽子板ボルトで補強した軒桁と小屋梁の仕口

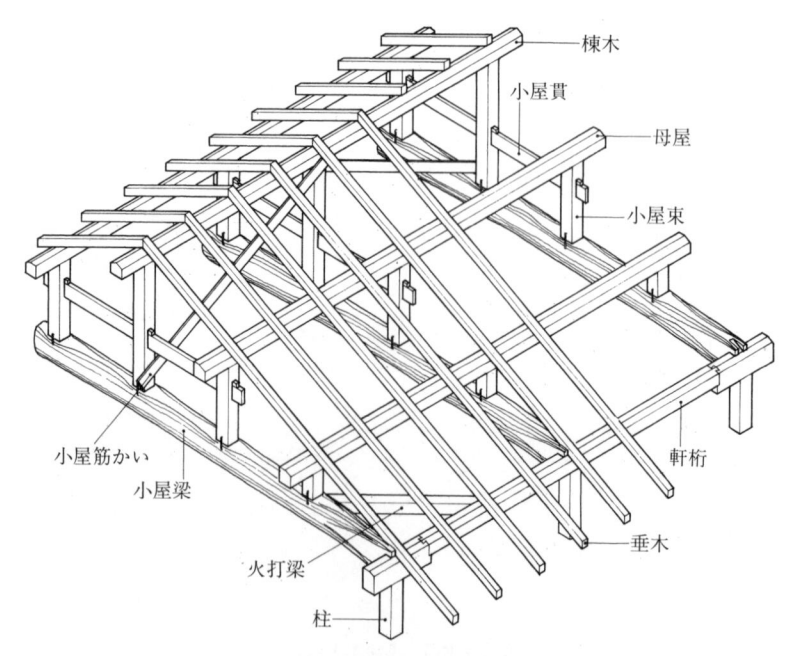

図2・132 和小屋全体図例（切妻屋根）

母屋や棟木の継手には，あり継ぎ・かま継ぎ・追掛大栓継ぎなどが用いられる。束の位置で継ぐことは避ける。

寄棟屋根や方形屋根では，下り棟に沿って隅木を設ける。また，棟が直交する屋根には，谷の部分が生じるが，谷に沿って谷木を設ける（図2・133, 134）。

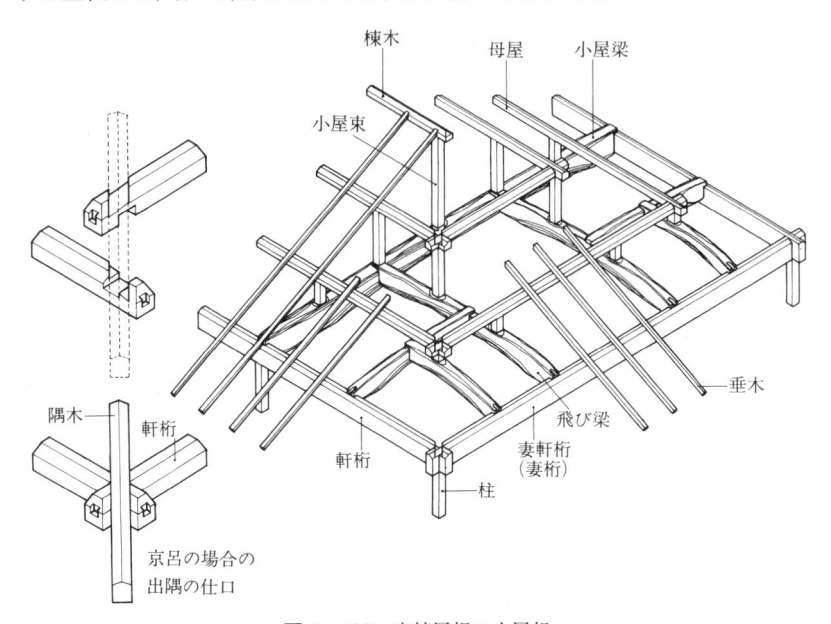

図2・133　寄棟屋根の小屋組

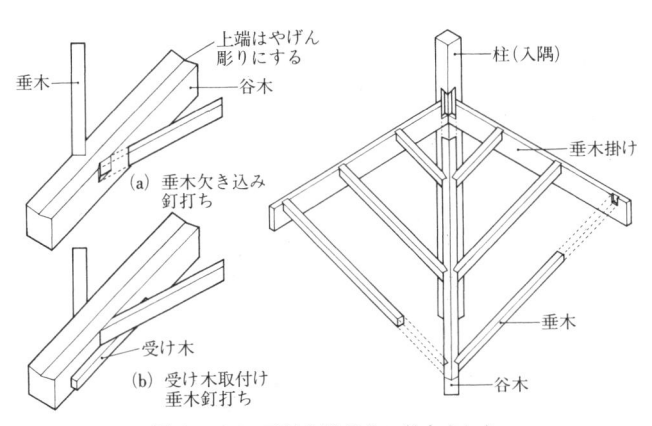

図2・134　下屋入隅部分の谷木まわり

(3) 洋小屋

洋小屋で最も多用されるのは，真束小屋で，真束・陸梁・合掌・方づえ・吊束などの部材で構成されるトラス状の小屋組を，敷桁の上で柱の真上に設ける。振れ止め用の合せ梁や小屋筋かいで補強し，継手・仕口は金物で堅固に接合する。

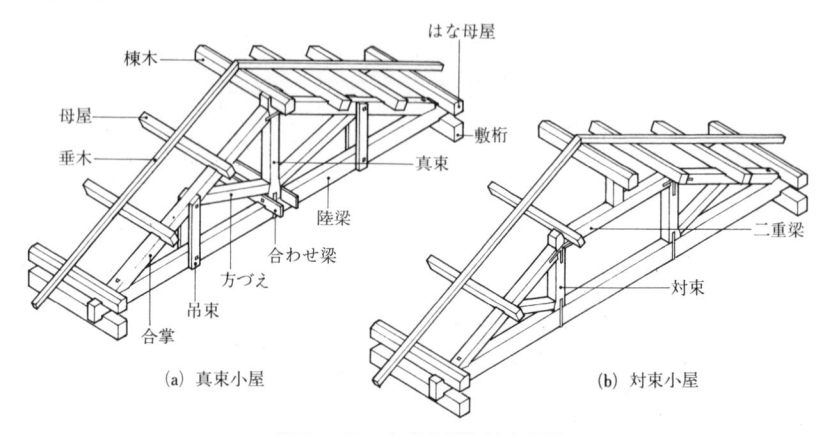

図 2・135 真束小屋と対束小屋

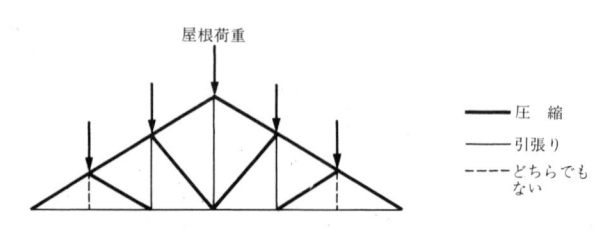

図 2・136 キングポストトラスの各部材にかかる応力

真束小屋では図 2・136 のような応力がかかるが，必要とされる部材断面は梁間の大小によってそれほど変化しないため，大きい梁間ほど和小屋より有利である。

対束小屋は二重梁を対束で支える小屋組で，真束小屋よりも大きい梁間に用いられる。対束の成を高くし，小屋裏に部屋を設けられるようにしたのが腰折れ小屋である。

2・7・4 床　　組

床組は，床荷重を支持し，土台や胴差に伝える骨組である。

通常の床組では，床下地として根太（ねだ）を設け，必要に応じて1階では大引（おおびき）とそれを支える床束を設け束立て床とし，2階では床梁を設ける。床組を構成する各部材には曲げ応力が生じ，支持部材の間隔が大きくなると，その上に設けられる部材の断面が大きくなる。

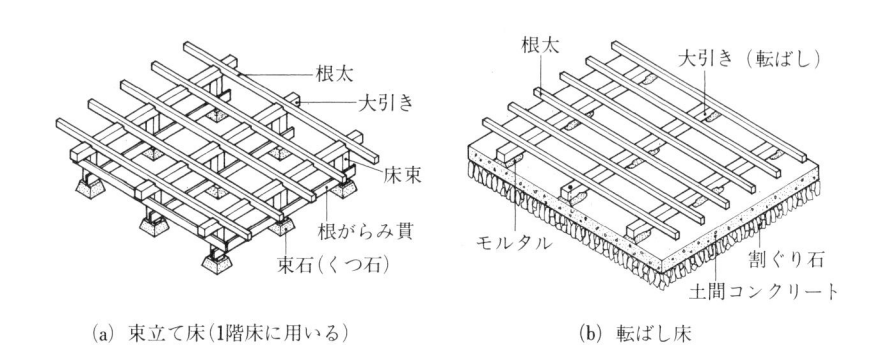

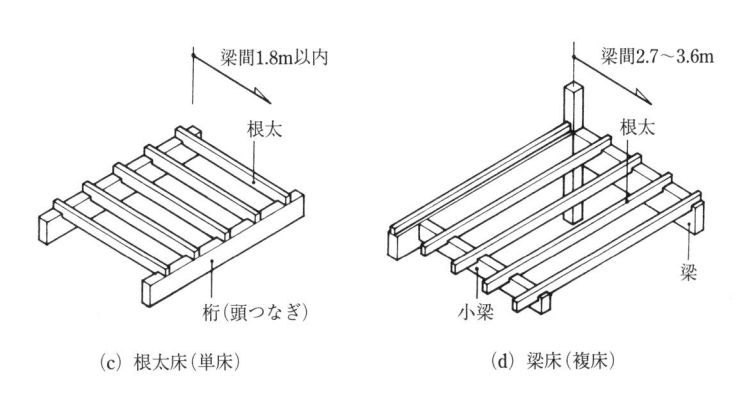

(a) 束立て床(1階床に用いる)

(b) 転ばし床

(c) 根太床(単床)

(d) 梁床(複床)

図2・137　木造床組の種類

1階では，床下からの湿気がこもり部材が腐食するのを防ぐため，床下換気をはかる必要がある。防湿層を設けるなどの対策が効果的である。1階の床組は，土台と同じように防腐処理を施すことが望ましい。

床束の下には束石を設け，束相互に根がらみ貫を渡し補強する。土台と床の高さの関係はいろいろな場合があり，床組と土台との取合いが異なる（図2・138）。

2階の床など束のない床では，床荷重を床組の周囲の軸組に伝えなければならない。その形式には，根太を胴差や間仕切桁で直接支持する根太床（単床），根太と梁で構成する梁床（複床）などがある。

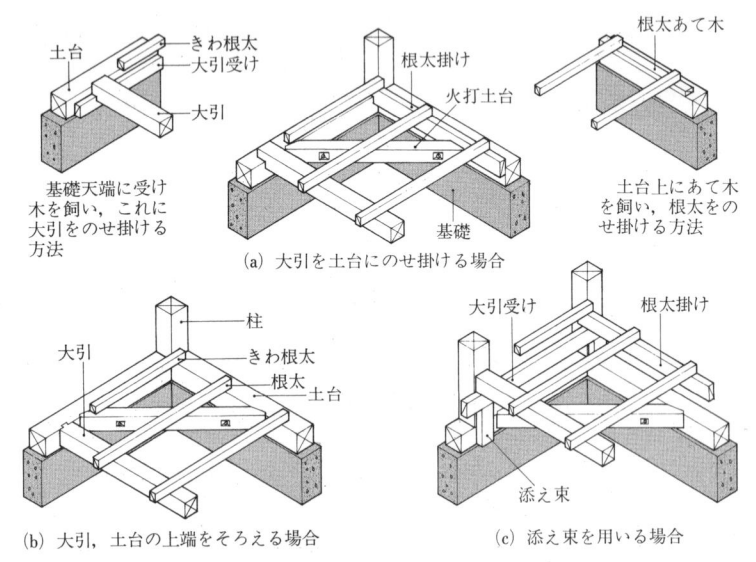

図2・138 布基礎と床組

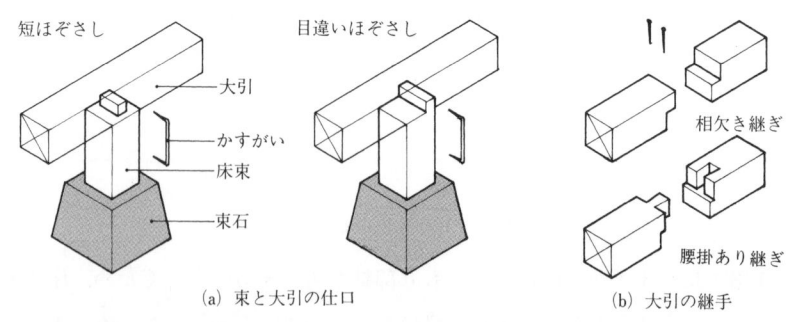

図2・139 束と大引の仕口，大引の継手

合せ梁は，梁間が大きい床梁として用いられる。合せ梁には，1～2m間隔に飼い木を設けボルトで締める。

特に大きい梁間には，重ね梁やトラス梁のほか，現在では軽量形鋼やH形鋼の梁が用いられる場合があるが，木材への取付け部分を適切に補強し，破壊を防ぐことが大切である。

床組は，床荷重を軸組に伝えるとともに，床組全体として堅固で変形の小さなものとする。そのため，水平筋かいや火打を要所に設ける。

根太の上端は，大引・胴差より上がるのが一般的であるが，束のない床では上端を揃えて構造用合板を打ち付けることにより，水平面の剛性が高い床（剛床）をつくることもある（図2・142）。

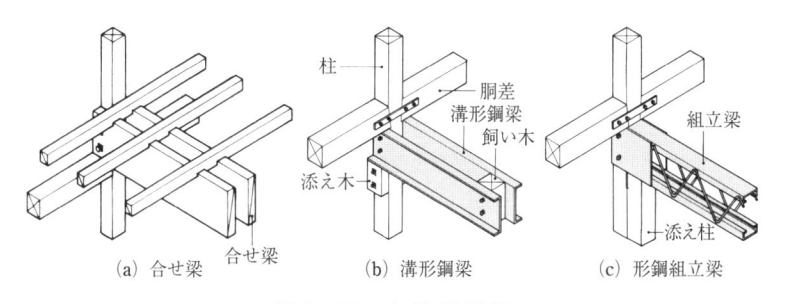

(a) 合せ梁　　(b) 溝形鋼梁　　(c) 形鋼組立梁

図2・140　大梁間用梁

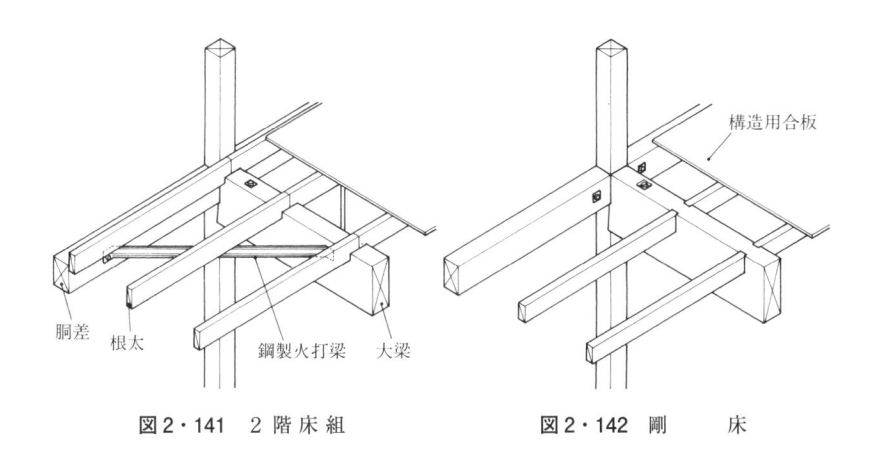

図2・141　2階床組

図2・142　剛　床

2・7・5 部材の接合法

(1) 継手・仕口

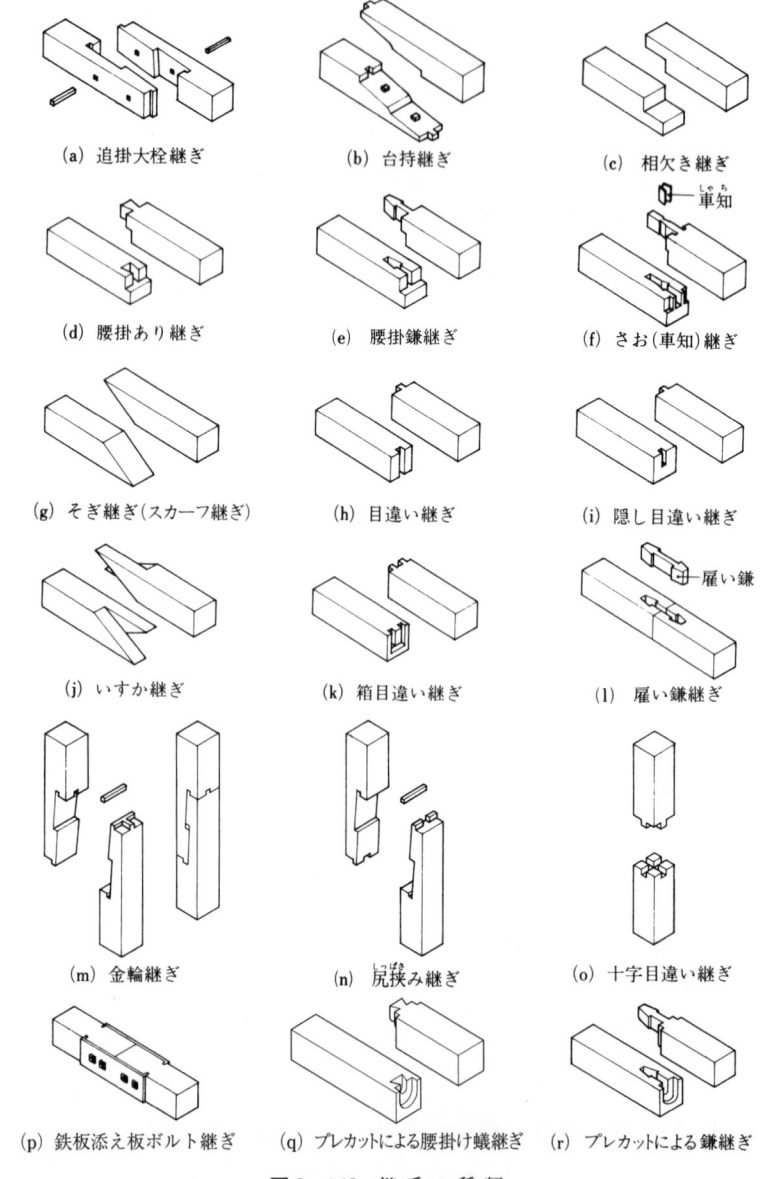

(a) 追掛大栓継ぎ
(b) 台持継ぎ
(c) 相欠き継ぎ
(d) 腰掛あり継ぎ
(e) 腰掛鎌継ぎ
(f) さお(車知)継ぎ
(g) そぎ継ぎ(スカーフ継ぎ)
(h) 目違い継ぎ
(i) 隠し目違い継ぎ
(j) いすか継ぎ
(k) 箱目違い継ぎ
(l) 雇い鎌継ぎ
(m) 金輪継ぎ
(n) 尻挟み継ぎ
(o) 十字目違い継ぎ
(p) 鉄板添え板ボルト継ぎ
(q) プレカットによる腰掛け蟻継ぎ
(r) プレカットによる鎌継ぎ

図2・143 継手の種類

2・7 木　造　131

　木材は通常，規格に従って製材された定尺物を用い，端部を加工して接合する。木造の接合法には複数の部材を直線状につなぎ合せる継手（つぎて）と，土台と柱の交差部のように，部材どおしを角度をもって接合する仕口（しくち）とがある。接合部には，その位置によってさまざまな力が作用するため，適切な継手・仕口を選ばなければならない。また，化粧材の継手・仕口は，見え掛りのよいものを選ぶ必要がある。

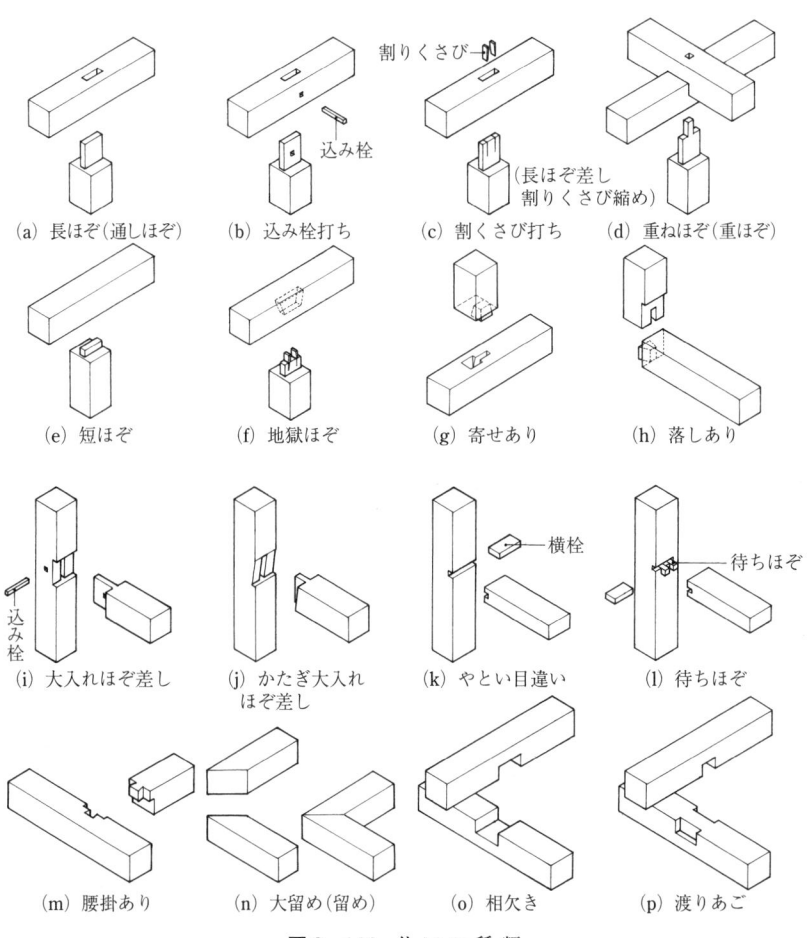

(a) 長ほぞ（通しほぞ）　(b) 込み栓打ち　(c) 割くさび打ち　(d) 重ねほぞ（重ほぞ）
(e) 短ほぞ　(f) 地獄ほぞ　(g) 寄せあり　(h) 落しあり
(i) 大入れほぞ差し　(j) かたぎ大入れほぞ差し　(k) やとい目違い　(l) 待ちほぞ
(m) 腰掛あり　(n) 大留め（留め）　(o) 相欠き　(p) 渡りあご

図 2・144　仕口の種類

継手・仕口の加工は熟練した大工の手によっていた。近年，工場で機械加工した継手・仕口が用いられることが多くなったが，継手仕口の機械加工を，プレカットと呼んでいる。

古来，日本では太い部材に精巧な工作を施し，金物は用いない継手・仕口が多く用いられてきた。近世以降，部材が細くなり，また現在では，耐震性確保のため，金物で継手・仕口を十分補強するようになっている。そのため，建築物の寿命に関し，木材の腐朽と金物の錆の両方が問題となっている。

継手が用いられるのは，土台・胴差・桁・梁・大引・根太・母屋・垂木などである。

仕口は，部材の欠込みが大きくなる場合は，金物で補強したり部材の断面を大きくする。部材が重なって交差する仕口には，相欠，渡りあごなどが用いられる。一方の部材が他方にぶつかりT字形をなす仕口には，ほぞ差しや大入れなどが用いられる。

筋かいの端部や洋小屋の斜材の端部などのように，部材が斜めに交わる部分には，ボルトなどの金物で補強する仕口が多く用いられる。

なお，構造材のほか造作材にも継手・仕口が用いられるが，この場合，強度のほか，接合部の見ばえや部材のあばれの防止が重要となる。

(2) 補　助　材

部材の接合には必要に応じて補助材が用いられる。補助材には木製のものと金物とがある。

木製の補助材のうち，車知・栓・千切は，堅木でつくり，接合する2部材にまたがる孔などに差し込み，主としてせん断耐力で2部材の移動を防ぐ。くさびは材の一方が斜めに薄くなった板状のもので，すきまに打ち込み，接合部を締めつけ，部材の移動を防ぐ。ほぞの端部に打ち込むくさびなどを割りくさびという。

金物の補助材には多様なものがある。釘やかすがいは部材に打ち付けて用いる。釘は簡便に使用できるうえ，複数本打ち付けることによりボルトより高い剛性をもつ接合部を得ることもできる。しかし，引抜には弱いので，力の方向を考えて使用すべきである。

2・7 木　　造　133

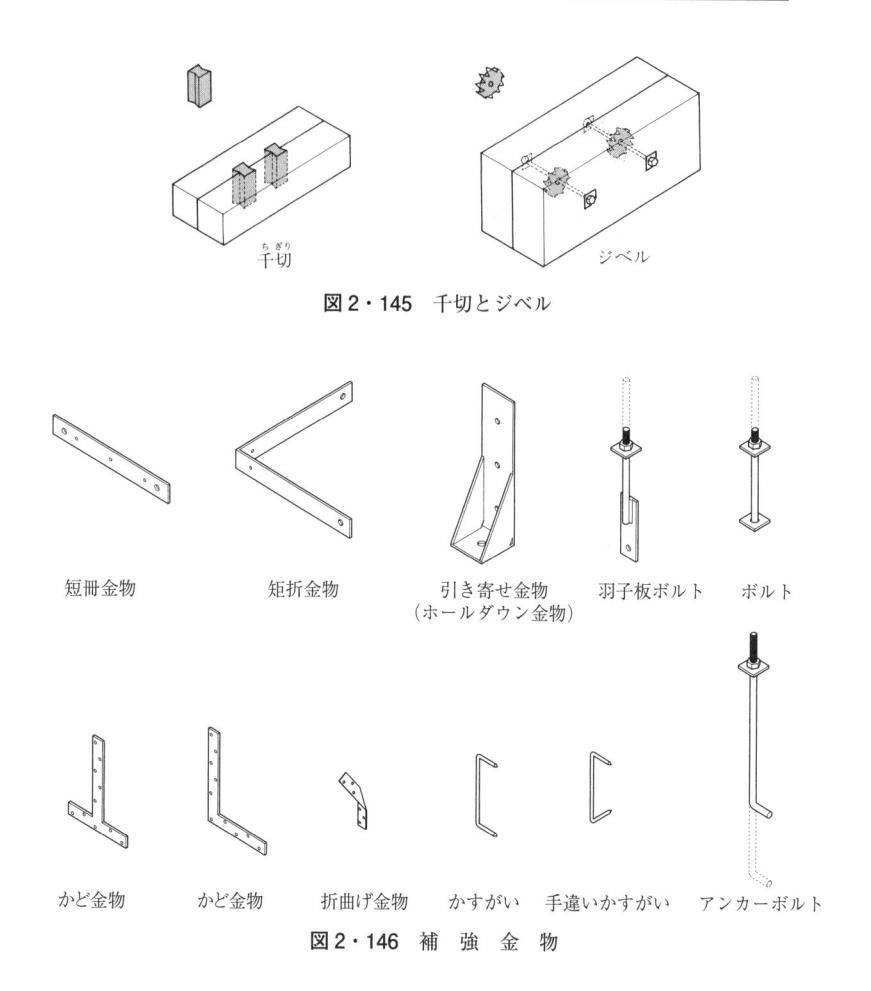

図2・145　千切とジベル

図2・146　補　強　金　物

短冊金物　　　矩折金物　　　引き寄せ金物　　羽子板ボルト　　ボルト
　　　　　　　　　　　　　（ホールダウン金物）

かど金物　　　かど金物　　　折曲げ金物　　かすがい　手違いかすがい　アンカーボルト

　ボルトは，接合部の補強材として構造上重要な接合部に用いられる。強い耐力が得られるが，初期変形が大きくなることに注意しなくてはならない。

　ボルトには，接合部の力の伝わり方によって，引張ボルトと曲げボルトがある。ボルト頭およびナットの部分には，めり込みに対抗する十分な大きさと厚さの座金を用いる。また，部材相互のずれを防ぐため，必要な箇所にはジベルを併用する。鋼板製金物のうち，短冊金物・矩折金物は，接合部に当て，ボルトや釘でとめる。

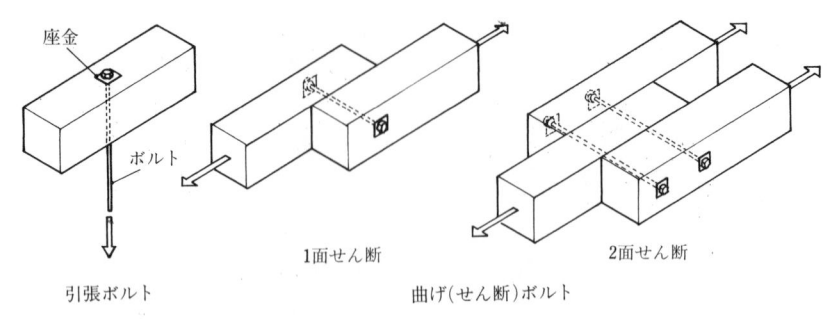

図2・147 引張ボルトと曲げボルト

2・7・6 部材の選定

通常の木造建築物では，法規で柱の寸法や耐力壁の長さなどの最低基準が定められている。梁などの断面寸法は，法規では計算方法などが規定されているが，一般的な戸建て住宅などについては，公的機関が発行しているスパン表から選定することができる。

小屋組は，例えば図2・148に示す部材配置となる。垂木は，45×45mm程度の部材を450mm以下の間隔で，母屋は90×90mm程度の部材を900mm間隔で設ける[1]。棟木は母屋と同寸以上とし，小屋束は母屋と同寸の部材を用い

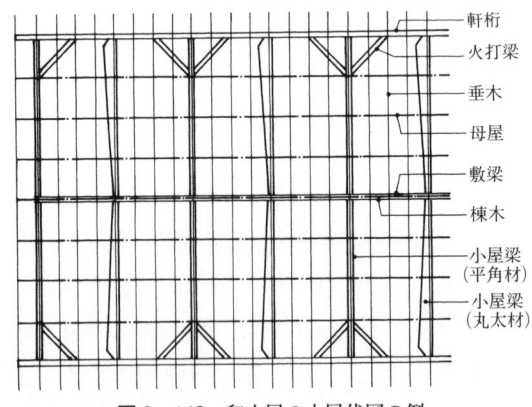

図2・148 和小屋の小屋伏図の例

---

1) 通常の木造建築は303mm（1尺），909mm（3尺）を単位としてつくられることが多く，部材の間隔もそれに対応した値をとっている。

ている。小屋梁は，従来は，松丸太を用いることが多かったが，その場合，梁間に応じて表2・35に示す部材を用いる。丸太の端部のうち，根元から遠いほうを末口，根元に近いほうを元口という。

表2・35 小屋梁の最小寸法 (mm)

梁　　間	松　丸　太　末　口
1 800	105
2 700	120
3 600	150

「住宅金融公庫標準仕様書」より

末口の大きさで部材を選ぶ。投掛梁の場合，末口を敷梁に掛ける。現在は，製材が用いられることが多い。

この場合，小屋梁の断面寸法は，本来は構造計算に基づき選定されるべきものであるが，通常の設計では，屋根葺材の種類，小屋梁のスパン，間隔に対応した部材選定表を用いることができる。この表は一般にスパン表と呼ばれており，その一部を表2・36に示す。

表2・36 木造在来構法住宅の小屋梁断面例
適用範囲： 一般地（屋根勾配による積雪荷重の低減あり）
　　　　　母屋間隔0.91m，小屋ばり間隔1.82m
たわみ制限：固定荷重に対してスパンの1／150以下
　　　　　　固定＋積雪荷重に対してスパンの1／100以下

建設地 (積雪量)	屋根ぶきの種別 (屋根勾配)	小屋梁スパン (m)	小屋梁の断面　幅×成 (mm)	
			無等級材　針葉樹（べいまつ）	
			強度による断面	たわみ制限による断面
一般地 (50 cm)	瓦ぶき (4/10～5/10)	1.82	105×105 120×120	105×105 120×120
		2.73	105×120 120×120	105×135 120×135
		3.64	105×180 120×150	105×180 120×180
		4.55	105×210 120×210	105×240 120×240

「木造住宅のための構造の安定に関する基準に基づく構架材及び基礎のスパン表：監修　国土交通省住宅局住宅生産課：発行（財）日本住宅・木材技術センター」より抜粋

床組を構成する部材のうち，根太は，支持材の間隔が900mm程度ならば40×45mm程度の部材を，支持材の間隔が1800mm程度ならば45×105mm程度の部材を用いる。部材の間隔は，合板下地板を用いる床では300mmとする。大引は90×90mm以上の部材を用い，通常は900mm間隔に設け，床

図2・149 床伏図の例（2階）

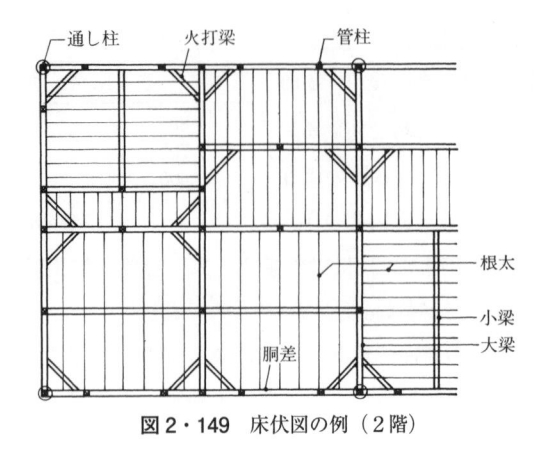

束を900mm間隔に設けて支える．2階の床梁の断面は，通常の設計では小屋梁と同様に部材選定表を用いて選定できる．表2・37は，その一部である．

一般に，梁は応力に対する部材自体の強度が十分でも，たわみが大きくなる場合があり，そのため強度とは別にたわみを制限する必要がある．表2・36では小屋梁についてスパンの1/100または1/150，表2・37では床の小梁についてスパンの1/250としている．たわみ計算では，木造の場合，長期間の荷重により変形が増大する（クリープ）可能性についても考慮する必要があり，特に梁間が大きい場合，慎重に行う必要がある．

表2・37 木造在来構法住宅の床の小梁の断面例
たわみ制限：固定＋積載荷重（600N/m^2）に対してスパンの1/250以下

床の小梁間隔（m）	床の小梁スパン（m）	床の小梁断面 $b×h$ (mm)	
		無等級材　針葉樹（べいまつ）	
		強度による断面	たわみ制限による断面
1.82	2.73	105×180 120×170	105×180 120×180
	3.64	105×210 120×210	105×240 120×210
	4.55	105×270 120×270	105×270 120×270

「木造住宅のための構造の安定に関する基準に基づく構架材及び基礎のスパン表：監修　国土交通省住宅局住宅生産課：発行（財）日本住宅・木材技術センター」より抜粋

1階に大きな部屋や開口部を設ける設計では，2階の柱を横架材で支える場合がある。このような場合の横架材の断面選定は，計算による裏付けが必要である。

柱は，断面の寸法が表2・38に示す値以上のものを用いなくてはならない。2階建以上の場合，力の流れを考えると通し柱以外の上階の柱の直下にも下階の柱があることが望ましい。上階の柱のうち直下にも柱のあるものの割合を直下率と呼び，これが大きいほど構造的には好ましい。

表2・38 柱断面の最小径

建築物＼柱	梁間10m以上の柱 特殊建築物のうち学校・集会場などの柱		通 常 の 柱	
	最上階または階数1の建築物の柱	その他の階の柱	最上階または階数1の建築物の柱	その他の階の柱
土 蔵 造 な ど	$l/22$	$l/20$	$l/25$	$l/22$
瓦 葺 な ど	$l/25$	$l/22$	$l/30$	$l/28$
軽 い 屋 根	$l/30$	$l/25$	$l/33$	$l/30$

(注) 1) lは柱の上下に付く横架材間の距離
2) 階数が2を超える建築物の1階の柱の小径は135mm以上

「建築基準法施行令」より

2・7・7 耐力壁・筋かいの配置

耐力壁や筋かいは，地震や風圧によって生じる水平力に抵抗するために設けられる。桁行方向と梁間方向それぞれについて，地震力については床面積に対する値，風圧力については各方向の見付面積に対する値が表2・39のように定められている。耐力壁や筋かいには，いろいろな構法があるが，それぞれ耐力性能に応じて，有効長さ算定に用いる倍率が表2・40のように定められている。また，耐力壁は，平面的にも立体的にも偏ることなく釣合いよく配置することが重要である。この偏りの程度を示すのが偏心率で，各階，各方向の偏心率が小さいことが構造的には望ましい。

実現される木造建築には，耐力壁や筋かいなどのように構造設計上は耐力が想定される壁のほかにも壁が造られる。これを雑壁と呼ぶが，これらの雑壁の持つ耐震性への寄与は小さくないとされている。

表2・39 耐力壁・筋かいを入れた軸組の所要有効長さ

(a) 地震力に対して(壁長さ(cm)/床面積(m²))

階数別	屋根の重さ	比較的重い屋根	軽い屋根
平屋建		15	11
2階建	1階	33	29
	2階	21	15
3階建	1階	50	46
	2階	39	34
	3階	24	18

(注) 軟弱地盤では上記の1.5倍の値とする。
階数の算定に地階は加えない。

(b) 風圧力に対して(壁長さ(cm)/見付面積(m²))

強風地域	50〜75 (過去の強風記録に基づき定められる)
強風地域以外	50

(注) 見付面積は,該当する階の床面より1.35m以上の高さの部分の値とする。
「建築基準法施行令」より

表2・40 耐力壁・筋かいを入れた軸組の所要有効長さ算定に用いる倍率

耐力壁・筋かいの構法			倍率
筋かい	15以上×90以上の木材または径9mm以上の棒鋼	1 方 向	1.0
		たすき掛け	2.0
	30以上×90以上の木材	1 方 向	1.5
		たすき掛け	3.0
	45以上×90以上の木材	1 方 向	2.0
		たすき掛け	4.0
	90以上×90以上の木材	1 方 向	3.0
		たすき掛け*	5.0
土塗壁	両面塗り	土塗り壁の塗り原7cm以上	1.5
	片面塗り	土塗り壁の塗り原5.5cm以上	1.0
			1.0
木ずり壁	片 面		0.5
	両 面		1.0
その他	国土交通大臣が上記と同等以上と認める耐力を有する軸組 (注) 例えば,厚さ5mm以上の構造用合板をN50の釘を用い15cm以下の間隔で,柱・間柱・梁・桁・土台の片面に打ち付けた壁を設けた軸組の倍率は2.5である。		0.5 〜 5.0
併用	筋かいに土塗壁または木ずり壁を併用したもの(*は除く)		上記の和

「建築基準法施行令・告示」より

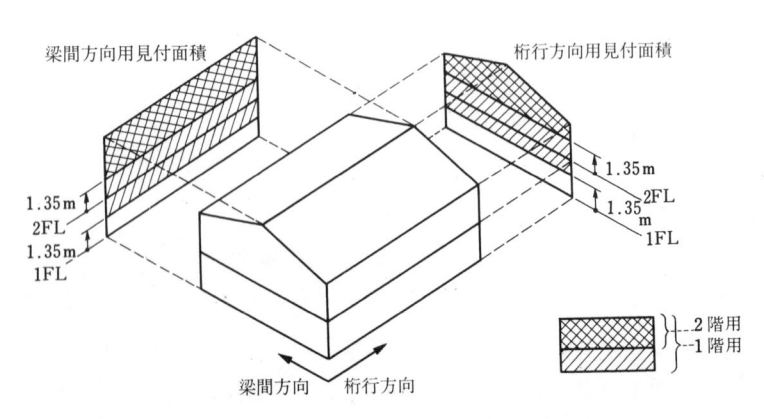

図2・150 風圧力に対する耐力壁長さ算定に用いる各方向の見付面積

2・7・8 在来構法の施工

　木造建築の木材の工作や組立接合などの作業を行う職種が大工であるが，その長は従来から，棟梁(とうりょう)と呼ばれている。住宅の場合，大工工事は，全工事量のほぼ半分を占める。

　木造住宅の工程は，図2・151のようになり，100m^{2}程度の住宅で100〜150日かかる。現場では，水平の基準および柱や壁の心の位置を決める水盛り遣り方の後，地業・基礎工事が行われる。一方，木材については，継手・仕口の工作や化粧材のかんながけなど，あらかじめ下小屋作業を行う。木材への墨付けは，熟練を要するうえ，作業そのものも手間がかかる。そこで墨付けから加工まで一貫して工場で行う方式が浸透しつつあり，その加工工場では自動化されたプレカットマシンが用いられている。

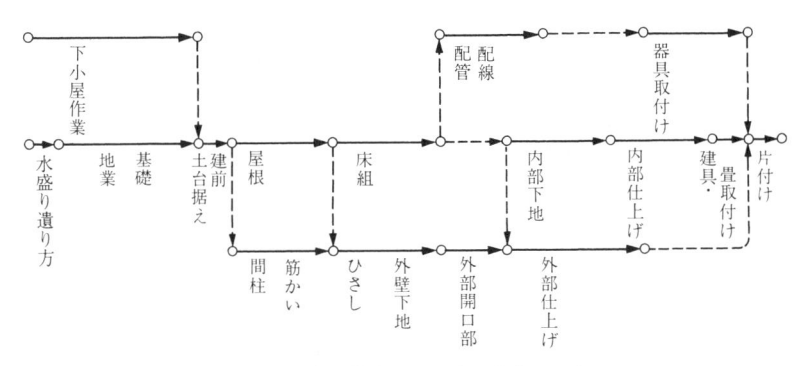

図2・151　在来構法による木造住宅の工程例

　構造材の下小屋作業がすみ，基礎が完成すると，軸組・小屋組まで一気に建て上げる。この作業を建前といい，通常の規模の住宅では一日で終えてしまう。小屋組の棟木の取付けが完了して棟上げとなり，以後の各作業の日程の起点となる。

　建前に続いて，屋根工事と間柱・筋かいの取付けが行われるが，屋根葺がすみ，屋根の重さによって躯体が落ちついた後，床組などの工事を行う。以後，各部の下地および仕上工事，設備の配管配線工事と機器の設置工事などが行われる。このうち，各部の下地や天井・内法まわり・造作などの仕上げ工事の多くは大工が行う。

2・7・9 ツーバイフォー構法

ツーバイフォー材を主要な構造材とする構法で，19世紀に北米で発展した構法である。縦材を2層分通して設けるバルーン構法(balloon construction)も用いられていたが，現在では1層ごとに縦材の間に剛な床組を設けるプラットフォーム構法（platform construction）が主流である。

日本では，プラットフォーム構法が枠組壁工法と称され生産されている。ツーバイフォー構法の構造に用いられる製材と集成材およびスパン表の例を表2・41に示す。枠組に構造用合板などを釘で打ち付けた壁体および床で荷重・外力に耐える構法である。在来構法に比べ，構造部材の種類が少ない，継手・仕口の接触面の工作が単純である，接合には太目の釘および金物を用いる，といった特徴がある。

なお，表2・41に示したスパン表例の床根太は，各部材型式の最大スパンを示している。

(a) バルーン構法　　(b) プラットフォーム構法

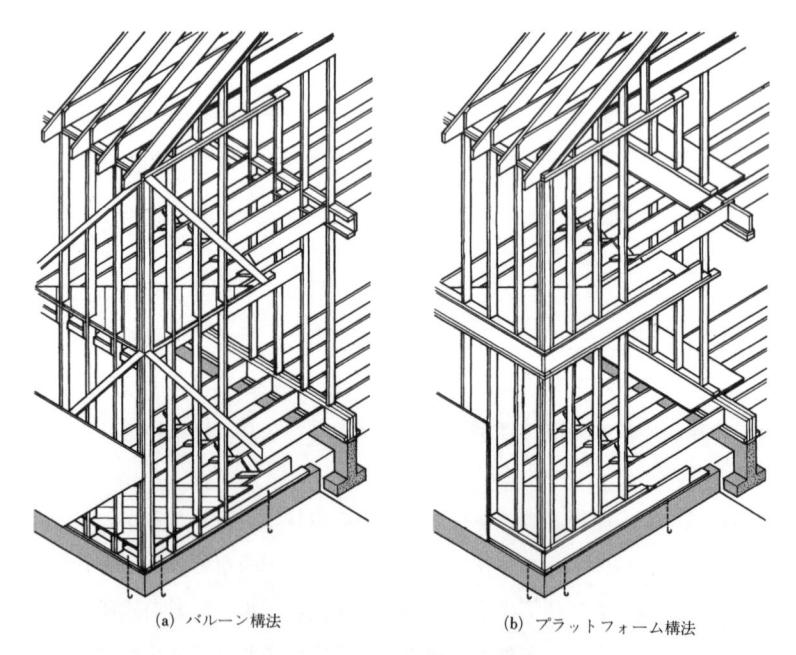

図2・152　ツーバイフォー構法

生産性に関しては，所要工数が少なく，大工の熟練を要しない点が特徴である．また，床板を設けてからその床の上で壁の枠組を組み，建て起こすことによって壁を施工するため，作業条件が良い点も，速く確実な施工にとって有利である（図2・153）．屋根工事があとになるので，雨の多い日本では，工事の時期に配慮が必要である．

性能面では，気密性が高くそのため遮音性や断熱性の確保が容易であるといった長所があるが，日本の高温多湿の気候条件の中で，木材の腐食に留意しなければならない．そのため，土台をはじめ地面から1mの高さまでの主要構造材には，防腐・防蟻処理が行われる．

1974年に本格的に普及し始めたが，当初は北米の構法に近い図2・154に示すものが主に造られていた．現在まで様々な改良が施されてきており，土台については，耐久性の観点から図2・155に示すものが主に造られている．

表2・41 ツーバイフォー構法の構造材に用いられる製材およびスパン表の例

(a) 構造用製材の寸法型式と断面

寸法型式	公称断面 $b \times h$ (cm)	実断面 $b \times h$ (cm)
404	9.0×9.0	8.9×8.9
204	4.0×9.0	3.8×8.9
206	4.0×14.3	3.8×14.0
208	4.0×19.0	3.8×18.4
210	4.0×24.1	3.8×23.5
212	4.0×29.2	3.8×28.6

・ＳＰＦはSpruce-Pine-Firとも表記する．
・SPF1，SPF2は，各々甲種1級，2級を示す．
・床根太と床合板が釘と接着剤で接合されている場合は，使用可能なスパンが大きくなる．

(b) スパン表例（床根太）　　　　（単位：cm）

接着剤	寸法型式	樹種	
		SPF1	SPF2
有	204	193.7	191.0
	206	277.8	274.0
	208	343.5	338.9
	210	416.0	410.3
	212	485.1	478.5
無	204	157.8	155.7
	206	247.6	244.2
	208	324.4	320.1
	210	409.8	405.7
	212	473.8	469.0

床仕上げ　フローリング（タタミ含む）
床合板　　㋐15mm
天井　　　せっこうボード㋐9.5mm 2枚貼り

「枠組壁工法建築物スパン表（社）日本ツーバイフォー建築協会」より抜粋

142　第2章　躯体構法

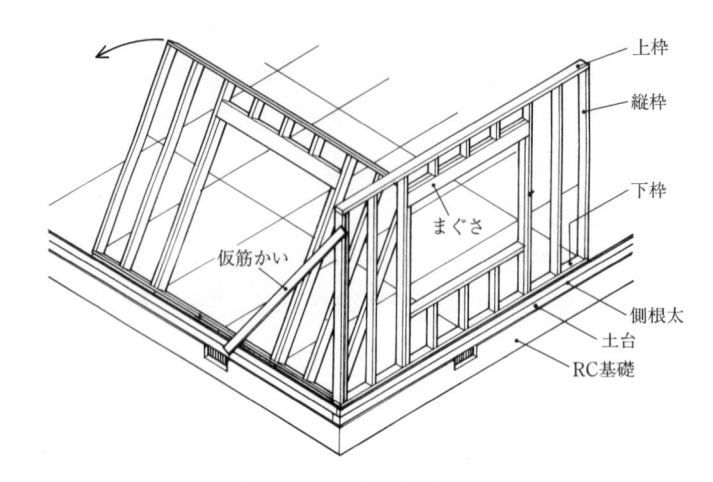

図2・153　壁の建て起こし

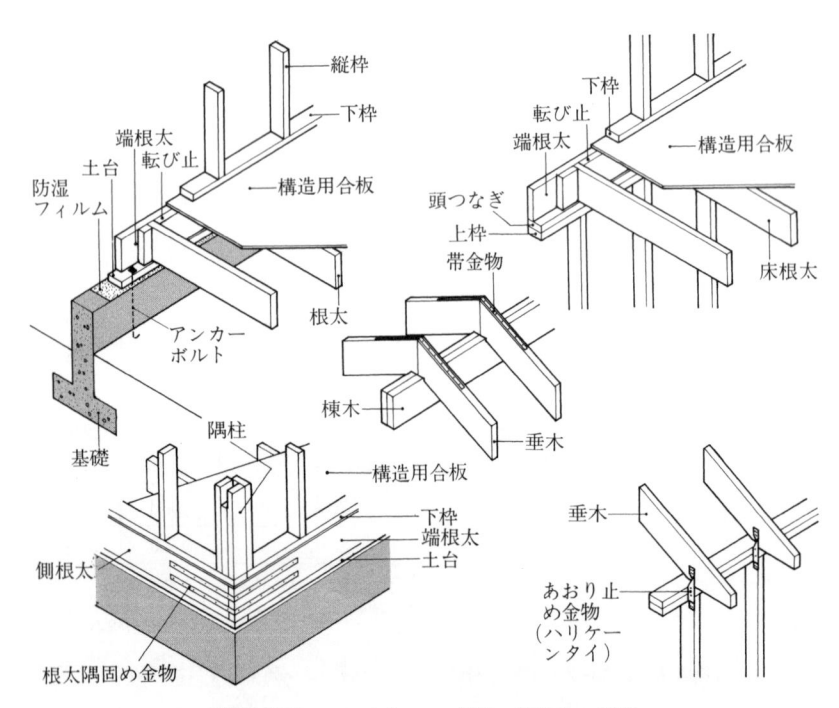

図2・154　ツーバイフォー構法の構造体の詳細

土台は防腐処理をし，防湿フィルムを挟んでアンカーボルトで布基礎などに固定する。土台の上に根太を掛けるが，外周部には側根太と端根太を設け，根太間には，転び止を設ける。根太の上に構造用合板を張って床を構成し，その上に壁枠組を設ける。壁枠組材には204材を用いるが，根太などの横架材および小屋組材には，成の大きい206～212材を用いる。

壁の交差部は，在来構法では柱が設けられるが，ツーバイフォー構法では隅柱と呼ばれ，部材を合成してつくる。

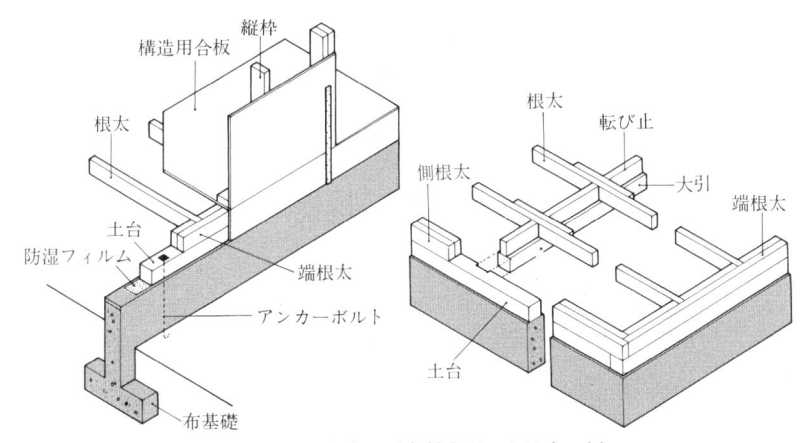

図2・155 土台に正角材を用いた日本の例

枠組の部材の接合には，在来構法の継手・仕口ような木材加工は施さず，鋼板製の接合金物と釘打ちによる接合が主体である。接合金物には，在来構法でも使用されるもののほか，図2・156に示すものなどが用いられる。

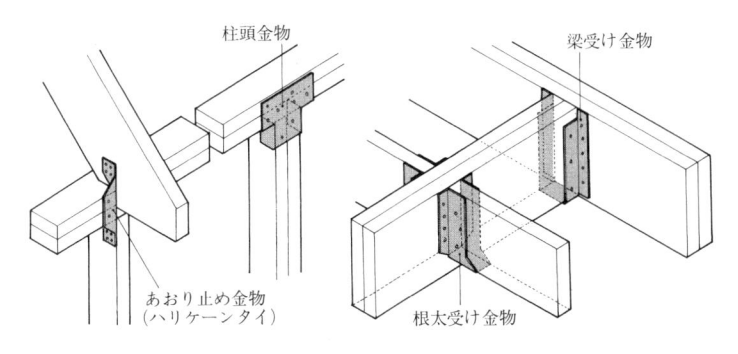

図2・156 ツーバイフォー構法の接合金物例

2・7・10 大断面集成材構法と丸太組構法

(1) 大断面集成材構法

構造用集成材は在来構法の軸組材としても利用されるが，大断面の部材や湾曲した部材をつくれるといった特徴を生かして，大架構の構造材としても用いられる。3ピンアーチの架構などが代表的なものであるが，近年，さまざまな用い方が工夫され，木造の豊かな空間がつくり出されている。

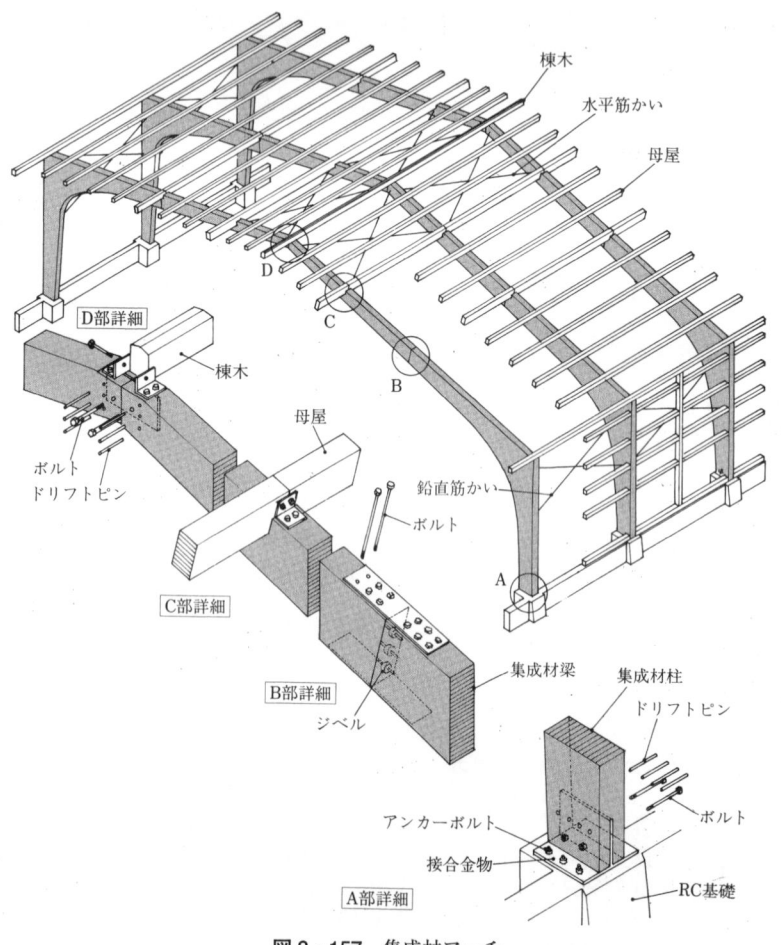

図2・157 集成材アーチ

2・7 木造　145

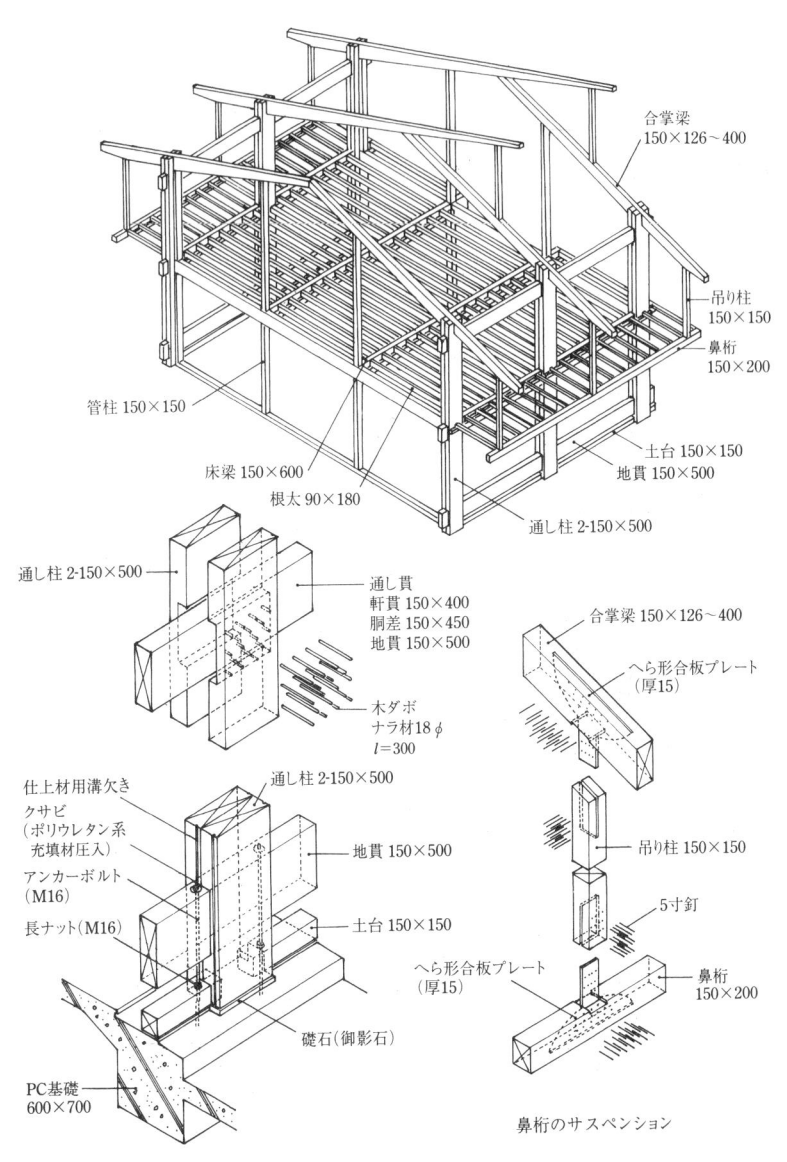

図2・158　集成材ラーメン（桁行方向）　（林野庁 森林技術総合研修所林業機械化センター）

(2) 丸太組構法

丸太組構法は，ログハウスとも呼ばれる。歴史的には，校倉(あぜくら)と称されてきた。校倉(あぜくら)は，校木と呼ばれる部材を井桁状にすきまなく積み重ねるが，校木の交差部の接触面を工作してかみ合わせ，だぼを併用して安定させる。

現在，日本でつくられている丸太組構法は，地震力に対し，校木の交差部を軸ボルトで補強している点で，古来のものや外国のものと異なっている。

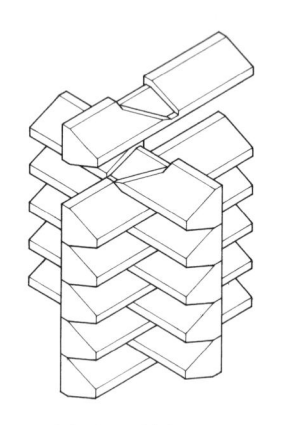

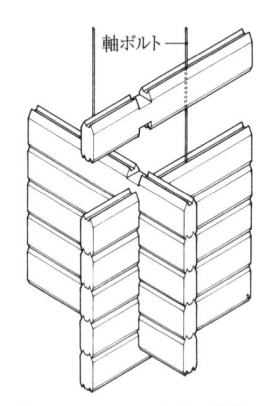

(a) 古代の校倉の例　　(b) 角ログによる丸太組構法　　(c) 丸ログによる丸太組構法

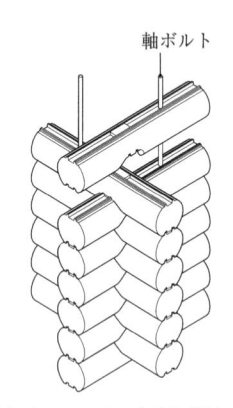

図2・159　丸太組構法の例

第3章 各部構法

- 3・1　地業・基礎............148
- 3・2　屋　　　根............156
- 3・3　　壁　　　............173
- 3・4　開口部・建具............194
- 3・5　　床　　　............211
- 3・6　階　　　段............217
- 3・7　天　　　井............224
- 3・8　造作と納まり............231

3・1 地業・基礎

3・1・1 地業

(1) 地業の機能と種類

　建築物の上部構造の荷重は，基礎を介して地盤に伝達される。この地盤の部分に，基礎を効果的に支えることができるよう手を加えることを地業という。地盤は自然がつくりあげたものであるから均質ではなく，また，上部構造のように力学的性質のとらえやすいものではない。十分な支持力を確保し，沈下を許容量内に抑えるために地業が必要となることが多い。地業計画に際しては不同沈下が起きないよう，十分注意しなくてはならない。

　地業には，簡便で広く用いられる割ぐり地業，荷重が大きい場合に用いられる杭地業，より大きな荷重を支えるピア地業，そして地盤改良などがある。どのような地業を採用するかは，上部構造の種類，形状と地盤の状態によって定められる。

(2) 地盤調査

　地盤を構成する地層の状態を知るために，試掘・ボーリングなどの地盤調査が行われる。ボーリングによって地盤に深い穴をあけ，試料を採取して地層の構成を調べる。ボーリングと並行して，その際に，規格で定められた形状の採取器を一定のおもりで打撃し，30cm貫入させるのに要する打撃回数（N値）を記録することが多い。これを標準貫入試験といい，地盤の状態を示す指標としてよく用いられる。

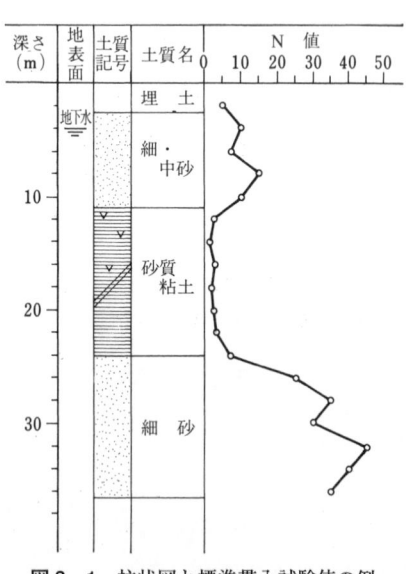

図3・1 柱状図と標準貫入試験値の例

戸建住宅などでは，軟質な土の硬軟・締り具合，土層構成を判別するための抵抗値を求めるスウェーデン式サウンディング試験が用いられる。適用できる深さは最大10mで，砂質土，硬質土の試験にはむかない。

(3) 割ぐり地業

10～20cm程度の割ぐり石を縦に並べて地盤面を突き固める工法を割ぐり地業という。地表面の土は安定していないので，地盤を掘り下げた根切りの底面に行われる。割ぐり石の間には砂を混ぜた砂利が入れられ，その上に捨コンクリートが打たれる。フーチングやべた基礎の下に用いられ，杭地業とも併用される。

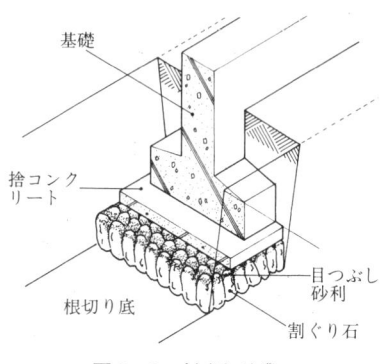

図3・2 割ぐり地業

なお，根切り底が非常に良好な岩盤や関東ローム層では，割ぐり地業をするとかえって地耐力を減少させてしまうこともあり，必ずしも割ぐり地業を用いないこともある。現在は割ぐり石に代えて砕石が用いられることが多い。

(4) 版　　築

石灰を混ぜた粘土の層と砂の層を交互に突き固めて造るものを版築（はんちく）という。遺構として残る寺社建築の基壇や土塀の築造に用いられている。

(5) 杭 地 業

基礎の接する地盤面だけでは必要な地耐力が得られない場合に，杭地業が行われる。杭は材料によって木杭・鋼杭・コンクリート杭に分類することができる。コンクリート杭は，さらに工場生産される既製鉄筋コンクリート杭と場所打ちコンクリート杭に大別される。また，荷重の伝達形式により，硬質の地盤まで達して先端抵抗を利用する支持杭と，接触する側面の土との摩擦力を利用する摩擦杭とに分けられる。

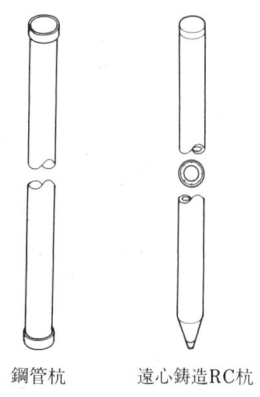

鋼管杭　　遠心鋳造RC杭

図3・3　既　製　杭

木杭には松材がおもに用いられる。腐食を避けるため，地下常水位面の下に打ち込まなくてはならない。

　鋼杭としては，鋼管杭・H形鋼杭などがある。長さが自由であり，複数の部材を結合して長尺杭とすることも可能である。鋼材の厚さには腐食による減少を見込んでおかなくてはならない。

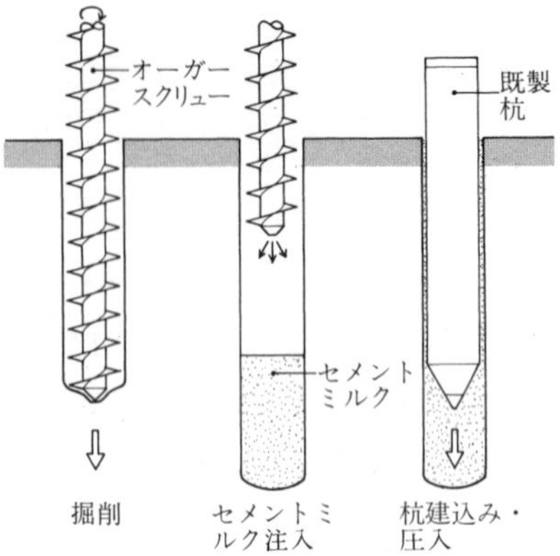

　既製コンクリート杭は品質が安定しており，地下水位の深い場合にも腐食の心配がない。型枠を回転させ遠心力を利用して，密実なコンクリートの中空の杭が工場で製造されている。杭の長さは最長 15m 以下であり，継いで用いる場合には座板を溶接する。プレストレスを導入した PC パイルもある。

図3・4　プレボーリング工法

　既製杭の打込みは騒音を発する欠点があり，その対策として，あらかじめアースオーガなどの掘削機で穴を掘っておくプレボーリング工法，中空の杭をケーシングのように用いる中掘り工法, また, 杭先端に取り付けた特殊ビットを回転させながら杭を埋設する回転工法などが開発されている [1]。

　場所打ちコンクリート杭は，地盤に孔をあけコンクリートを打設するもので，長さを自由にとることができる。打込み杭に比べて，できあがった杭の断面・品質を確認できない欠点があるが，掘削によるため打込み杭に比べて騒音が少ないのが長所である。施工に当たっては，地盤をゆるめるおそれがあるので注意が必要である。

　各種の機械化工法が開発されており，掘削機を工夫しケーシングを用いて周壁のくずれを押さえたオールケーシング（ベノト）工法，表層部分にだけケーシングを用いるアースドリル工法，穴に水を満たして掘削し，土砂を循環水とともに排出するリバースサーキュレーション工法などがある。なお，長さに対する径の比率が大きい場所打ちコンクリートの杭をピアという。

---

1) これらを埋込み杭と呼び，打込み杭と区別する。

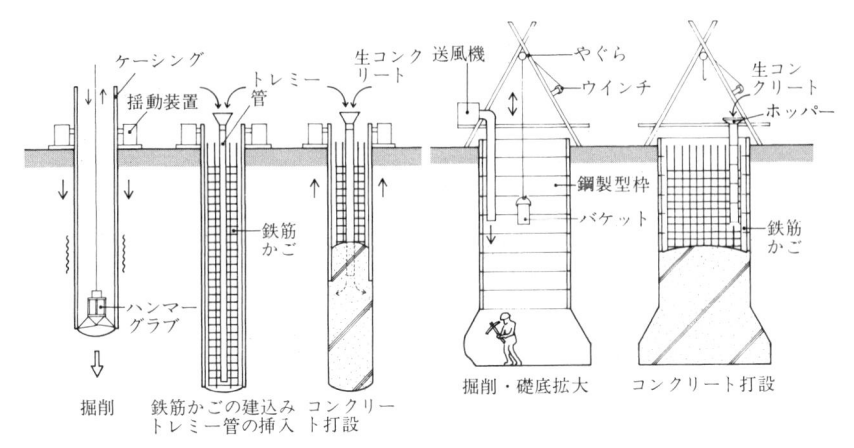

図3・5 オールケーシング（ベノト）工法　　　　図3・6 深礎工法

掘削場所に人間がはいって作業し，コンクリートを打ち込む杭は，深礎工法と呼ばれる。支持地盤を確認できる長所があるが，作業上の安全性には十分留意しなくてはならない。

(5) 地盤改良工法

地盤の支持力を増すために，軟弱地盤の土質そのものを改良する工法を地盤改良といい，様々な種類のものがある。砂地盤に震動を加えて間隙部分を締め固めるバイブロフローテーション工法，杭状に砂を打込むサンドパイル工法，粘土中の間隙水を短期間に取り除くために砂杭を形成し，地表面から盛土荷重などで圧力をかけるサンドドレーン工法などがある。セメントや薬液を注入して直接強度を上げる工法もある。

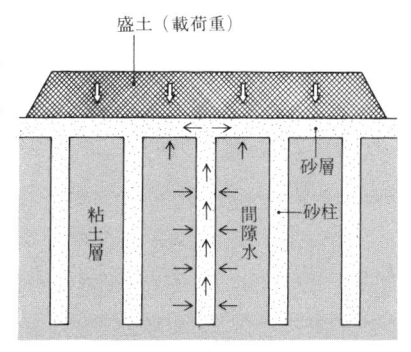

図3・7 サンドドレーン工法

3・1・2 基　礎

(1) 基礎の機能と形状

基礎は上部構造の荷重を地業・地盤に伝えるものであり，不同沈下などを

起こさないよう，つりあいよく設けなくてはならない。鉄筋コンクリートでつくられ，つなぎ梁（地中梁）で相互に連結されるのが一般的である。

　基礎の形の種類には，独立フーチング基礎・複合フーチング基礎・連続フーチング基礎（布基礎）・べた基礎などがある。フーチングは，荷重を分散してなるべく広い面積の地盤面で受けることができるよう，柱や耐力壁の下部の基礎底部を広げたものであり，荷重と地耐力に応じて底面積が決定される。平屋の木造住宅では荷重が少ないので，下部の広がりのない布基礎が用いられることもある。

独立フーチング基礎　　　　　　複合フーチング基礎

連続フーチング基礎　　　　　　べた基礎

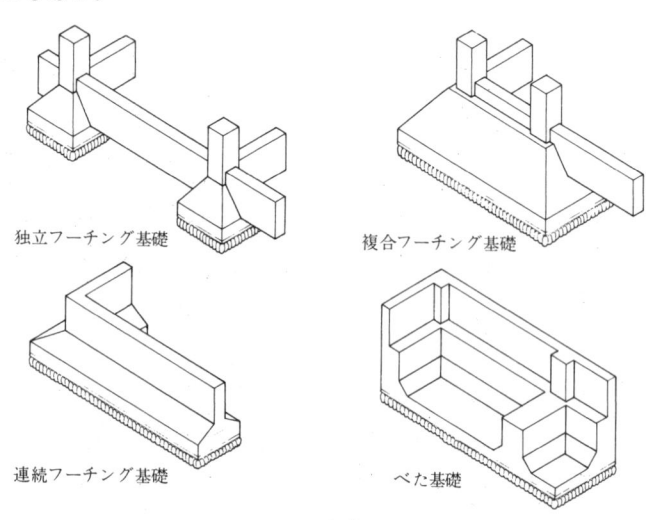

図3・8　各種の基礎

　独立フーチング基礎は，柱の下に設けられるもので，正方形もしくは長方形の底面とすることが多い。柱間隔が短い場合には，2本の柱の基礎を複合して形成する複合フーチング基礎が用いられ，柱の荷重が異なることによりフーチング平面形状が台形となることが多い。また，敷地境界周辺では，独立フーチング基礎を用いるとフーチングの中央に柱をたてることができないので，この偏心を避けるために，内側の柱の基礎と一体として複合フーチングとすることがある。連続フーチング基礎は，鉄筋コンクリート壁式構造や木造住宅などの基礎として多く用いられている。さらにフーチングを広げて床の下全面に設けたものを，べた基礎という。軟弱な地盤や荷重が大きい場

合などに用いられる。基礎のスラブの配筋は，力の流れ方から，床スラブを逆にしたような形になる。べた基礎の場合は，床下のつなぎ梁で囲まれた部分に空間ができる。梁成が高い場合には大きなスペースとなり，湧水槽・蓄熱槽などとして利用することがある。

(2) **根切り，山留めの施工**

基礎を施工するためには，まず根切りが行われる。根切りは土を掘削し排出する工事であり，各種の建設機械が用いられる。

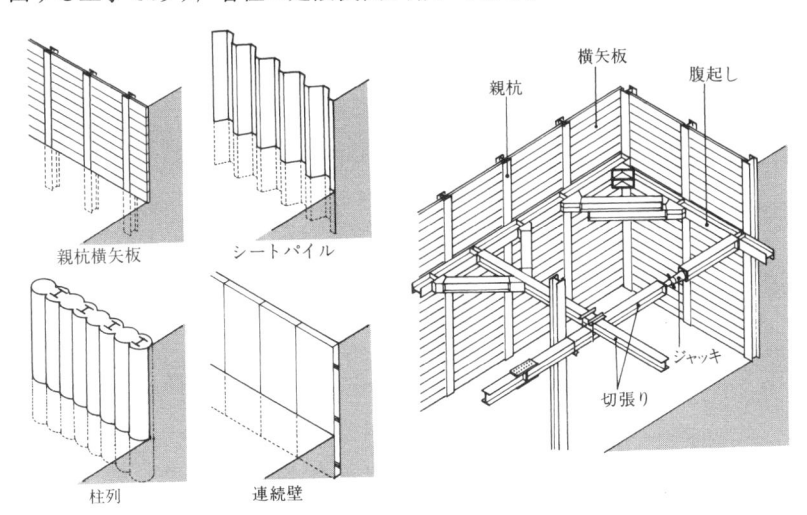

図3・9 山留め工法

大規模な建築物では，根切りの側面に山留めがなされる。山留めの壁には，木矢板・鋼矢板（シートパイル）・場所打ちコンクリートなどが用いられ，鋼製の腹起しと切張りなどの支保工で土圧を支える。

(3) **基礎と杭の取合い**

杭はおもに基礎からの圧縮力を受ける。杭の頭部と基礎とを緊結するには，コンクリート杭の場合，コンクリートをはつって鉄筋を出し，基礎のコンクリートを打設す

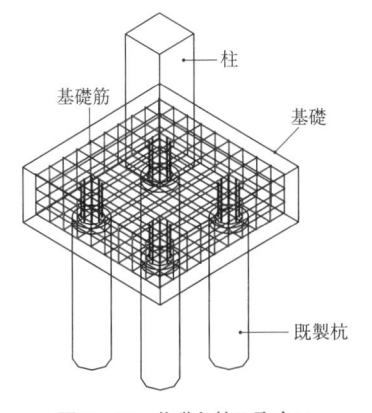

図3・10 基礎と杭の取合い

るときに埋め込み,定着をとる。鋼製杭の場合には,溶接によって基礎の鉄筋と接合する。

(4) 地 下 室

地下室を設ける場合には,壁にも防水が必要となる。鉄筋コンクリート壁の外側に防水層を設ける場合と,内側に防水層を設ける場合とがある。躯体のためには外防水のほうが望ましいが,敷地の条件によっては工事が難しい。いずれの場合も,内側にコンクリートブロックなどで二重壁をつくり,壁の間に浸透水への配慮をする形式が多い。

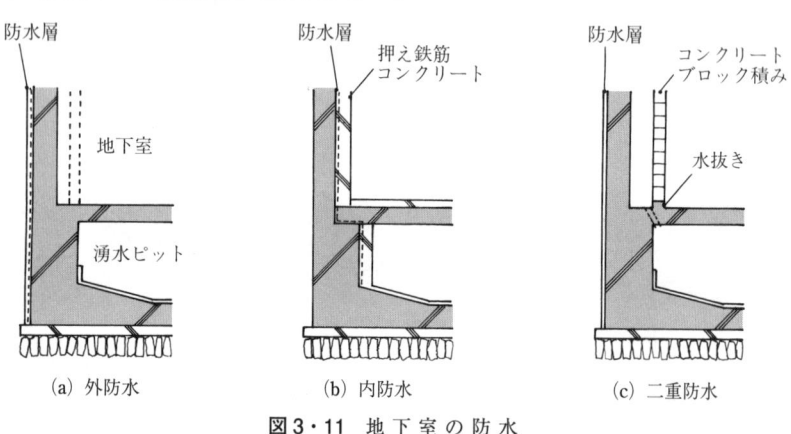

(a) 外防水　　(b) 内防水　　(c) 二重防水

図3・11　地下室の防水

(5) **木造住宅の基礎**

木造の戸建住宅などでは,根切りと遣り方は図3・12に示すとおりであるが,隅角部を隅遣り方,直線部分を平遣り方と呼ぶ。また,水盛遣り方が施されて後に,布基礎が設けられる部分の根切りが行われ,その後に,図3・13に示す手順で基礎が施工される。

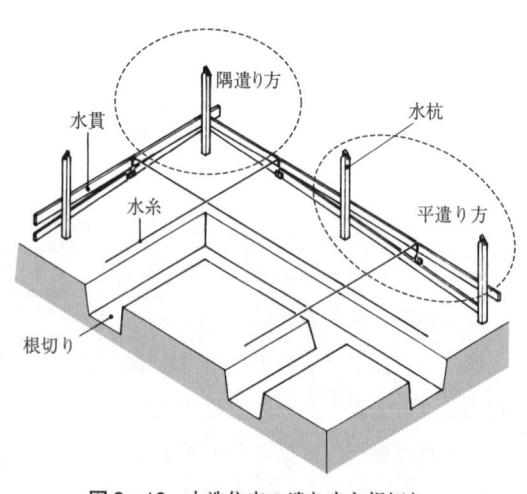

図3・12　木造住宅の遣り方と根切り

3・1 地業・基礎　155

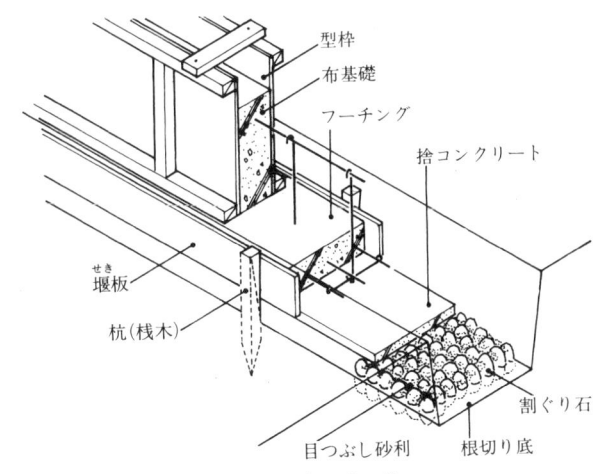

図3・13　布基礎の施工

　根切り底には，割りぐり地業が行われ，捨コンクリートが打たれる。このコンクリートは荷重を受けるためのものではなく，基礎工事を行うための定規盤として使用されるものである。この表面に墨出しが行われ，その上に配筋がなされる。型枠を組む際の基盤の役割も果たしている。図3・14(a)は，布基礎の断面例である。また，近年普及しつつあるべた基礎の断面の例を図(b)に示す。

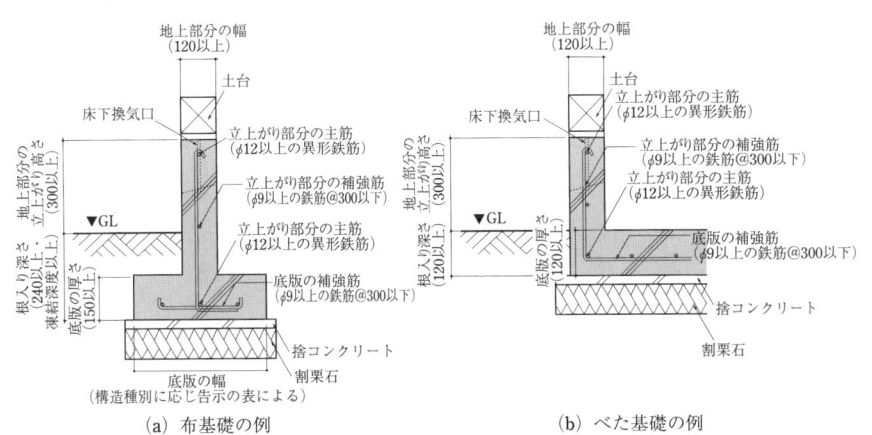

(a) 布基礎の例　　　　　(b) べた基礎の例

図3・14　木造住宅の基礎の断面
　　（　）の数値は平12建告1347号による

3・2 屋　　　根

3・2・1　屋根の機能と形状
(1)　屋根の機能

屋根は天井と組み合って，建築物上部の屋外と屋内とを遮断する重要な部位である。

雨・風・雪を防ぐことが最も重要な機能であるが，そのほかに遮熱・遮音に関しても有効でなくてはならない。要求される性能は，降雨雪量・風・日射の状況，立地環境などによって異なり，屋根の構法は地域ごとに多様であった。地域に根ざした伝統的な構法では，海外の雨量の極端に少ない地方を除いて，傾きをもつ屋根が普通である。水平に近い屋根（陸屋根という）が用いられるようになったのは20世紀初頭であり，信頼できる防水材料の出現によって可能となった。ここでは，まず，傾きをもつ屋根について述べることとする。

傾きをもつ屋根に関する問題は，形状・勾配といった屋根全体の問題と，屋根の一部分を取り出してみた葺き方の問題とに分けて考えることができる。

(2)　形状と勾配

傾きをもつ屋根の典型的な形状を図3・15に示す。切妻屋根は，片流れに次いで形態としては単純なもので，棟から両側に雨水を流し，大きな妻壁をもつことになる。これに対し，寄棟屋根は，隅棟を有して，四方の軒に雨水が流れるようにしたもので，壁の保護という点では有利であるが，小屋裏

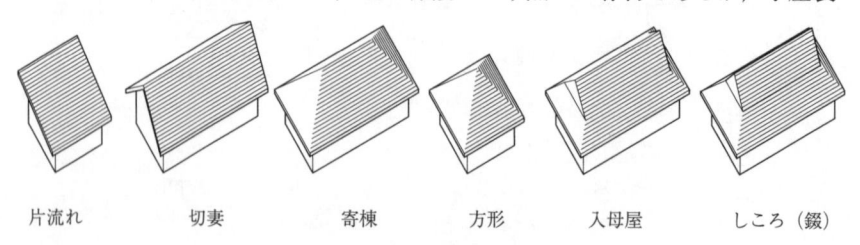

片流れ　　切妻　　寄棟　　方形　　入母屋　　しころ（錣）

図3・15　屋根の形状

の換気がとりにくい。同じような形式で隅棟が1点に集まる正方形平面のものを方形(ほうぎょう)という。切妻屋根の四方にひさし屋根を付け,軒先が連続した屋根としたもの,あるいは寄棟の上に切妻を載せたものを入母屋という。入母屋は伝統的建築に多く用いられた形状である。

寄棟は,和小屋の架構を用いれば,多様な平面形式に対応することができ,軒先の高さを揃えると,任意の平面形に対して一義的にその形が定まる。屋根面の勾配は,工作を容易にするため,正接($\tan\theta$)が単純な数となるようにとるのが一般的である。4/10というような分数表示が用いられる。伝統的には水平方向1尺に対する登り高さを寸で呼称し,四寸勾配・四寸五分勾配というような表現となる。標準的な勾配は,屋根の葺(ふ)き方,葺き足と重ねの関係,流れの長さなどによって異なる。表3・1に一般的な値を示す。

表3・1 屋根葺き材と勾配

長尺金属板瓦棒葺	1/10〜
金属板一文字葺	2.5/10〜
成形セメント板葺	3/10〜
波形スレート葺	3.5/10〜
桟瓦葺	4/10〜

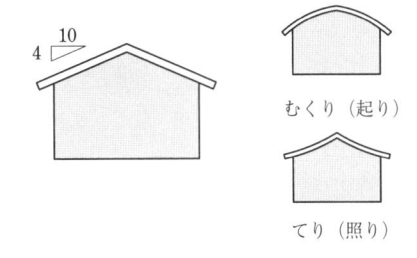

図3・16 屋根の勾配

なお,屋根面が多少曲面となっている場合に,凸面となるものを"むくり",凹面となるものを"てり"という。

屋根全体の形状は,雨水を防ぐという点(雨仕舞)からいえば,単純であるにこしたことはない。しかし,屋根の形は建築物全体の平面計画・立面計画・意匠と深くかかわっており,必ずしも単純な形とはならない。

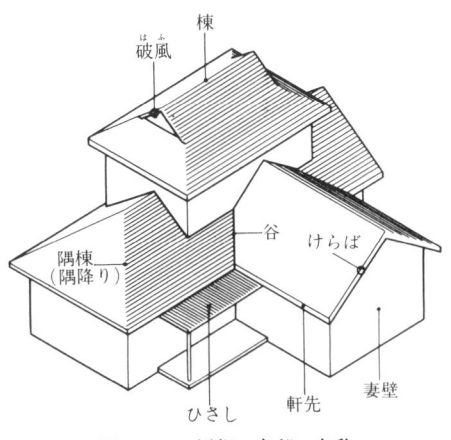

図3・17 屋根の各部の名称

屋根の各部とその形状によって生じる様々な取合い部分に付けられている名称を図3・17に示す。

(3) **屋根構法と自然環境**

屋根の構法は，自然条件・環境に対して，十分安全でなくてはならない。構法の選択に当たっては，防火性・耐久性・耐震性（重量）などの検討も重要である。

図3・18 風による屋根の被害例　（写真提供：坂本功）

特に風に関しては，耐風性をもった葺き方とするとともに，小屋組・垂木が十分な強度をもち，振動が起きないようにする必要がある。また被害に対する補修の容易さも求められる。地震に対しては，重量の軽いほうが有利である。積雪のある寒冷地では，「すがもれ」という現象にも注意しなくてはならない。これは，室内の暖気が小屋裏を通して屋根面の雪を融かし，その水が軒の上で冷やされて氷堤となり，その結果，たまった水が葺材の間から漏れる現象である。

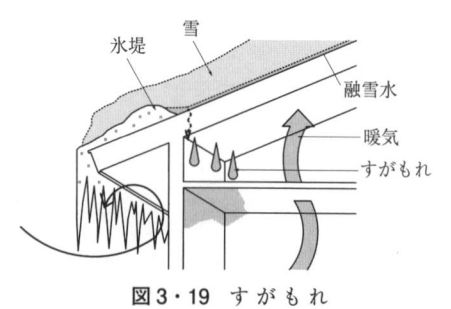

図3・19 すがもれ

3・2・2 屋根の葺き方
(1) **下　　地**

屋根の表面で大部分の水を流す部材を葺材といい，葺材の下地を野地板と

呼ぶ。伝統的な構法では耳つき板などをすきまをあけて並べて野地板としていたが，現在は合板などのボード状の材料を用いることが多い。断熱をかねた材料を用いることもある。

瓦などの葺材は，強風を伴う雨により，雨水が下にまわることがある。したがって，野地板の上に直接葺くことはせず，防水となる層を間に設ける。伝統的構法では土居葺といい，木を薄く割った板をシングル葺の原理で並べていた。現在はアスファルトルーフィングなどの防水シートを用いる。

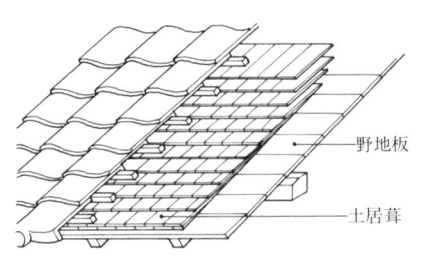

図3・20　土居葺

(2) シングル葺

シングル葺とは，薄い定形の板を図3・21のように重ねて、並べたものである。横方向にすきまができるので一段上の板とのずれ（葺き足・働きという）の2倍以上の奥行の板を用いて，すきまからの水を受ける。

伝統的な屋根葺構法では防水性能に信頼のおける大きな材料が入手しにくかったため，小さな部材を組み合わせて葺くことが多い。また小さな部材は，熱による伸縮を吸収する，破損時に部分的な修復が可能である，通気性を得る，など利点が多く，下地との接合も容易である。

天然スレートは古くから用いられていた，シングル葺と同様の考え方で葺く材料である。現在はアスファルトシングル，成形加工した繊維補強セメント板なども用いられる。シングル葺の考え方は重なりが大きい。材料のむだを少なくする工夫として，菱葺・亀甲葺・うろこ葺などの構法が用いられている。工場生産されている繊維補強セメント板も，上部が山形に成形されている。

伝統的構法である柿葺・檜皮葺・杉皮葺なども，シングル葺と同様な考え方のもので，重なりを何重にもとることが多い。

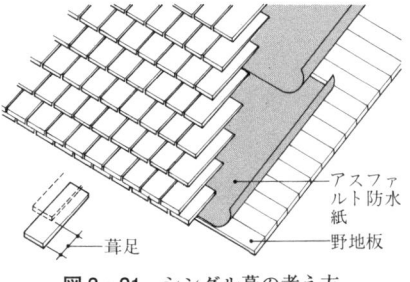

図3・21　シングル葺の考え方

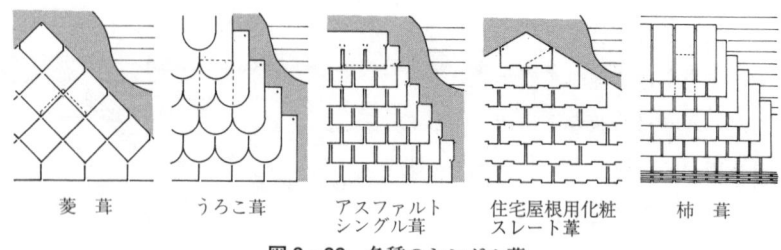

菱葺　うろこ葺　アスファルトシングル葺　住宅屋根用化粧スレート葺　柿葺

図3・22　各種のシングル葺

(3) 瓦　　葺

　土を立体的に成型して焼成し，シングル葺に比べて重なりを少なくできるようにしたものが瓦である。瓦葺には，本瓦葺・桟瓦葺・洋瓦葺などの種類があり，形状が異なる。また，窯業製品であるため，生産地によっても多くの種類がある。焼き方によって，いぶし瓦・塩焼き瓦・ゆう薬瓦などに分類することができる。

　瓦は，防火上，板葺や柿葺より有利であるが，重量があり，耐震上は不利である。一方，熱容量が大きいなどの特徴がある。瓦の固定に葺き土を用いたものは，耐震上特に不利である。耐風対策上も釘や銅線などで緊結するのがよい。

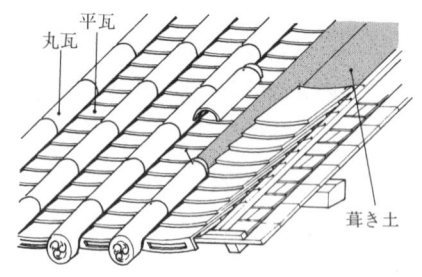

平瓦　丸瓦　葺き土

図3・23　本　瓦　葺

　本瓦葺は，古来，寺院建築などに使われており，基本的には，平瓦と丸瓦の2種類を組み合わせたものである。しくみは単純であるが，葺き土を多量に用いなくてはならない。本瓦は寺院建築などに用いられていたが，江戸時代に桟瓦が現われると，住宅にも瓦が使われるようになった。

　桟瓦は，平瓦と丸瓦をつないで1枚にしたようなものであるが，そのままでは4枚が重なり合う部分が納まらないため，巧妙な工夫がなされている。すなわち，瓦の左上隅と右下隅に切込みを入れ，組み合わせると左上の瓦と表面が連続した面になるようにつくられている。これを45度傾けてみると，菱葺の原理で葺き上げ，雨水が重なり部分に流れないように表面に波をつけたと考えることもできる。

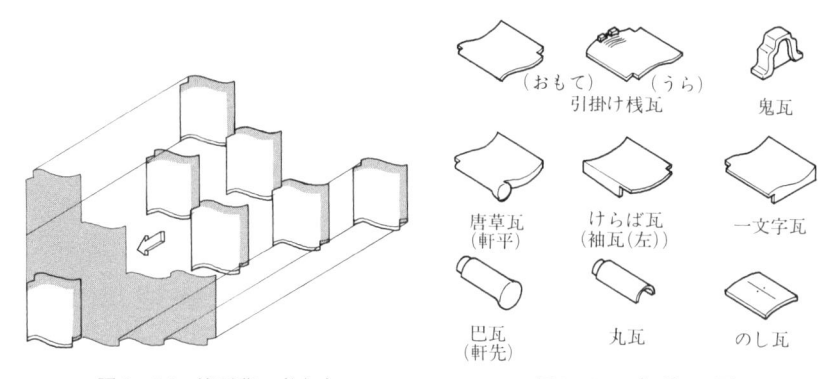

図 3・24 桟瓦葺の考え方　　図 3・25 各種の瓦

桟瓦は野地板に横桟を打ち付け，その上に瓦を並べるのであるが，ずれを防ぐため裏面に突起の出た瓦が用いられ，引掛け桟瓦と呼ばれている。

本瓦・桟瓦ともに，瓦を葺く場合には，中央部を葺く標準形の瓦以外に，位置に応じた特殊な形状の各種の役物[1]瓦が用いられる。

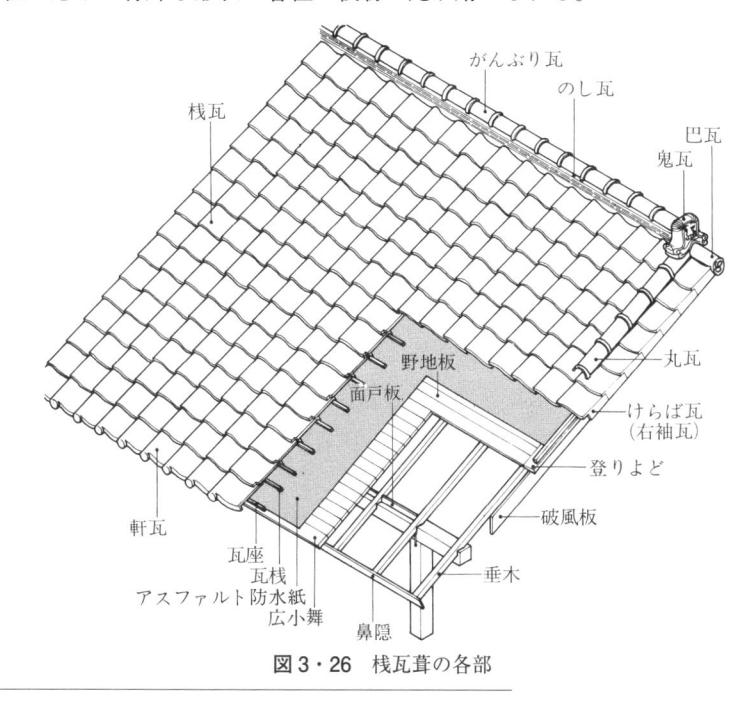

図 3・26 桟瓦葺の各部

1) 隅角部など特殊な部分に用いる納まり部材を総称して役物という。

厚型スレート・プレスセメント瓦なども桟瓦と同様の原理であるが，雨水の流れを制御するための溝が切られている。左上・右下の角を斜めに切り落したものが用いられる。

図3・27　セメント瓦　（おもて）（うら）

　瓦葺の構法は，軒先の葺き始め部分の納まり，けらばの納まり，棟の部分の納まりなどが，暴風雨のときなどに弱点となる。寺院建築などの軒先は，意匠上の理由にもよるが，多くの部材を複雑に組み合わせている。しかし，現在の住宅では，かなり簡略化した納まりとなっている。

　垂木の先端を横につなぐ部材として鼻隠が用いられることが多い。これは1本の垂木にかかる荷重を分散するとともに，垂木の木口を守り，先端があばれるのをそろえることができる。野地板の先端には，広小舞と呼ばれる厚めの板を用いる。切妻屋根の妻部分には破風板が鼻隠と同様に用いられる。また，その上に直角に用いられる補強材を登りよど（淀）という。瓦葺の場合，登りよどは，けらば瓦を保持する機能をもっている。

(4) 金属板葺

　金属板で屋根を葺く構法にも各種の方式がある。それらの特徴としては，まず軽いということがあげられる。

　また，金属板は現場で端部を折り曲げて加工できるため，勾配を緩く葺くことが可能であり，重なりが少ないこともあって材料のむだが少ない。特に長い材料（長尺材）を用いた葺き方では1／10くらいの勾配とすることができる。欠点としては，風などによって部分的に被害があった場合に全体に波及しやすいこと，熱膨張率が高いこと，雨音が生じやすいことなどがあげられる。

　材料としては古来，銅を用い緑青を鑑賞していたが，工場で防錆加工を施した鉄板が多く用いられるようになり，現在ではガルバリウム鋼板，ステンレス鋼板なども用いられる。ただし，屋根に限らず，金属板を屋外など水がかかるところに用いる場合には，異種金属を接触させることは避けなくてはならない。これは，イオン化傾向の違いによる腐蝕を防止するためである。

3・2 屋　根　163

　葺き方には，一文字葺・立はぜ葺・瓦棒葺などがある。

　一文字葺は定尺の金属板を数枚に切断し，横に並べたものである。板どうしは端部を折り曲げておき，板を組み合わせてからさらに折り曲げて接合する。これを「はぜ」というが，はぜは，きつく締めると毛細管現象を起こす。一文字葺では，金属板と野地板とを緊結するために，要所要所に吊子と呼ばれる金属片を野地板に釘止めし，他端をはぜに巻き込む。

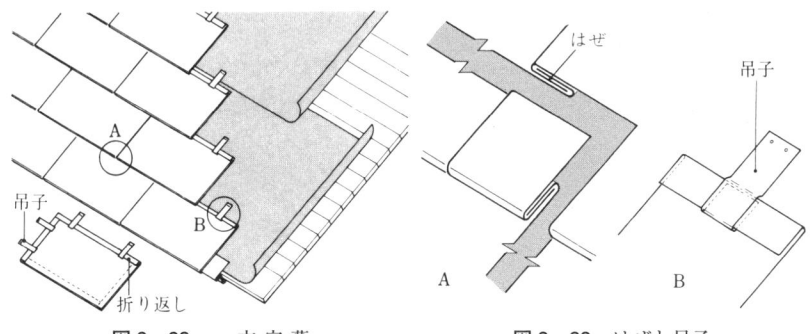

図3・28　一文字葺

図3・29　はぜと吊子

　銅板は一文字葺として用いられることが多い。一方，鉄板は瓦棒葺や立はぜ葺として用いられることが多い。段葺や横葺と呼ばれる金属板の葺き方もある。また，工場で成型加工した金属板を組合せる構法もある。瓦棒葺は垂木のような木材を野地板の上の垂木の位置に打ち付け，その間をU字形に金属板で葺いたものである。縦の接合部と横方向の接合部の交点の複雑さを解消するとともに野地板との緊結を十分にとることができる。棟から軒先までを1枚の金属板で葺いたものを長尺瓦棒葺といい，雨仕舞がよいため，ゆるい

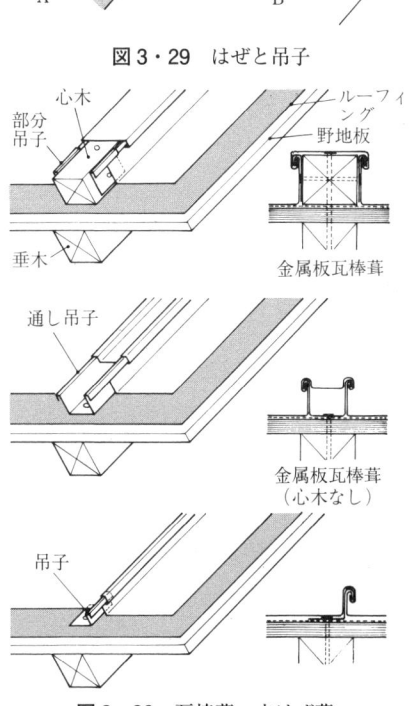

図3・30　瓦棒葺・立はぜ葺

勾配とすることができる。ただし，温度伸縮を吸収しにくく，下地との接合が弱くなるという欠点がある。温度伸縮のための逃げは棟にとって，軒先はしっかりと固定し，多くなる流水に対処するのがよい。

　瓦棒に木材を使用せず，鉄板を折り曲げたもので代用した心木なし瓦棒葺という構法もある。瓦棒葺に似た構法としては，立はぜ葺がある。長尺ステンレスどうしを現場で溶接する構法は，さまざまな形態の屋根への適用が可能である。

(5) **波形板葺・折板葺**

　板材を波形に曲げて剛性をもたせた形状にし，垂木・野地板を省略して直接母屋に掛け渡す屋根構法が波形板葺である。材料には，繊維強化セメント板・金属板・プラスチック板などが用いられる。鋼板を加工したものには，折板と呼ばれる大きな母屋間隔に掛け渡せるものがある。この種の板は，雨仕舞の点から山の部分で下地と接合する。軽量鉄骨の母屋にフックボルトで止め付けることが多いが，風などによる震動でナットが緩み抜けてはずれることがないよう留意しなくてはならない。下地板を用いないため，断熱性は期待できない。

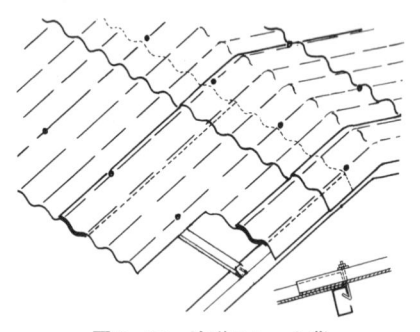

図3・31　波形スレート葺

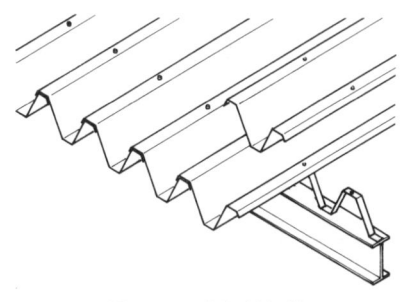

図3・32　鋼板折板葺

(6) **その他の葺き方**

　伝統的な農家などでは茅葺が用いられてきた。茅葺のような葺き方は世界各地に見られる。ススキなど地域の材料を用いた屋根葺き構法として，優れた景観を造ってきたが，メンテナンスが困難であることなどから，急速に減少した。火災に弱いことも欠点であるが，通気性があるなどの利点も多い。

わが国の伝統的な葺き方として、ヒノキの皮を用いた檜皮葺がある。伝統的に、最も格式の高い葺き方として用いられてきた。

3・2・3　勾配屋根の各部の納まり
(1)　立上り・谷

壁面が勾配屋根面に接している部分（壁の立上り部、差しかけ屋根）および谷の部分では、防水紙を十分に立ち上げるなど、雨仕舞に対する適切な納まりが必要である。立上り部では、風の吹き上げに伴う雨の逆流を防ぐとともに、壁の表面を伝わる雨水が確実に屋根面に流れるようにしなくてはならない。平行な棟の間に水平な谷ができることは避けなくてはならない。棟が直交することによって生じる、斜めに下る谷は、雨水が多量に集まるにもかかわらず、その勾配は屋根勾配の $1/\sqrt{2}$ 倍にゆるくなることに留意しなくてはならない。

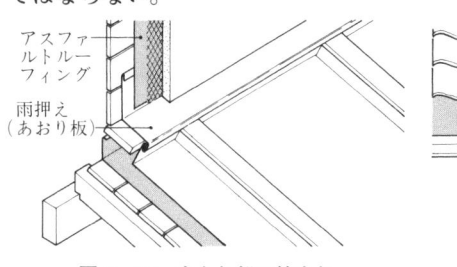

図3・33　立上り部の納まり　　図3・34　谷部の納まり

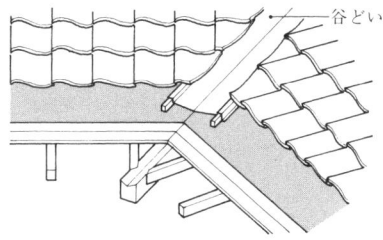

(2)　軒・ひさし

軒（外壁より外側に突き出た屋根の水下の部分）の構成は意匠上重要である。特に先端部分の軒先は、構法によって建物が軽快にみえたりも、重厚にみえたりもするので、意匠上の検討が必要である。軒は壁を保護する機能をもつが、それ自体はいたみやすい部分なので、耐久性に対する配慮が必要である。近ごろは軒の出のほとんどない建築物もふえているが、その場合には壁の防水性・耐久性に留意しなくてはならない。軒の出が深い場合には、軒

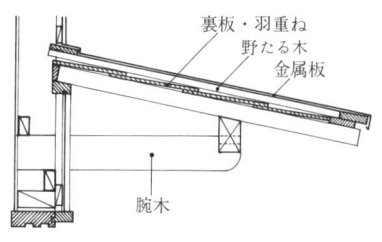

図3・35　ひさしの例

先のたれ下りに注意しなくてはならない。重量軽減のため，瓦葺屋根の軒部分だけを金属板で葺くことがある。

壁から片持ちで突き出したひさし部分は，木造では構造上工夫が必要であり，腕木を用いてその付け根をしっかり固定する構法などが用いられる。

(3) 樋（とい）

屋根面を流れる雨水は，軒先の樋で受けられ，縦樋を経て排水される。軒樋は軒先のデザインに大きな影響を与えるので，意匠上検討が必要であるが，それとともに，集まる水量を無視した形状としてはならない。また勾配も必要である。さらに，つまりにくい設計とすることが望ましい。縦樋の位置は，デザイン，開口部との取合い，上下階の位置関係などのため，意外に制約の多いものである。効率のよい排水方法を設計時に検討しなくてはならない。樋の材料には塩化ビニルや金属が用いられる。各部の名称を図3・36に示す。

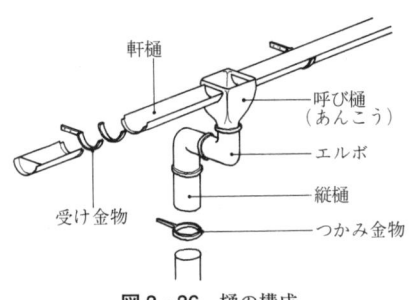

図3・36　樋の構成

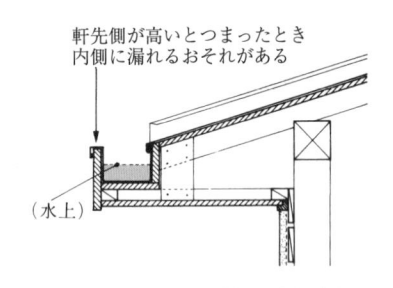

図3・37　軒先に納めた樋の例

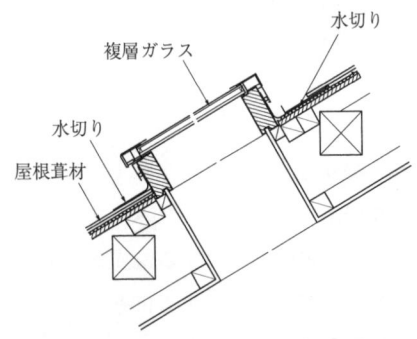

(4) トップライト

屋根面にトップライトをとることはよく行われるが，屋根は雨仕舞をはじめとして構法に対する要求条件のきびしいところであるから，雨水が内部に入りこまないよう納めることはもちろんであるが，汚れに対する配慮，直射日光による温度上昇の防止，結露水の排出対策なども必要である。また，勾配面に設ける場合は，ガラスのグレージングを工夫しなくてはならない。

図3・38　天窓（トップライト）の納まり

3・2・4 陸屋根(ろく)

(1) 屋根防水の種類

　陸屋根における雨水の処理は，防水層と呼ばれる水を透さない連続した面で，建築物の内と外を区切る。屋根防水はコンクリートスラブの上に行われるのが一般的であり，外周部分では防水層を立ち上げることが多い。樋をふさいで屋上に水を張った状態にして，漏水試験を行う。

　屋根防水の方法には，アスファルト防水・モルタル防水・シート防水・塗布防水などがある。アスファルト防水は最も広く用いられており，施工が完全であれば信頼性がある。モルタル防水は，簡便な防水法であり，防水剤を混和したモルタルを用いて左官仕上げをするものである。鉄筋コンクリートのひさしなどに用いられる。ウレタンなどの合成樹脂の塗布防水も用いられる。これらの湿式工法に対し，成形されたシート状の防水層を用いる方法がシート防水である。合成ゴム・塩化ビニル・ポリエチレンなど合成高分子材料が用いられる。接着材を用いて，均しモルタルやコンクリート金ごて押さえの上に貼るという工法である。

(2) アスファルト防水

　アスファルト防水は，金ごてで平らに均したコンクリートの上に，加熱したアスファルトを塗って，防水層とする工法である。下地面を平滑にするのは，防水層が破断しないようにするためである。また，コンクリートの表面にはアスファルトプライマーを塗り，防水層が密着するようにする。下地との間に空気が封入されていると，その空気が膨張して防水層がふくれあがる場合がある。以前は，コンクリートを直接金ごてで均すことはせず，均しモルタルを用いた左官工事で平滑にしていた。

　防水層に使用されるブローンアスファルトは，防水性・撥水性に富む材料であるが，それ自体の強度は低い。一定の厚さとし，耐久性・安全性を高めるため，アスファルトを含浸させたフェルトもしくはアスファルトルーフィングを敷き込みながら繰り返し塗り，層を重ねた構成とする。

　防水層の上には保護層が設けられる。シンダーコンクリートなどの軽量コンクリートを断熱層を兼ねて打つのが一般的であり，養生コンクリート・押

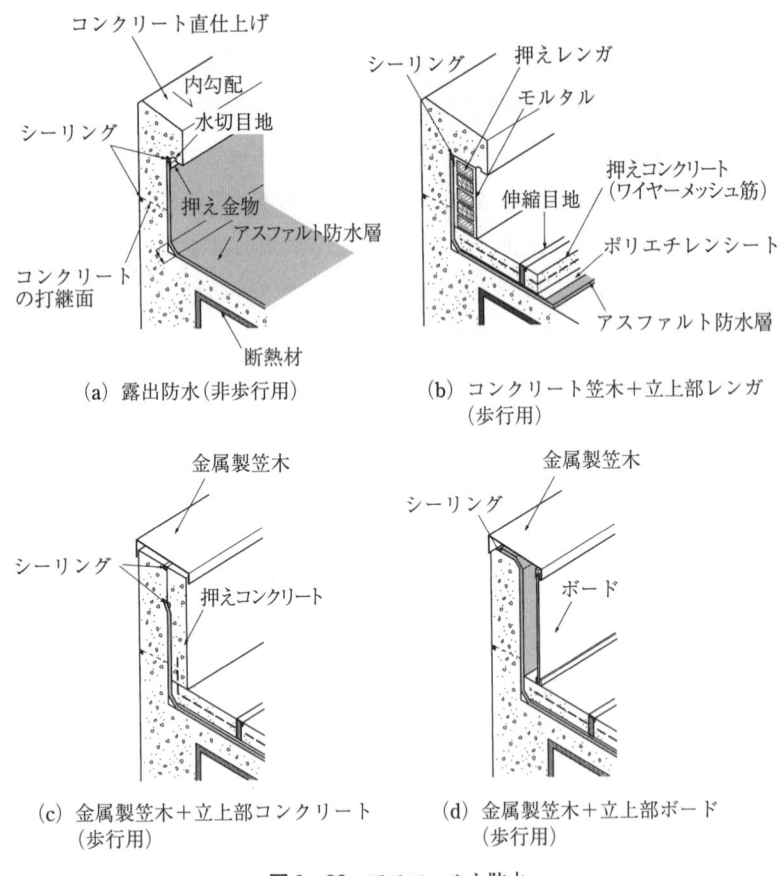

図3・39 アスファルト防水

(a) 露出防水(非歩行用)
(b) コンクリート笠木＋立上部レンガ（歩行用）
(c) 金属製笠木＋立上部コンクリート（歩行用）
(d) 金属製笠木＋立上部ボード（歩行用）

えコンクリートなどと呼ばれる。屋根面は直接，日射・風雨にさらされるため，保護層が重要であるが，非歩行屋根では簡便な構法がとられることも多い。また，押えコンクリートを打たずに，砂利を敷いて保護層とすることもある。アスファルト防水の耐用年数は15〜20年とされており，構造軀体の耐用年数より短いので，防水工法は全体として張替え工事のことも考えておく必要がある。

3・2 屋根

歩行屋根の場合は，保護層の上にタイルなどで仕上げがなされる。保護層と仕上げには，2.7～3mごとに伸縮目地をとり，アスファルトコンパウンドを充填する。表面の収縮を集中させることにより亀裂を防止するとともに，押えコンクリートが膨張してパラペットを外側に押し倒すのを防止する。

陸屋根も，排水のために1／50～1／100の勾配をとる。勾配のとり方は，コンクリートスラブ自体を斜めに打つ場合，均しモルタルの上面でとる場合，また，押えコンクリートでとる場合などがある。防水層で水を遮断するという考え方からは，スラブを斜めに打つ，あるいはモルタルの上面でとるのが適当であるが，ほとんどの雨水は仕上げ面上を流れることから，押えコンクリートでとることもある。

近年は屋上に人工土壌などを敷き，植物を植えて緑化することが行われる。根が防水層を傷つけないような配慮が必要である。

外周部分のパラペットでは，アスファルト防水層を立ち上げて納める。防水層が曲がる部分では，直角に折ると下地に密着しなくなり，空気が入ったり，層が切れて漏水の原因となるため，45°の傾斜した部分を設け，密着させて網入ルーフィングなどで補強する。立ち上げた防水層は，れんがやPCaブロックなどで押え，上部が笠木で覆われるようにする。この部分は防水上

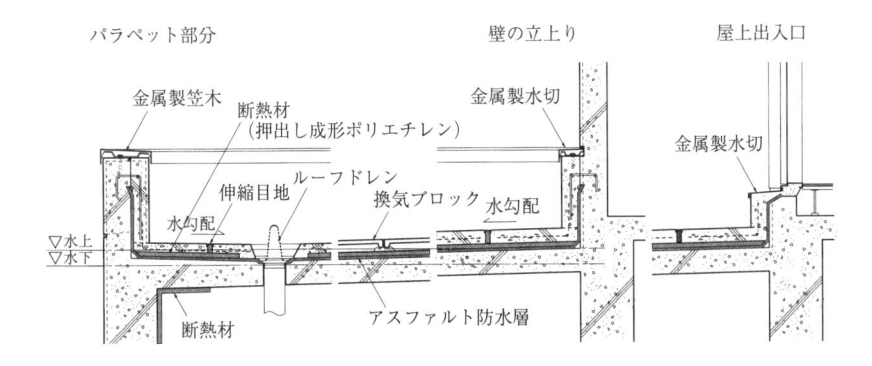

図3・40 笠木と壁の立上り（外断熱の例）

の弱点となりやすいので，設計・施工を入念に行わなくてはならない。笠木の上端は内側に傾斜をつけ，下部には水切を設ける。内側に傾斜をつけるのは，笠木の上に溜まった埃が雨で流されて，外壁面を汚染するのを防ぐためである。笠木の材料としては，モルタル・石・人造石・プレキャストコンクリート・金属板などが用いられる。

　屋根面とペントハウスの壁との取合い部も，パラペットと同様の考え方で納める。コンクリートの打継ぎ面は漏水の原因となりやすく，防水層近辺で打ち継ぐことは避けるべきである。また，打継ぎ面は外側に傾いた勾配を付けるようにする。ペントハウスに屋上出入口がある場合は，立上りが十分にはとれないので納まりに工夫が必要となる。

　施工上は，スラブの下に断熱層を設ける内断熱のほうが容易であるが，躯体の温度変化を少なくするという意味からは，外断熱のほうが優れている。間に通気層をとるために遮熱用ブロックで仕上げる方法も，夏期の遮熱などに有効である。

　パラペットを用いないで軒を出す場合の例を，図3・41に示す。防水層の端部の納まりが難しい。

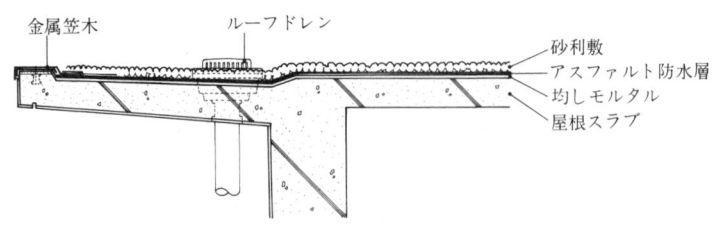

図3・41　軒先と防水層の納まり

(3) 陸屋根まわりの付属物

　陸屋根の場合には，樋と取り合う部分も防水上の弱点となりやすい。ルーフドレンを介して，立て樋を取り付けるが，梁・柱との位置関係を調整して適切な排水計画を立てなくてはならない。また，寒地では凍結にも注意しなくてはならない。ルーフドレンは，ごみなどによって樋がつまるのを防止するため，鋳鉄などで格子状につくられている。アスファルト防水層をはさみ

込んで，スラブにしっかりと固定させる。図3・42に排水の取り方とルーフドレンの例を示す。ごみがある程度たまっても，排水が妨げられないよう，高さのある形状が求められ，同時に清掃のしやすいものでなくてはならない。特に，ルーフドレンが一つだけの場合は，オーバーフロー管を設けるなどして，ルーフドレンが詰まった場合に雨水が外部に排出されるようにしておく。

陸屋根の排水
（水勾配のとり方とドレンの位置）

(A) 柱・梁の外側にある場合

(B) 柱・梁の内側にある場合

たて引き形ルーフドレン

受継ぎ形ルーフドレン

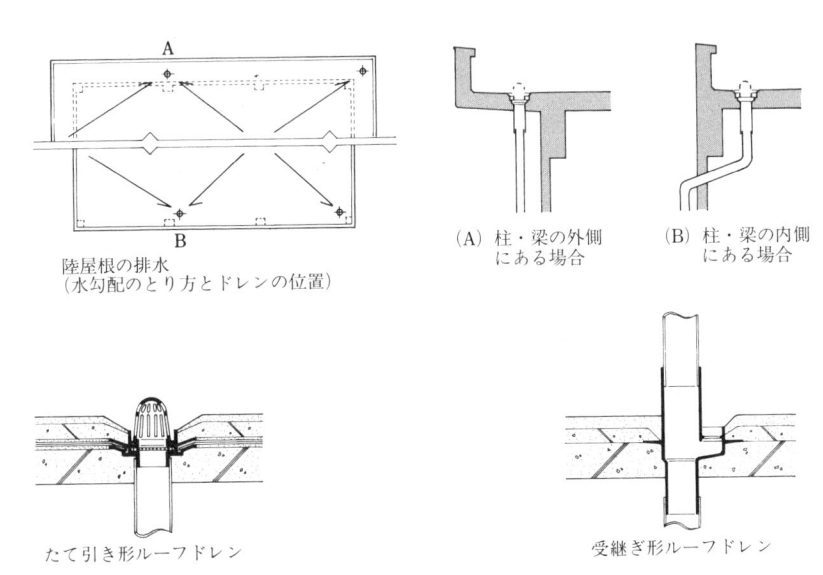

図3・42 ルーフドレン

屋上に設置される手すりや各種の設備機器などの取付固定は，防水層を傷つけないよう行う必要がある。スラブにアンカーをとることが困難なため，図3・43のように独立したコンクリートの架台を設けることが多い。

架台（後打ちコンクリート）

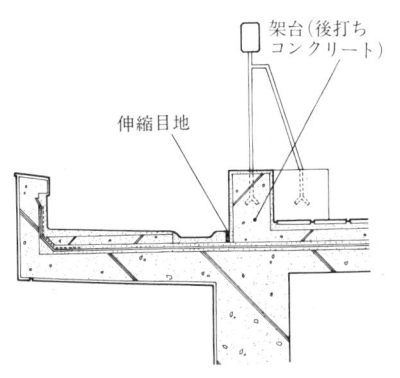

伸縮目地

図3・43 手すりなどのための架台

図3・44にエキスパンションジョイント部の納まりの例を示す。エキスパンションジョイントを設けて構造躯体を切り離す目的は，建築物の形状によって，地震時に部分的に特に大きな力がかかるのを防ぐこと，長大な建築物の不同沈下によって建築物に発生する力を逃がすこと，熱による収縮・膨張を吸収すること，などである。ジョイントの両側でかなりの変位が見込まれるため，施工直後の防水性は確保できても，耐久性のある構法とすることは難かしい。エキスパンションジョイント用の既製品も生産されている。

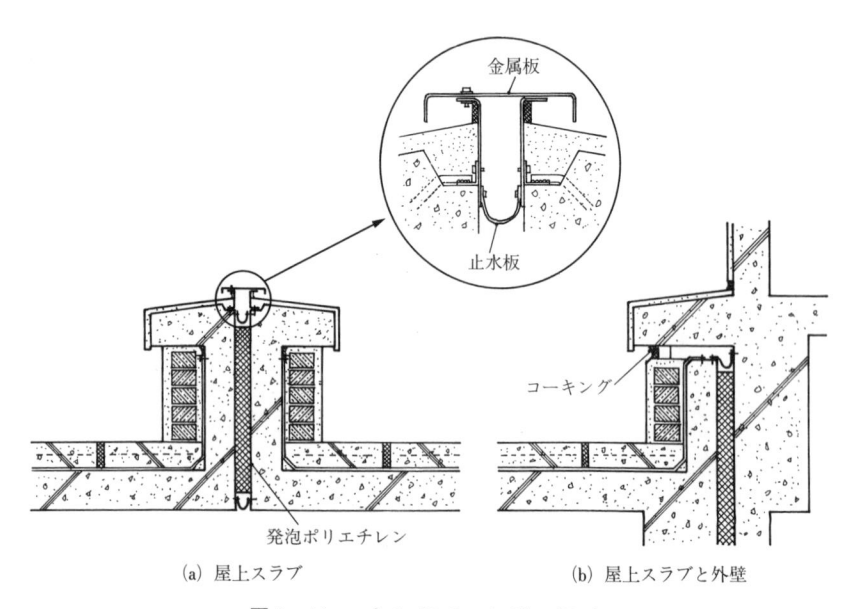

(a) 屋上スラブ　　　(b) 屋上スラブと外壁

図3・44　エキスパンションジョイント

3・3 壁

3・3・1 壁の種類と機能

(1) 壁の種類と名称

壁には，屋内と屋外を区切る外周壁と，屋内の部屋を区切る間仕切壁がある（図1・3参照）。この両者には大きな機能の違いがあり，当然異なった構法が使われることが多い。ただし，外周壁の室内側をとってみれば間仕切壁の片面と同じ構成になっていることも多い。このように，壁の構法に関しては，壁体全部を扱う場合と，一方の側から見てその表面もしくは表面に近い層だけを考える場合とがある。遮音遮熱等の遮断機能を考えるときは前者で，仕上げを扱う場合は後者で考えることになる。

外壁という言葉も，外周壁そのものをさす使われ方と，外周壁の外側の面をさす使われ方がある。外壁タイル仕上げといえば，外側の面だけをタイルで仕上げることを意味する。特に厳密に外側の面をさす場合には，外面壁と

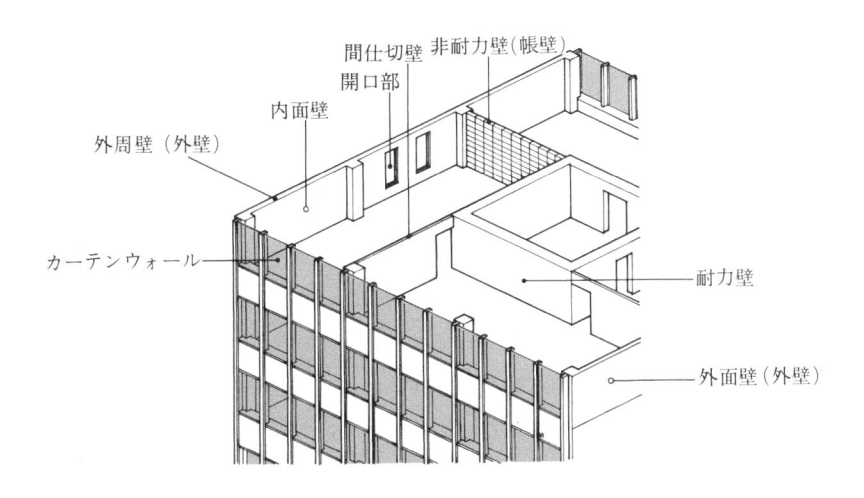

図3・45 壁 の 名 称

いう言葉が用いられる。同様に内壁は間仕切壁をさす場合と，間仕切壁の表面および外周壁の内側の面をさす場合があり，区分して扱いたいときは，後者を内面壁と呼ぶ。

壁体は，壁式構造・組積造の壁のように，躯体として屋根や上層の壁，床などを支える壁と，柱梁構造の間にはめ込まれて自重以外の外力を負担しない壁とに分けて考えることができる。前者を耐力壁，後者を非耐力壁と呼んでいる。非耐力壁は帳壁・カーテンウォールとも呼ばれるが，カーテンウォールという言葉は特に高層建築物の工業化された外周壁をさすことが多い。

壁の構法は，施工の仕方によっても，湿式工法（水を含んだ不定形の材料を用い，おもに左官工事で面を形成し，乾燥を待つ工法）と，乾式工法（パネル・ボード・板材などを用い，釘・接着剤・ねじなどを用いて取り付ける工法）とがある。

(2) 機能と性能

壁の主要な機能は，壁に作用する様々な因子を遮断することである。特に外周壁は，屋内と屋外を仕切り，快適な室内環境をつくり出すために，熱・光（日射・視線）・空気（風）・音などを遮断する機能をもっている。人間・動物などの外敵，そして雨水の侵入なども防がなくてはならない。これらのうち，光・空気は比較的容易に遮断ができるが，熱・音に関しては，完全に遮断することは難しく，構法によりその性能が異なる。防火性能・耐火性能も重要な性能である。外壁については延焼防止のため，環境に応じた防火性が要求される。内面壁に関しても，建築物の規模，部屋の用途によっては，建築基準法や消防法などにより使用材料が制限されている。雨仕舞に関しては，降雨時に水が室内に入り込まないことはもちろんであるが，長期的に風雨や紫外線にさらされても（暴露という），劣化しない耐候性能が求められる。ただし，この雨仕舞と耐候性に関しては，建築物の種類により要求される性能が大きく異なる。例えば，風雨の直接当たる高層建築物の外壁と，軒の出があって保護されている低層建築物の外壁とでは要求条件が異なる。

3・3　壁　175

3・3・2　壁の構成方法

(1) 壁体と壁仕上げ

　壁体の造り方は，大きく二つの方法に大別できる。一つは，鉄筋コンクリートの壁体（図3・46(a)）やＡＬＣ版の壁体（図(d)）のように，ソリッドな壁体を一体のものとして造る方法であり，いまひとつは，鉄骨や木材などの軸状の材料を用いて心材を構成し，それにボード状の材料や板などを取り付けて壁体を造り上げる方法（図(e)）である。このほかに，伝統的な木造住宅に用いられた小舞壁のように，柱の間に組まれた下地を心材として，ソリッドな壁体を造る方法もある（図(f)）。

　壁体の造り方と仕上げの仕方の関係にも，いくつかの形式がある。一つは，壁体がそのまま仕上げとなっているものであり，鉄筋コンクリート打放し仕上げ（図(a)）などが相当する。また，壁体に直接仕上げをするもの（図(b)）があり，鉄筋コンクリートのモルタル仕上げなどが相当する。小舞壁に仕上げ塗りをするものも同様である。さらに，鉄筋コンクリートの壁体の表面に胴縁などの下地を組んで仕上げをすること（図(c)）もある。

　このように，壁の構成方法には，様々なタイプのものがある。

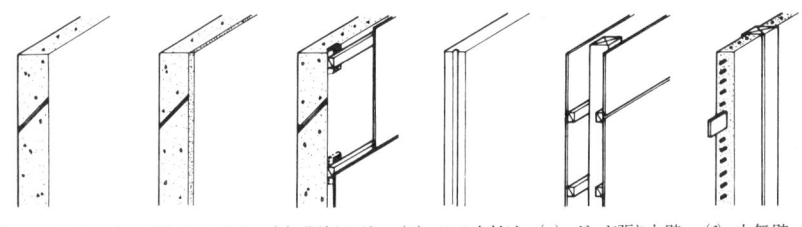

(a) コンクリート　(b) モルタル　(c) 胴縁下地　(d) ＡＬＣ吹付け　(e) ボード張り大壁　(f) 小舞壁
　　打放し　　　　　仕上げ

図3・46　壁体と壁仕上げ

(2) 大壁と真壁

　柱梁の間に設けられる壁については，柱と壁の厚さおよび双方の面の位置関係によっていろいろな場合がある。鉄筋コンクリートの場合は，図3・47の①が標準であるが，壁の心を梁の心とずらして，梁型を消す場合(②)や，壁の面を柱の面に合わせて片面を平らにする場合(③)などがある。また，

心をずらさずにコンクリートをふかして打つ場合もある．木造軸組構法では，壁厚が薄くて柱より壁面が引込む場合と，壁が柱より厚くて壁仕上材で柱を隠してしまう場合がある．前者は真壁（④），後者は大壁（⑤）と呼ばれる．

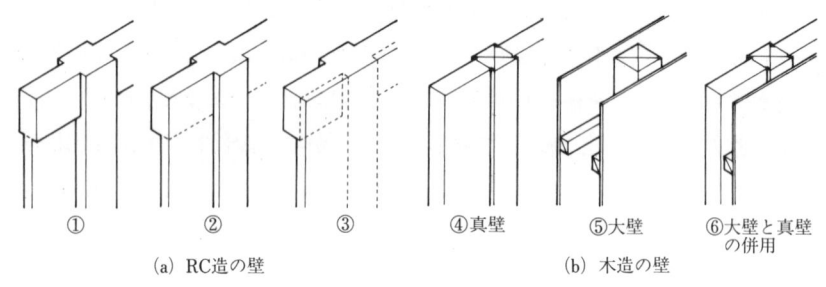

　　　① 　　　② 　　　③ 　　　④真壁　　⑤大壁　　⑥大壁と真壁の併用
　　(a) RC造の壁　　　　　　　　　　(b) 木造の壁

図3・47 柱と壁の位置

真壁は，伝統的には竹を下地に用いた小舞壁として作られていたが，現在はボード状の下地材を用いて，真壁を構成することも多い．

木造真壁構法は，柱が常に室内外の空気にふれているため防腐上は好ましいが，筋かいを入れにくいなどの問題点がある．大壁は柱が隠れるため，柱材に上等のものを用いないでもすみ，仕事も楽であるが，壁体内の結露などに注意しなければならない．

3・3・3　湿式壁

(1) 湿式壁の種類

湿式壁工法は，継ぎ目のない広い面を構成することができ，厚さの寸法調整も容易である．しかし，施工に熟練を要することや，下地・仕上げの乾燥に時間がかかる，収縮亀裂が生じやすいなどの欠点がある．湿式壁は，塗壁と呼ばれることもあり，左官工事によって造られる．

仕上げ材料としては，モルタル・プラスター・しっくい・繊維壁などが用いられる．近年になって，珪藻土が用いられることが多くなっている．大部分の材料は，左官下地面の上に塗られるか，もしくは他の材料の上に仕上げ塗として重ねて用いられる．それらに対し，土壁は下地として小舞を用いるが，土壁自体が小舞をはさんで両面一体の壁となって仕上がるので，他の湿

式材料とは構成方法が異なっている。

湿式材料の施工方法としては,こてを用いて塗って仕上げるものと,吹き付けるもの(リシン・吹付けタイルなど)がある。

(2) 塗壁の下地

鉄筋コンクリートの壁やコンクリートブロックの荒れた表面は,そのままモルタル塗などの下地となるので,特に下地を組まなくてもよい。ただし,鋼製型枠などで表面が平滑に打ち上がっている場合は,塗壁の下地としては好ましくない。逆に粗面であっても,精度の悪いコンクリート面は凹凸をモルタルで吸収しようとすると,必要以上にモルタルの厚い部分ができて好ましくない。

木造住宅の壁をモルタル塗壁とする場合には,下地となる面をつくらなくてはならない。幅10〜12cm程度の板を柱と間柱に目透し張りに打ち付け,その上にアスファルトフェルト(防水紙)を介して,メタルラスもしくはワイヤラスを打ち付けたものが多く用いられていたが,現在では,合板などのボード状の材料を用い,その上にラスを打ち付けることが多い。

ボード状の材料は,剛性が高く,木造躯体の耐震性にとっては優れた構法となるが,透湿抵抗が大きな材料の場合には,内部結露に注意しなくてはならない。ラスは,モルタルを保持するとともに亀裂を防ぐことに役立っている。下地面を構成する材料の表面がそのままモルタルを

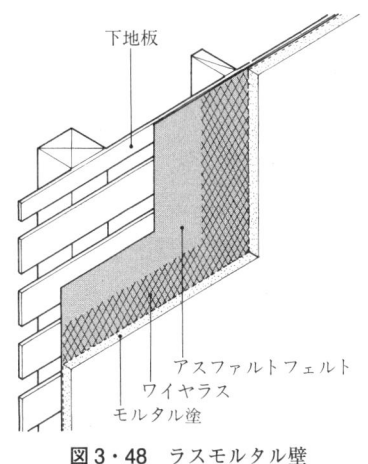

図3・48 ラスモルタル壁

保持することができれば,ラスは必要がない。例えば,木毛セメント板・硬質木片セメント板などの下地材は,直接モルタルを塗り上げることが可能である。合板の上に特殊加工をして,直接モルタルを塗ることができるような製品も市販されている。

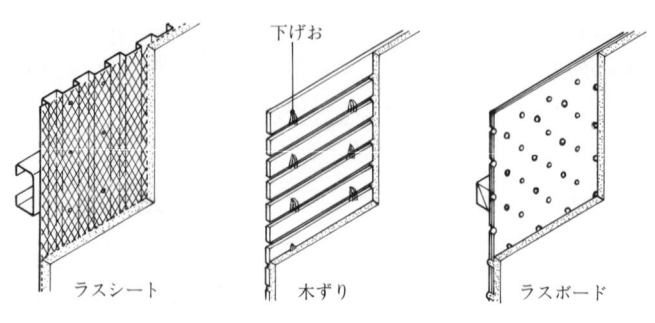

図3・49　各種の左官下地

仕上げ材がプラスターやしっくいの場合には，従来は木ずりを下地に用いた。木ずりとは，幅3cm程度の板を5mm程度の間隔をあけて打ち並べたもので，しっくいがすきまから一部裏面に廻り下地にしっかりと固着する。しっくいや繊維壁では，現在ではせっこうラスボードが下地として多く使用されている。せっこうラスボードとはせっこうボードに多数の孔をあけたもので，躯体には他のボード類と同様の方法で取り付けられる。なお，せっこうボードに用いられている原紙はせっこうプラスターとの付着がよく，直接施工できる。

(3) 小　舞　壁

小舞壁は日本の伝統的な壁構法であり，多くの場合，真壁として施工される。

熱容量が比較的大きいという特徴がある。下地は，木造軸組の貫と平行および直角に太めの間渡し竹を入れ，端部を柱にあけた溝に差し込んで固定し，これに格子状に竹を添わせ，縄で組んでつくる。この竹を小舞竹という。この小舞に両側からすさを混ぜた泥土（荒木田土など）を塗り，荒壁をつくりあげる。上塗としては聚落壁・砂壁・繊維壁・しっくいなどが用いられる。

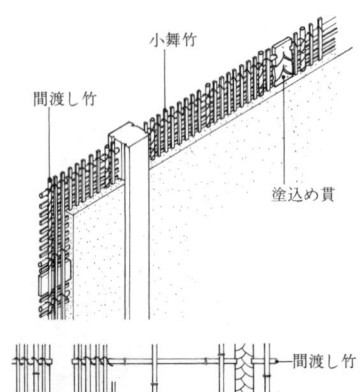

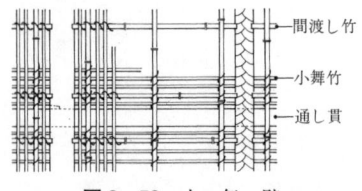

図3・50　小　舞　壁

(4) 散りと目地

真壁では壁面が柱面より後退している。これは塗壁の場合に，ごく自然な納め方である。塗り終わりを見切材と同一面にすることは，施工に高い精度が要求され，乾燥後も境界が安定しないため，特別な場合（「はっかけ」の納まり）などを除いて行われない。真壁の柱面との差を散りと呼んでいる。ていねいな仕事では，図3・51のように柱に溝を切り，これを「散りじゃくり」という。塗壁の端部がこの散りじゃくりの中にはいり込むように仕上げる。壁が収縮してもすきまが見えないようにしたものである。

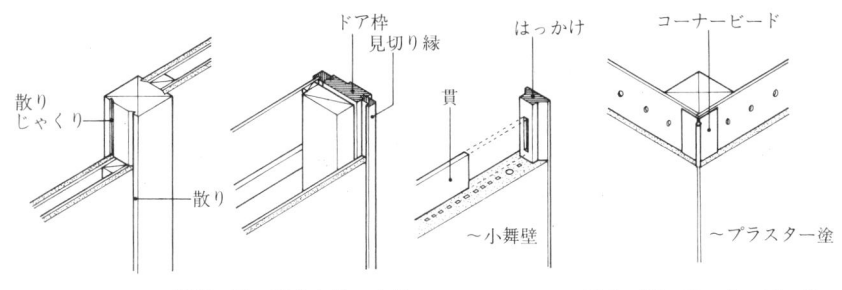

図3・51 散りとはっかけ 　　図3・52 コーナービード

壁の出隅部分は，物が当たったりして傷がつきやすい。特に塗壁の場合には欠けやすく，施工時に角を通すためもあって，コーナービードを埋め込むのが一般的である。

湿式壁は多くの場合，乾燥するに従って収縮が起こり，亀裂を生じやすい。亀裂を防ぐために網目状や繊維状のものを塗り込めるほか，亀裂を集中させるために目地を切っておくことなどが行われる。また，何回かに分けて重ね塗をするが，下塗が十分乾燥し，亀裂がはいってから次の層を塗ることが大切である。左官仕上げは必要以上に厚く塗らないことも重要である。

3・3・4 板張壁
(1) 下見板・羽目板

合板や各種ボード類が多用されるようになる以前は，一般に用いられる板材の幅は限られており，幅方向に何枚もつないで面を構成していた。これを

"は(矧)ぎ"と呼び，本実(ほんざね)，樋部倉(ひぶくら)，相じゃくりなどのはぎ方がある．外壁に板材を用いる場合には，この接合部の雨仕舞が問題となるので，板を横に用いて重なりをとることが多い．このような構法を下見板張と呼んでいる．

本実　　　　相じゃくり　　　　目板

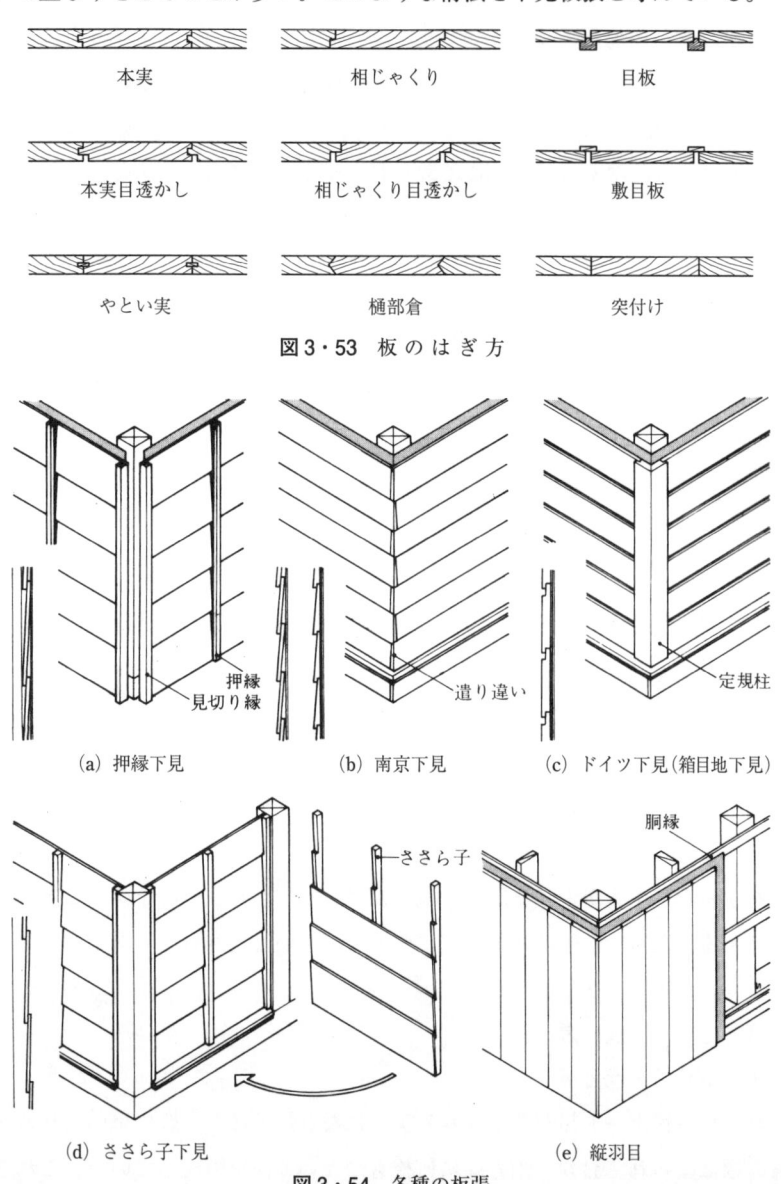

本実目透かし　　相じゃくり目透かし　　敷目板

やとい実　　　樋部倉　　　　突付け

図3・53　板のはぎ方

(a) 押縁下見　　(b) 南京下見　　(c) ドイツ下見(箱目地下見)

(d) ささら子下見　　(e) 縦羽目

図3・54　各種の板張

下見板には，20～30cm 幅の薄板を柱・間柱に打ち付け，細い棒で押え付けた押縁下見，15cm 内外の幅の板を用いた南京下見（上等な仕事では長押挽きという台形断面の板を用いる），箱目地の相じゃくりとしたドイツ下見などがある。土台と取り合う部分に雨押えを当て，下から張り上げるのが一般的である。

伝統的な構法としては，ささら子下見がある。小舞壁の腰部分を保護するためなどに用いられる。階段状に切れ目を入れた押縁（ささら子）にあらかじめ裏側から板を打ち付けたもので，柱と柱の間にはめ込む構法である（図 3・54 の(d)）。表側から釘が見えない一種のパネル化構法ということができよう。

この種の構法を内壁に用いる場合は，表面が斜めになって段がつくのをきらうため，本実，相じゃくり，敷目板などのはぎ方が用いられる。横に用いたものを横羽目，縦に用いたものを縦羽目と呼んでいる。また，伝統的な洋室の壁では上半分を塗壁とし，下半分に板張を用いることが多く行われ，腰羽目と呼ばれる。縦羽目には横に掛け渡した下地材が必要であり，胴縁が用いられる。

(2) **合板・ボード・パネル張り**

合板・ハードボード・せっこうボード（プラスターボード）・フレキシブルボード（繊維補強セメント板の1種）などは，1枚で覆うことのできる面積が大きく，近年多用されている。ボードの接合部には隙間ができないようにする工夫が必要であり，目板張り・敷目板張り・目透し張り・ジョイナーを用いた接合などが行われる。目地が表面に現われる場合には，意匠・施工の点からボードの割付けを考えなくてはならない。クロス貼りの下地などでは突付けとする。また，せっこうボードには，端部がテーパー加工されていて，目地をパテで処理して接合部の表面を平滑にするものもある。

合板・ボード張りの下地としては，間柱・胴縁を 45cm ほどの間隔に格子状に組んだものを用いる。ボードの接合部には必ず胴縁がくるようにする。ボード類がドア枠・額縁などで見切られる部分では，散りじゃくりと同様に溝を切っておき，ボードの端を差しこんで納める。

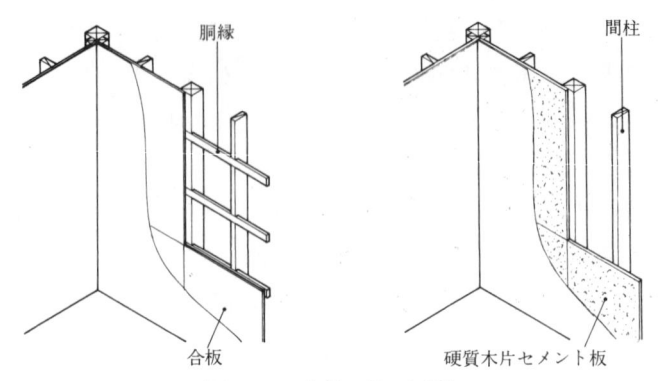

図3・55　各種のボード張り

　剛性の高いボード類であれば，胴縁を組む必要はなく，間柱などに直接固定することが可能である。木毛セメント板・硬質木片セメント板などはこのようにして使われることが多い。鉄骨造の場合には，チャンネル材などの胴縁に直接取り付けて使用される。

　戸建住宅の外壁には，窯業系サイディングと呼ばれるボード状の材料が多く用いられている。下見板やタイル張りのように見せた意匠のものが多いが，化粧の目地をつけたものである。仕上げ材と防水シートとの間に通気を取り，透湿性のある防水シートを用いる構法が増えてきている。

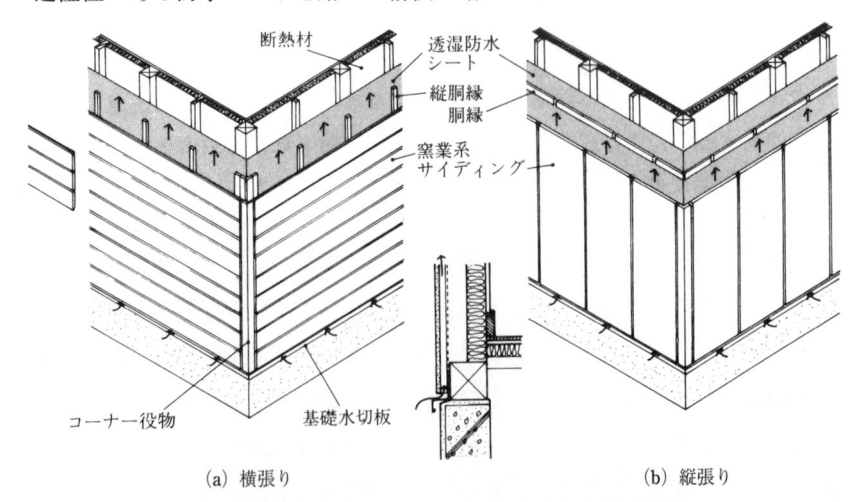

(a) 横張り　　　(b) 縦張り
図3・56　窯業系サイディングの乾式工法（通気構法）

3・3　壁　　183

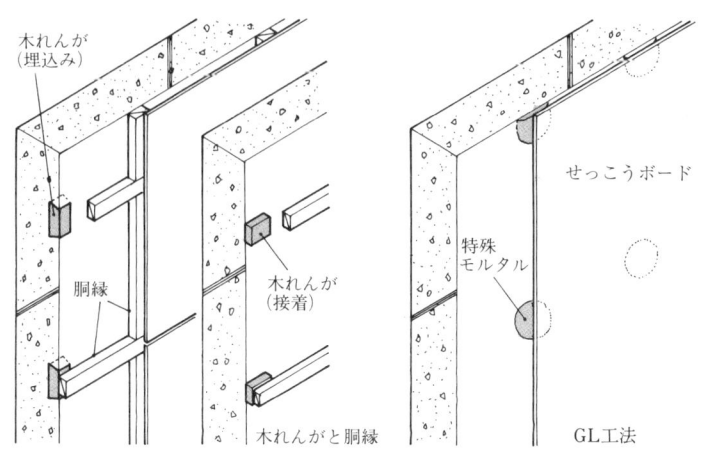

図3・57　鉄筋コンクリート造の壁下地構法

(3) **鉄筋コンクリートのボード張り仕上げ**

　鉄筋コンクリート壁体にボードや板張り仕上げをする場合は，胴縁を用いる。胴縁とコンクリートを接合するためには，木れんがと呼ばれる木材の小片を用いる。かつては台形に加工してコンクリートに打ち込んでおいた。現在は，接着剤で張り付け，その上に胴縁を釘打ちするのが一般的である。せっこうボードなどでは，胴縁を用いずにだんご状の特殊モルタルを用いて，タイル張りのように直接コンクリート面に張り付ける工法も用いられている。

3・3・5　タイル・石張り

(1) **タイル張り**

　コンクリートは，そのままでモルタル塗の下地となる。

　陶磁器タイルは，モルタルやセメントペーストで直接張り付けることができる。コンクリートの保護という点ではタイル張りは好ましいが，不完全な施工では剥落などの危険性も多い。先付け工法といって，タイルを型枠に組み込み，コンクリートを打ち込む工法も開発されている。コンクリートとタイルが直接接合されるので強度は高いが，手直しがきかないので，ずれないように施工には注意がいる。型枠の締付けなどにも工夫が必要である。タイルを先付けした薄肉 PCa 版が型枠の代用となる工法も開発されている。

図3・58 タイル張り工法

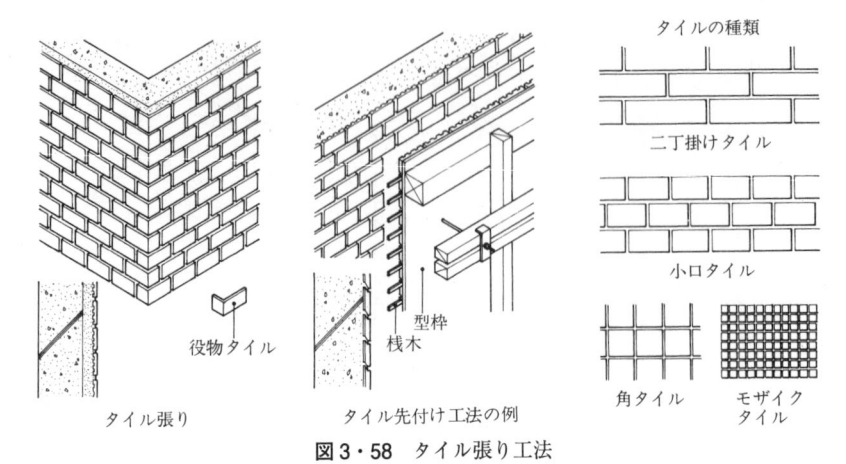

タイルを寒冷地で外壁に用いる場合には，凍害が起きないよう吸水率の低いものを選ばなくてはならない。木造にタイル張りを行う場合は，ラスモルタルを下地とするのが一般的であったが，現在は，内壁の場合，耐水せっこうボードに接着剤で貼り付けることが多く，外壁の場合は，特殊なモルタルで貼り付けたり，金属の下地を用いて取り付ける。

(2) 石 張 り

石張りはタイル張りとほぼ同様の構法であり，花こう石・安山岩（鉄平石など）・凝灰岩（大谷石など）・大理石などの，ひき石や割石が用いられる。重量があるため，引金物（控え金物）・ダボピン・かすがいなどを用いて，壁体に埋め込まれた鉄筋と接合し，モルタルを裏込めする（図3・59(a)）。近年はモルタルを裏込めしない乾式工法によることも多い（図(b)）。

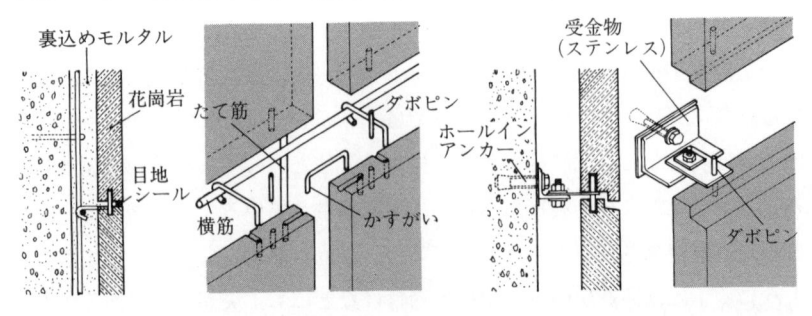

(a) 湿式工法　　(b) 乾式工法

図3・59 石張り工法

3・3・6 貼り仕上材

合板・ボード類は，突板合板・化粧ボード類のように，そのままで仕上げとなっているものもあるが，塗装を施したり，貼り仕上げをしたりするものが多い。仕上材としては，紙を裏打ちした麻などのクロス類・ビニルクロス・和紙・壁紙などが用いられる。下地の合板・ボードに用いる釘は，錆の出ないものとしなくてはならない。これらの貼り仕上材は，モルタル金ごて面などの平滑面にも貼ることができる。

3・3・7 打放し・はつり

コンクリート面をそのまま仕上げとしたものが，打放し仕上げである。コンクリートそのものの力強さなどが表現される。型枠を選ぶことにより異なった表情を得ることができるが，施工後の修正が困難であるので，施工は入念に行わなくてはならない。打放し仕上げは，鉄筋コンクリートの耐久性・雨仕舞の点からは欠点も多い。保護のための塗装が行われることもある。コンクリートの表面を削って，はつり仕上げとすることもある。

3・3・8 帳　　壁

(1) **非耐力外周壁**

高層建築物では，外周壁が躯体から切り離されて，工業製品化されたカーテンウォールが採用されることが多い。このようなカーテンウォールと並んで代表的な帳壁が，ＡＬＣ版[1]による壁（図3・60）である。鉄骨造での利用が多く，地震時の層間変位への追従には工夫が必要である。また，開口部枠との取合い部分は，雨仕舞上の弱点となるので注意を要する。押出し成形セメント板や，コンクリートブロックによる帳壁も同様である。

ガラスブロックによる壁（図3・61）は，光を拡散する機能があり，断熱性・防火性にも優れた構法で，20世紀の初めから用いられている。変形しにくく，周辺に力が加わるとひび割れが生じやすいので，耐震上の注意が必要な構法である。

---

[1] Autoclaved Light-weight Concrete の略

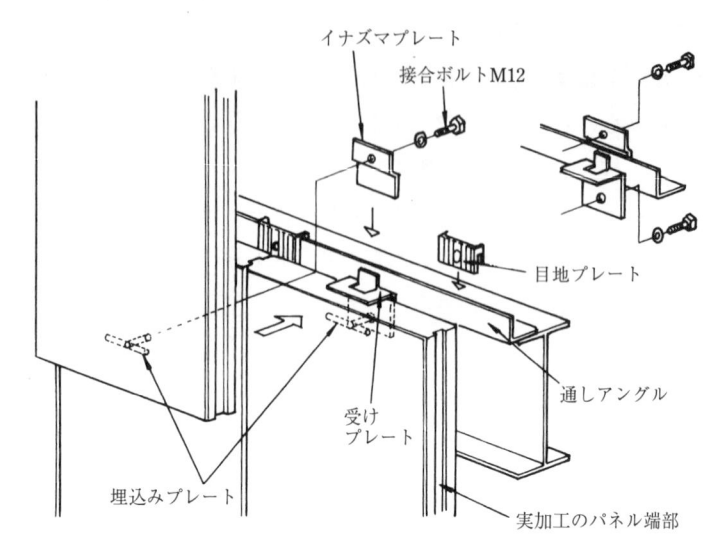

図3・60　ALC版による壁

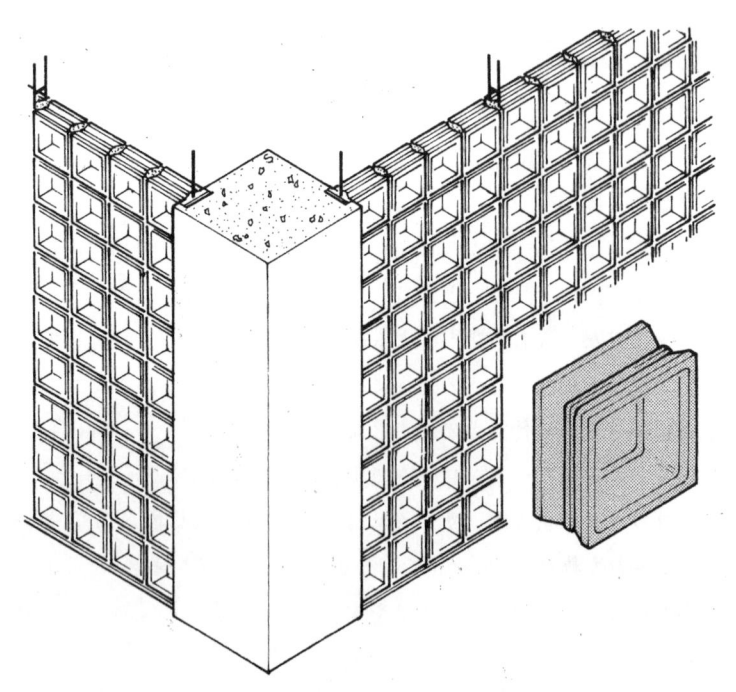

図3・61　ガラスブロックによる壁

(2) 非耐力間仕切リ

ＡＬＣ版・コンクリートブロックは，間仕切りとしても多用されており，耐火性能を期待できるので，階段室を取り囲む壁などにも使用される。押出し成形セメント板なども同様に用いられる。

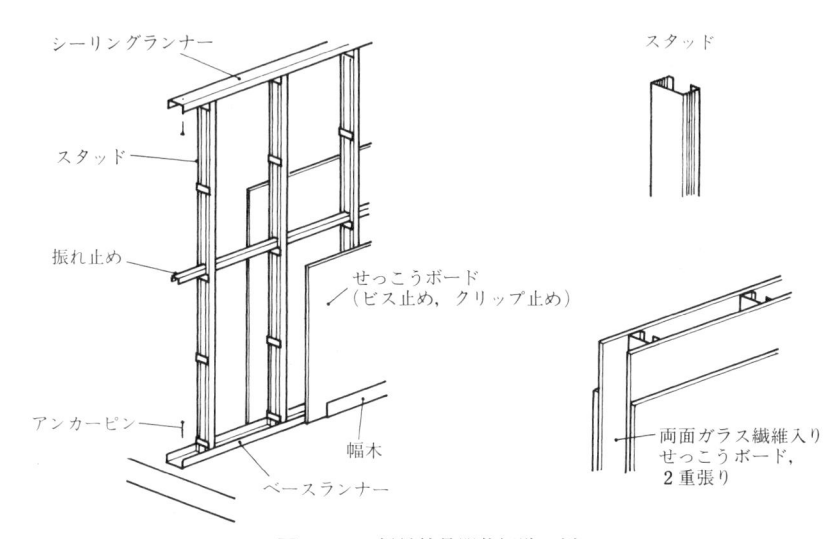

図3・62　軽量鉄骨間仕切壁の例

軽量な間仕切りに軽量鉄骨を下地としたボード壁が用いられることが多い。下地の鉄骨は専用のものがつくられ，固定間仕切りの構法として製品化されている。遮音・耐火などについても優れた性能をもつものが用意されている。層間変位を吸収するようにボードの取付け方が工夫されたものもある。

(3) 可動間仕切リ

事務所建築などでは移設可能な間仕切りが用いられることも多い。使用者の組織構成の変化，貸ビルにおけるテナントの交替などに対応できるよう，広い均質な執務空間を，可動間仕切りで仕切る建物が増えている。天井面を作った後に，その下に取り付けられることが，可動でない間仕切りの構法と本質的に異なっている。既製品化されているものが多く，ものによって移設の容易さも異なっている。

構成方法としては，パネルタイプとスタッドタイプに大別される。パネルタイプは，1枚1枚のパネルがそれぞれ天井と床に固定されるもので，ある程度の遮音性が得やすい。直線部分の長い配列に適している。表面材には，スチール・アルミニウムなどが用いられる。スタッドタイプは，アルミニウム・スチールなどでできたスタッドを立て，その間にパネルをはめ込むものである。スタッドとパネルの関係は，木造住宅の江戸間[1]の柱と壁の関係と同じである。

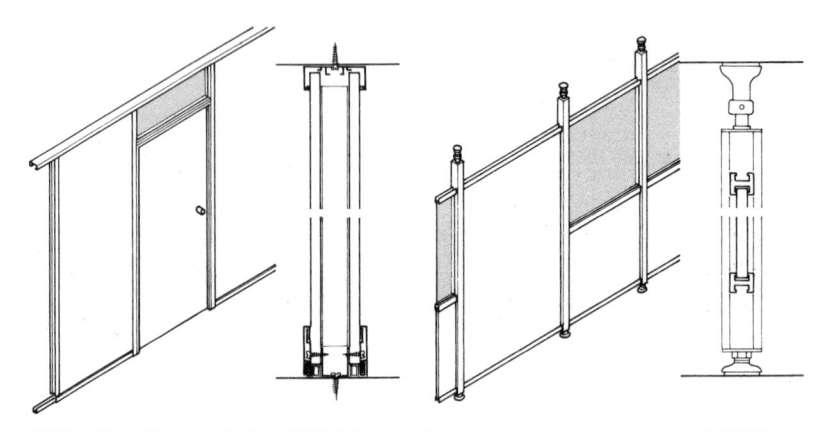

図3・63 パネルタイプの可動間仕切り　　図3・64 スタッドタイプの可動間仕切り

上下が開放された使い方もある。このほかに，片面ずつパネルになったものを組み合わせて用いる形式のものがある。両側の仕上げを変える場合に便利であるが，ビスの頭を見せないためには接合方法に工夫が必要である。

3・3・9　カーテンウォール
(1) **機能と考え方**

カーテンウォールは，19世紀後半のシカゴの高層建築物などに，その起源をみることができる。鉄骨造という当時の新しい構造躯体の出現によって，

---

1) 248ページ参照。

それまでの荷重を支える組積造の壁と異なり，非構造部材によって壁を構成できるようになったことによって生み出され，自由なファサードをつくりたいという近代建築の理念によって展開されたものである。第二次世界大戦後，工業製品化された外周壁として急速に発展し，今日に至っている。

　カーテンウォールを用いる目的には，まず軽量化がある。構造躯体の負担を軽減することは，超高層ビルの建設にとって極めて有利である。

　プレファブリケーションも，その主要な目的である。プレファブリケーションにより危険な高所での作業が減り，工事中に高層階へ運ぶ作業員を減らすことができる。工期が短縮されることや仮設足場が不要となることもプレファブリケーションのメリットである。

　工業製品化された部材を用いることにより，品質の安定化をはかることも可能となる。この背景には，大規模な建築物の外周壁では，これを構成する部品の数がかなりまとまるということがある。また，カーテンウォールを専門にする業者が成立することにより，技術が蓄積されていくことも重要である。こうして製作されるカーテンウォールは，一般の外周壁に比べ，各種の性能が明確に把握されて設計され，生産されている。

　なお，日本で超高層建築物を建設する場合には，層間変位追随性のあるカーテンウォールを採用し，耐震性能を高めることが不可欠である。

(2) **分　　類**

　カーテンウォールは主材料によって，金属系・プレキャストコンクリート系・複合系に分けられる。また，構成方法による分類（図3・65）も可能である。オーダーメイドによるものと標準的に用意されたものがあるが，大規模な建築物のカーテンウォールは，ほとんどがオーダーメイドである。これは，外周壁は建築物の顔であり個性の表現が要求されるからであり，製作量がまとまることがそれを可能にしている。なお，金属系の場合は，オーダーメイドでも既製の断面の部材を組み合わせてつくることが多い。

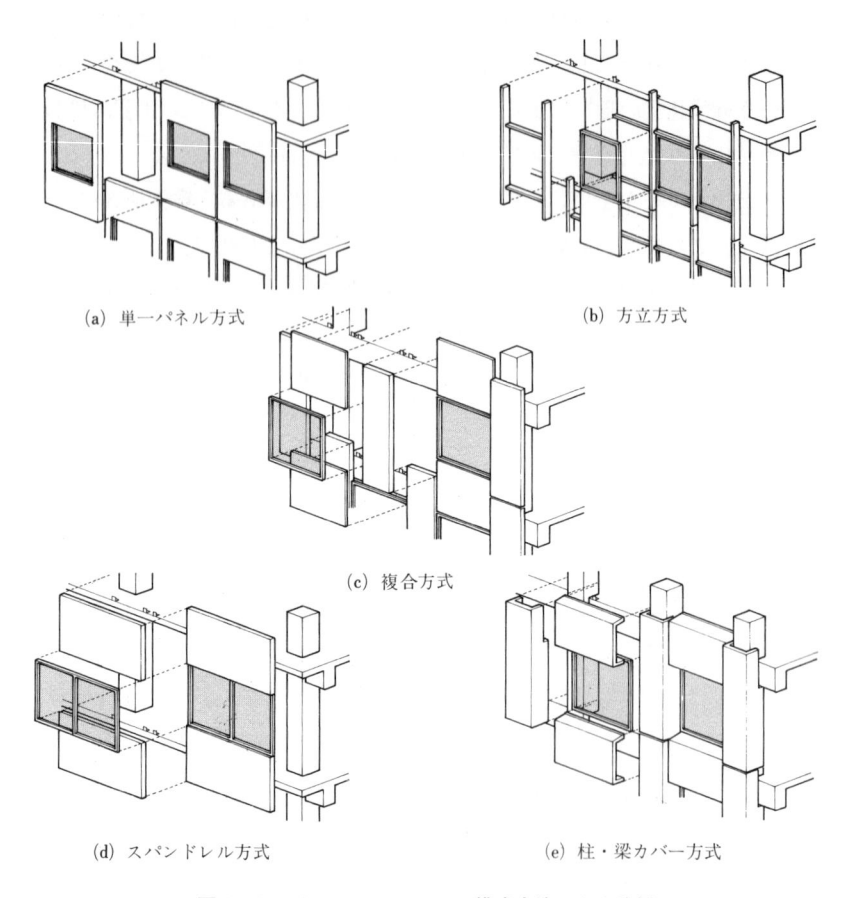

(a) 単一パネル方式
(b) 方立方式
(c) 複合方式
(d) スパンドレル方式
(e) 柱・梁カバー方式

図3・65 カーテンウォールの構成方法による分類

(3) 金属カーテンウォール

　金属系材料としては，アルミニウム・スチール・ステンレス・ブロンズ・耐候性鋼などが用いられる。特にアルミニウムは押出しや鋳造により自由な形状を得やすく，その製造法はカーテンウォールの発展と密接な関係にある。

　構成方法には，大別して方立方式とパネル方式とがある。方立方式は，構造躯体の床もしくは梁に，マリオンと呼ばれる細い方立材を一定間隔に接合する。このマリオンの間にサッシ・ガラス・スパンドレルパネルをはめ込んで外周壁が構成される。このような現場で組み立てる施工方式は，ノックダ

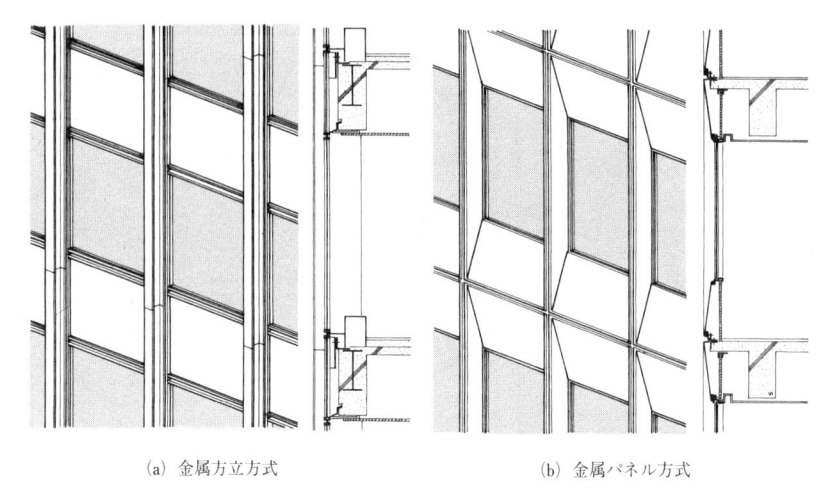

3・3 壁　191

(a) 金属方立方式　　　　　　　　(b) 金属パネル方式
図3・66　金属カーテンウォール

ウン方式と呼ばれる。マリオンは，壁面が受ける風圧を構造躯体に流さなくてはならない。上下の床と床の間に掛け渡しているのでH形断面や口型断面のものが用いられる。方立方式は地震時の層間変位を吸収しやすいが，マリオンが日射などの熱により膨張・収縮するので，そのための"逃げ"が必要である。

　パネル方式は，高さ1層分のパネルを上下左右に並べる方式であり，現場で取付けと目地の処理が行われる。パネル部分の性能は設定したものを確保できるが，目地部分が弱点となりやすい。

　カーテンウォールの設計の際には，ガラスの清掃方法も考慮しなくてはならない。ゴンドラのレールを組み込むのが一般的である。

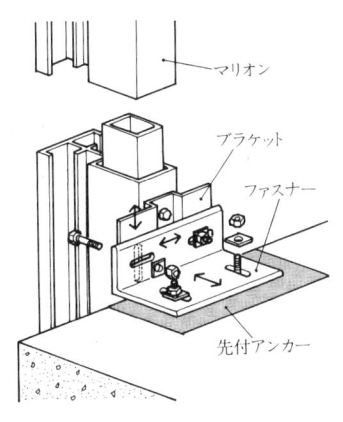

図3・67　方立方式のファスナー例

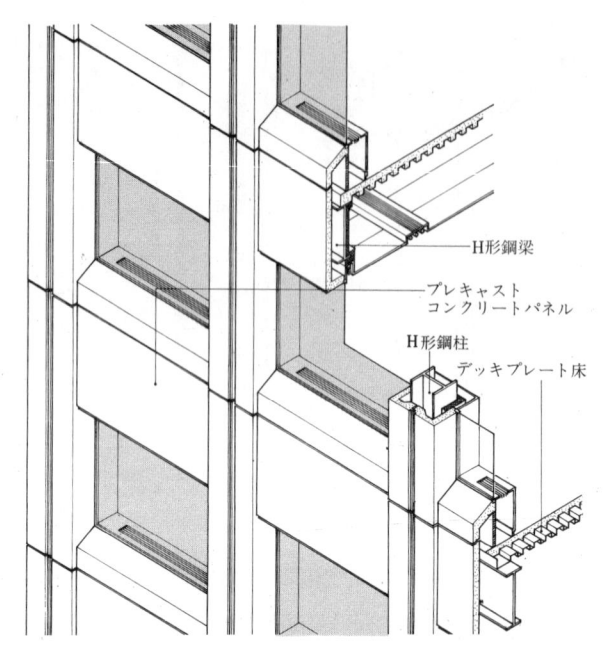

図3・68 プレキャストコンクリートカーテンウォール

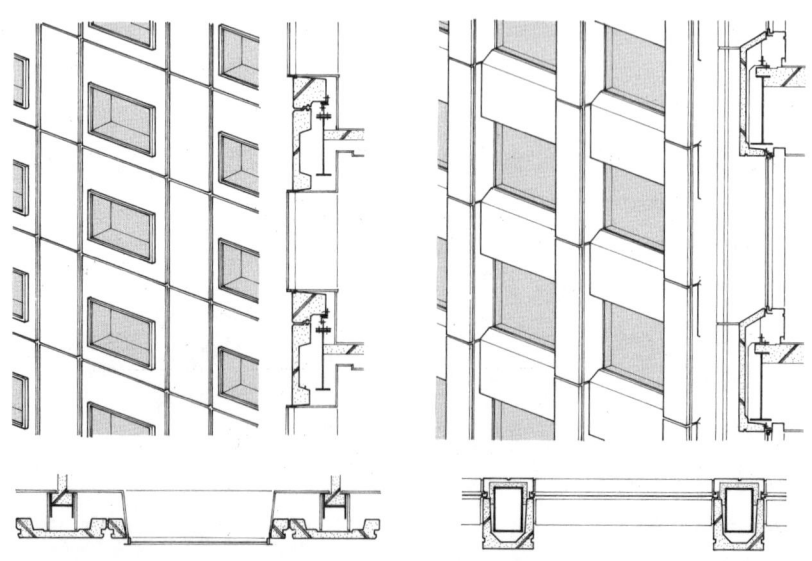

図3・69 ＰＣパネル方式のカーテンウォール

図3・70 ＰＣ柱・梁カバー方式のカーテンウォール

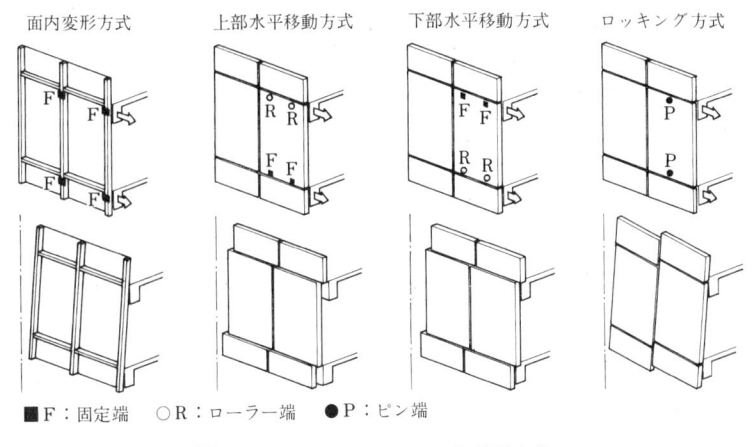

図3・71　カーテンウォールと層間変位

(4) プレキャストコンクリートカーテンウォール

　プレキャストコンクリートのカーテンウォールは，軽量化という点では金属系に劣るため，かなり遅れて登場した。外観に重量感を与え，彫りの深い表情を得ることができる構法である。特に我が国では，金属系に比べて価格がそれほど高くないので，高層建築物にも多く用いられている。遮音性などの性能が良いことが特徴で，耐火性があるため，Ｓ造の耐火被覆の一部とすることも可能である。構成方法はパネル方式が主流であるが，スパンドレル方式・柱梁カバー方式なども用いられる。柱梁カバー方式は，狭い意味でのカーテンウォールとはいえないが，彫りの深い窓をつくることができるので実例も多い。

　プレキャストコンクリートパネルは面内剛性が高いので，躯体の層間変位に追随しうるような工夫が接合部に必要である。上下どちらかを構造躯体に固定し，他をローラー接合とするスライド方式と，上下をピン接合としたロッキング方式の2つの考え方がある。接合に用いられる金具をファスナーといい，その機構にはいろいろなものが考案されている。ルーズホールを用いてボルト接合したもの，鋼材の弾力性を利用したものなどがある。

3・4 開口部・建具

3・4・1 開口部・建具に関する名称

　壁・屋根などの部位に設けられる窓・出入口・トップライトなどを総称して開口部という。開口部には，出入口の戸のように可動性をもたせるものと，光は通すが空気は通さないガラスのような選択的透過性のある材料を用いるものとがある。障子に使われる和紙などもそのような材料である。窓は一般に，光を通すために選択的透過性のある材料を用い，さらに通風・清掃などのために可動性を利用している。はめ殺し窓（FIX）は可動性がないが，光を通す材料を用いているという意味で開口部の一種である。

　引戸（障子）や開き戸などの可動部分は，建具と呼ばれるが，建具という言葉は枠を含んで使われる場合と，枠を含まずに中の可動部分だけをさす場合とがある。木造真壁の場合には枠がなく，柱と敷居・鴨居で開口部が構成され，中に障子が建て込まれる。この場合の建具とは障子（ふすまを含む）をさし，敷居・鴨居は含まない。はめ殺し窓の場合には，枠を用いずに鉄筋コンクリートなどの壁体に直接ガラスをはめ込むこともある。

　材料によって開口部の構法を分類すると，木製建具と金属製建具に大別される。寒冷地などでは，合成樹脂を用いることもある。木製の場合には，枠と可動部分とは別々に製作されることが多く，枠は大工，可動部分は建具職や経師職と，異なる職種が分担する。これに対し，金属製の場合には一体として製作され，専門職が製作する。ただし，最近は枠と可動部分が一体に生産される木製建具も増えてきた。一般的な木製開口部の各部の名称を図3・72に示す。

　下部の水平材に関しては，真壁の場合は引戸が多く用いられるので，敷居が使われるのに対し，大壁の出入口には沓摺（くつずり）が用いられる。最近は，床に突出物が出るのを避けるため，沓摺を用いないことが多いが，気密性は低下する。大壁の窓では下枠と膳板が用いられるが，膳板は額縁で代用することが

多い。また，額縁を使わずに，幅の広い枠材を用いることもある。

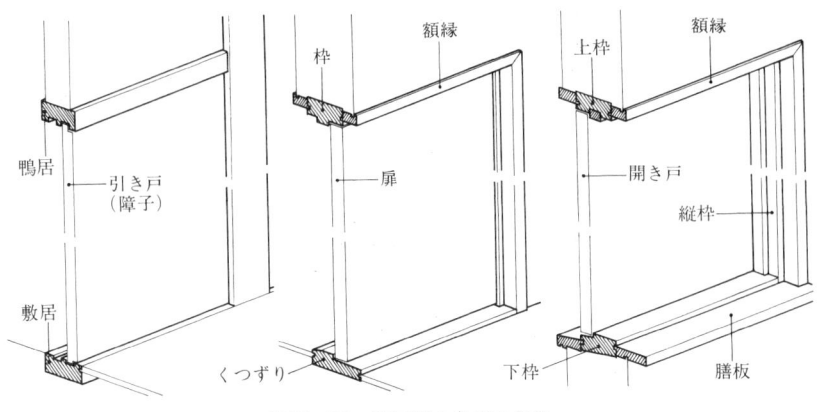

図3・72 開口部の各部の名称

3・4・2 外部開口部

(1) 機能と性能

外周壁における開口部の機能は，壁体の一部から遮断性を取り除いてさまざまな因子を透過させることである。しかし，穴をあけただけの全くの開け放しという例は少なく，望ましい屋内環境を得るために，建具・ガラスなどによって遮断と透過を適当に調整している。この両者は相反する要求となる場合も少なくない。例えば玄関の扉は，防犯という観点からは人が通りにくいほうが望ましいが，災害時の避難という点からは逆の要求となる。窓を透過する光や熱に関していえば，冬の日ざしは採り入れたいが，夏の日射は遮断したい。また，外の景色は見たいが外からの視線は遮断したいという要求も当然ある。空気（換気・通風）に関しても同様であり，これらのために可動の建具を用いたり，カーテン・ブラインドなどを付加することが行われる。

開口部は建具の可動性のために，壁の部分より遮断性能が低下する。気密性は壁の場合にはほとんど考慮しなくてよいが，窓では重要な性能項目であり，熱環境に大きな影響を与えるとともに，遮音性とも関連が深い。開閉方式によって気密性などの性能は変わってくるが，枠と可動部分とを一緒に製作することで高い気密性が期待できる。なお，ガラス部分は，様々な遮断性

に関して性能が低く,問題となりやすい。金属製の場合には枠も断熱上の弱点となりやすい。また,ガラスの清掃性は,建具の重要な性能項目である。

(2) **開 閉 方 式**

図3・73に開口部建具の開閉方式を示す。平行移動と回転が動き方の基本形であるが,滑り出し窓のように両者を組み合わせたものもある。

はめ殺し窓と組み合わされた片引き窓は,ガラス外面の清掃が室内側からでは行えない部分が生じる。バイパス窓はこの欠点を解消したものである。外開きも清掃が困難であるが,横軸・縦軸回転窓は,室内からの安全なガラス清掃が可能である。引込戸は意匠上の理由から用いられることが多いが,壁内部の清掃が困難なので注意が必要である。

外開き窓は,雨仕舞が比較的容易であるが,風に対するあおり止めが必要である。滑り出し窓やジャルージーは,換気・通風に有効で,あおりに対する心配も少ない。外倒しの窓は雨仕舞が悪く一般的でないが,火災時の排煙専用窓などに使用される。

回転ドアは,空調したホール入口などに付けられるもので,出入り時の外気の流入を最小限に押さえ,風よけ室の代わりとなる。採用にあたっては,利用者が挟まれることがないよう,安全性に配慮されたものを選択しなくてはならない。

開き戸は,丁番などの軸となる側を吊元,反対側を手先という。窓の場合は開く方向により,外開き・内開きの区別があり,雨仕舞の点からは外開きが好ましい。ドアの場合の開き勝手は,平面計画上の条件から定められることが多い。避難経路に当たる開口部の開き戸は,避難の方向に開くようにしなくてはならない。なお,住宅の玄関ドアは日本では外開きがほとんどであるが,欧米では内開きが多い。日本では下足を脱ぐスペースが必要となることが一因であるが,このほか防犯性,壁体の厚さの違い,街路との関係など,様々な理由が考えられる。

3・4 開口部・建具 197

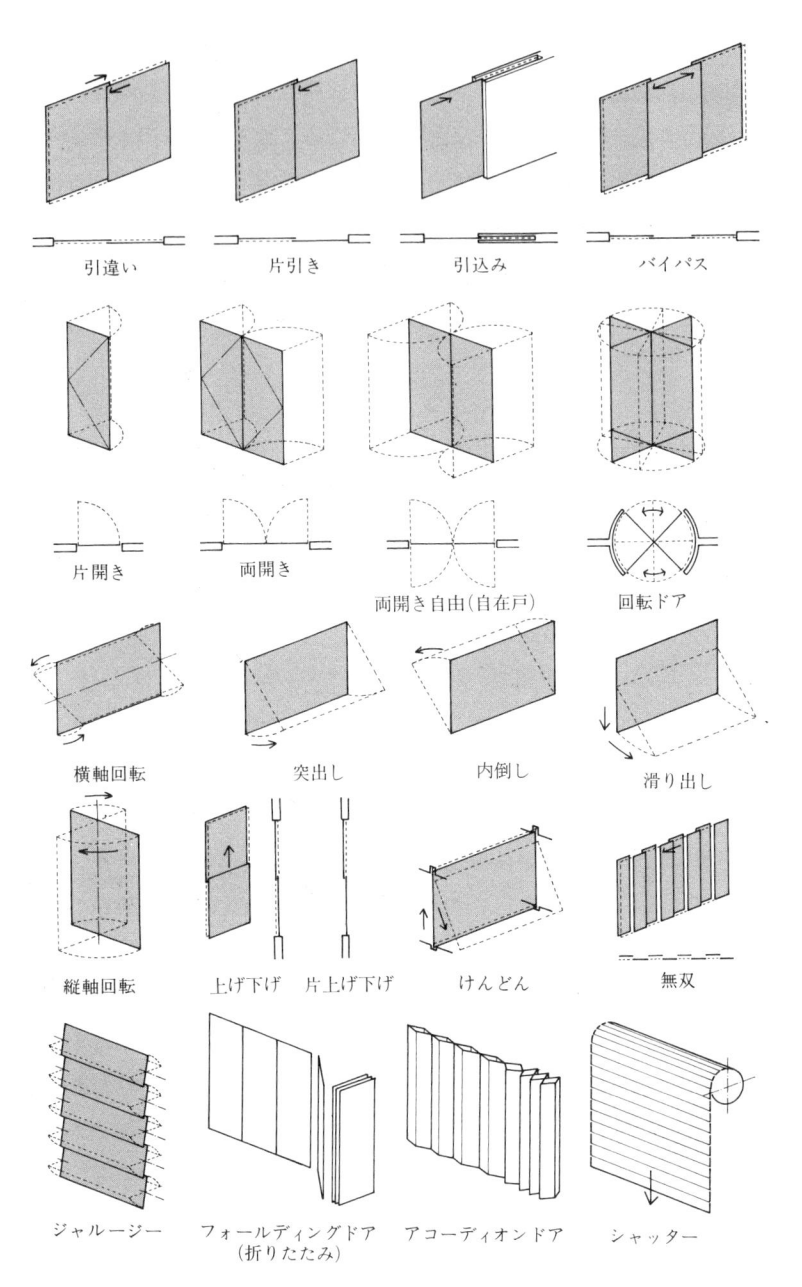

引違い　　片引き　　引込み　　バイパス

片開き　　両開き　　両開き自由(自在戸)　　回転ドア

横軸回転　　突出し　　内倒し　　滑り出し

縦軸回転　　上げ下げ　片上げ下げ　　けんどん　　無双

ジャルージー　　フォールディングドア(折りたたみ)　　アコーディオンドア　　シャッター

図3・73　開口部の開閉方式

(3) 雨仕舞と断熱

　外部開口部の建具まわりは，壁面に比べ，雨水の侵入に対して弱点となりやすいので，雨仕舞のための工夫が必要となる。垂直な部位の水平接合部の雨仕舞は，内外に高低差をつけ，雨水の動きが重力に支配されていることを利用し，内部に侵入しないようにするのが一般的である。ただし，雨水の動きには重力だけでなく，内外の圧力差，空気の流れ，接合部に水分が到達したときの運動エネルギー，毛細管現象などによる動きが加わるので，これらにも対処しなくてはならない。

　図3・74は，木製外開き窓の典型的な断面図である。強風時の室内外の圧力差はかなり大きく，運動エネルギーが加わると水だれ勾配だけでは室内へ多量の雨水が吹き込まれる。そのため室内側を立ち上げるのを水返しという。毛細管現象の起きないよう水返しじゃくりをとるのが入念な設計である。

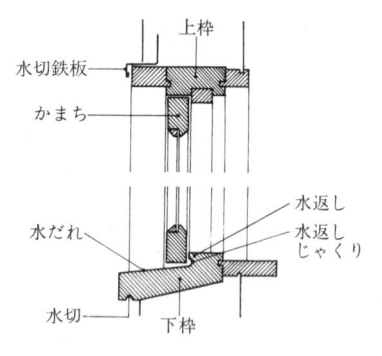

図3・74　開口部の雨仕舞（木製外開き窓）

　また，下枠の下面には，水が伝わって壁体内へしみこまないよう水切の溝をとる。上枠上部にも金属板などで水切板を設け，壁表面を伝わった雨水が枠上面から室内へ流れ込まないようにする。この場合，水切板は壁下地に用いられる防水紙（アスファルトフェルトなど）が外側になるように重ねなくてはならない。下枠には結露水を処理する工夫も必要である。ガラス窓は壁体より断熱性能が低く，結露を生じやすい。特に加湿を伴う暖房を行う場合は問題となる。図3・74の場合は結露水は外へ排出されるが，はめ殺し窓などでは水抜き孔をとるなどの対策を考えなくてはならない。複層ガラスを採用するとガラス面での結露はかなり防止できる。しかし，一般的な金属製建具では，枠部分がヒートブリッジとなり，結露をひきおこす。枠・框の外側と内側を切り離し，プラスチックな

どの絶縁材でつないで、この点を改良した、断熱サッシなどが開発されている。図3・75は、引違いの断熱サッシの例である。

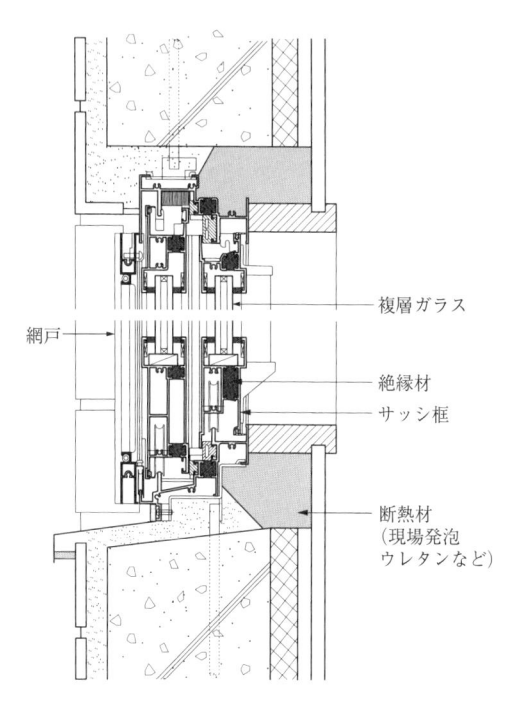

図3・75 開口部の雨仕舞（引違い断熱サッシ）

3・4・3 開口部の構成方法
(1) **壁体と建具枠**

開口部の構成方法には、壁体の材料と建具の材料種別により、いくつかの組合せがある。図3・76(a)は、鉄筋コンクリートの壁体に金属製建具を入れる場合、図(b)は、木造大壁の壁体に木製の建具を入れる場合、図3・77は木造大壁の壁体に金属製建具を入れる場合である。

鉄筋コンクリートの壁体は、金属製建具との間に2～3cmの隙間があくように打設する。建具枠を正しい位置にセットし、アンカーを鉄筋に溶接し

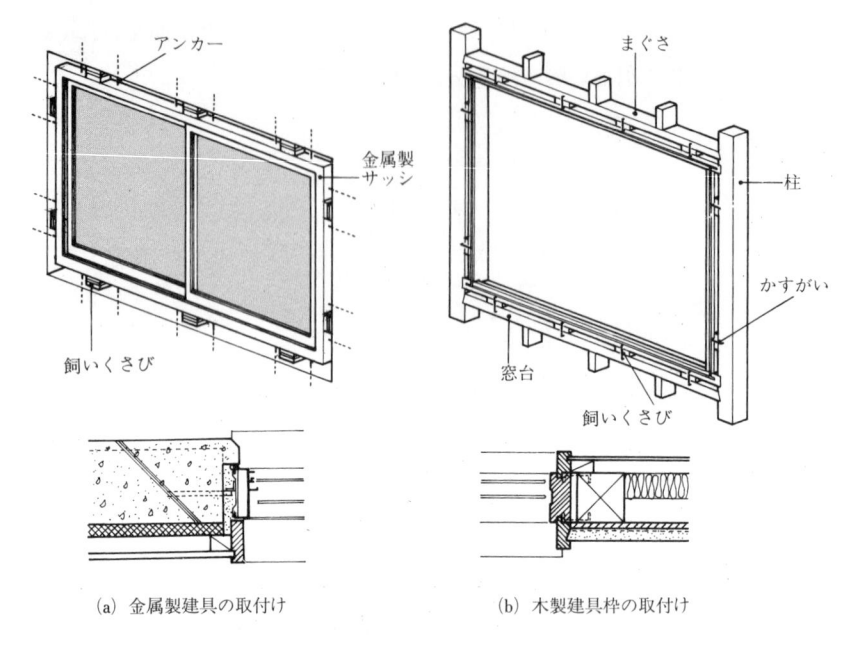

(a) 金属製建具の取付け　　(b) 木製建具枠の取付け

図3・76　枠の取付方法

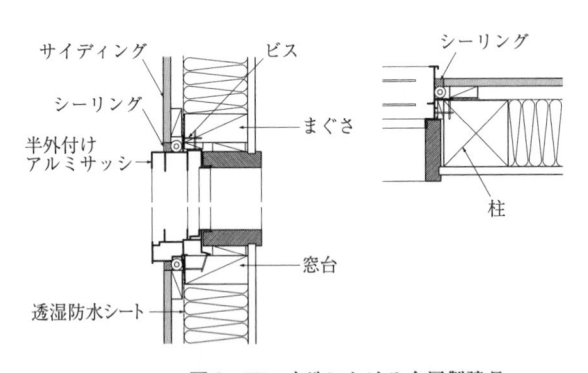

図3・77　木造における金属製建具

た後にモルタルを充填するのが一般的である。これを後付け工法というが，コンクリート打設前に建具枠を型枠にセットし，コンクリートを打ち込むことによってサッシと一体化する方式もあり，先付け工法と呼んでいる。先付け工法は確実に接合することができ，雨仕舞の点からも望ましいが，不具合

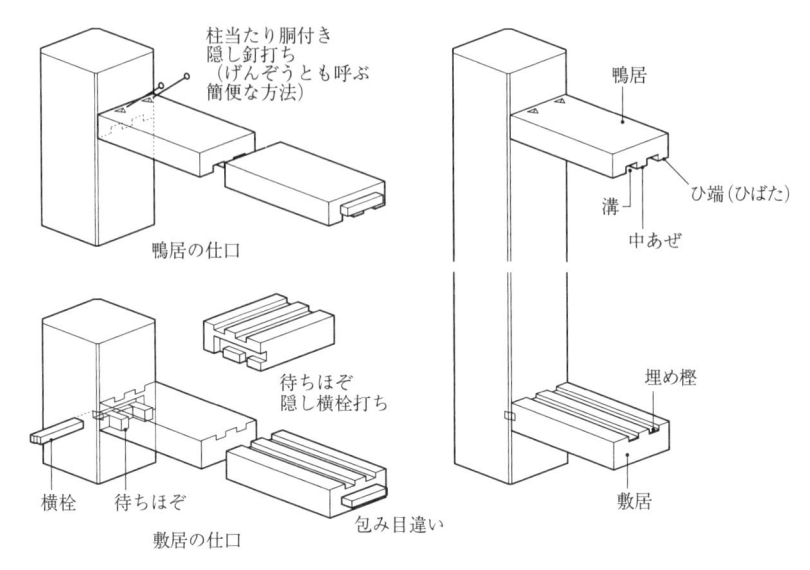

図 3・78　敷居・鴨居の取付方法

の修正が困難であり，施工には細心の注意を要する。また，サッシの取り替えもしにくくなる。木造大壁の場合は，加工した枠を柱・間柱・まぐさ・窓台で囲まれた部分に納める。多少の隙間をとって位置調整のための逃げとするが，鉄筋コンクリートの場合ほどではない。枠は開閉によって衝撃力を受けるので，柱などにしっかりと接合しなくてはならない。接合方法には，かすがいを用いるなど，いくつかの方式がある。

木造真壁の場合には，縦枠に相当する柱が建前時に組まれてしまっているため，その間に敷居・鴨居を挿入しなくてはならない。力がかかる部材であるから，図 3・78 のように強度の伝わる接合法とし，ずれを防止しなくてはならない。

(2) **枠 と 額 縁**

木造真壁の場合には壁が薄いため，柱が壁の見切りの役を果たしているが，大壁の場合には図 3・79(a)のように，壁の端部を見切るために額縁を用いる。額縁は，それ自体の接合にはそれほど強度が要求されず，簡易な方法で取り付けられ，枠の固定に用いられる金物を隠すことができる。また，壁の見切

りを片側ずつ納めることができるため仕事が容易となる。一方，枠に幅の広い部材を用いて額縁と一体にすることも行われるが，大きな材が必要となるだけでなく，枠の固定方法がむずかしくなる。図3・79(b)のように中央の戸当りを別材にし，この溝を利用して釘打ちする方法などがとられる。額縁・枠の見え掛りの接合は，図(c)のように留めにするのが一般的である。数寄屋造りなどでは図(d)のように納めることもあり，角柄と呼ばれる。

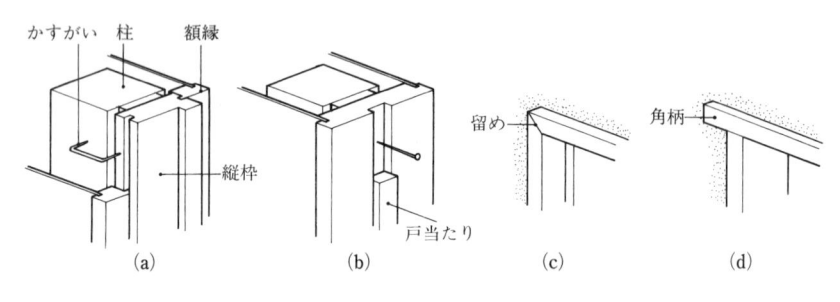

図3・79　枠・額縁・戸当たり

敷居・鴨居の溝は障子のかまちの厚さに合わせて決める。溝幅は21mmが標準である。ヒノキ・マツなどを用いた敷居は，摩耗を防ぐために樫などの堅木を差し込む，これを埋め樫という（図3・78(c)）。最近はプラスティック製の材料が用いられる。

(3) **木製建具**

木製建具は建具職によって製作され，複雑な仕口を用いて精度の高い工作が行われる。主体構造と異なり，薄く独立した部材であるため，木材の収縮による狂いがそのまま現われる。可動性を低下させることにもなるので，十分乾燥した，木目の通った木材を使用しなくてはならない。また，開閉時に力が加えられるので，強度・耐久性が求められる。

木造真壁の場合には内法高が173cm（5尺7寸），もしくは176cm（5尺8寸）と定まっているので，障子・ふすまは寸法が規格化されている。

障子・ふすまには，図3・80のように，様々な種類のものが用意されている（幅は地方により異なる）。

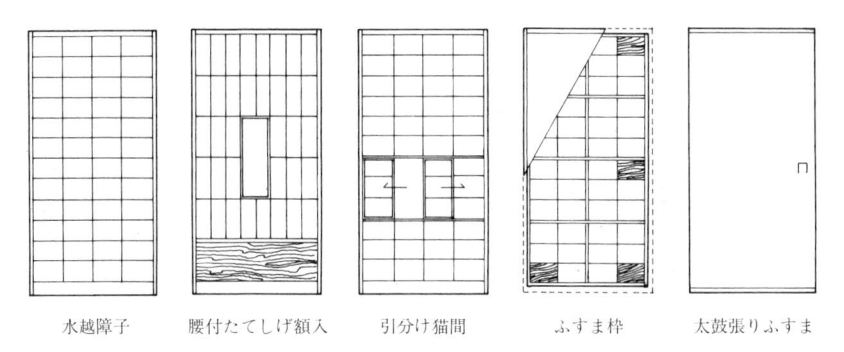

水越障子　　腰付たてしげ額入　　引分け猫間　　ふすま枠　　太鼓張りふすま

図3・80　各種の障子

　明り障子は和紙の張替えを定期的に行うという日本独自の建具である。桟の組み方は，和紙の幅約28cm（9寸3分）に合わせて設計されていたが，現在は大版の紙を用いることも多くなり，組み方の自由度も増えた。
　大壁の出入口には組桟の両側に合板を張ったフラッシュ戸が多く用いられる。伝統的な木製建具には板の反りを防ぐ工夫がみられるが，合板・ボード類が多用されるようになり，平らな表面の戸が主体となっている。

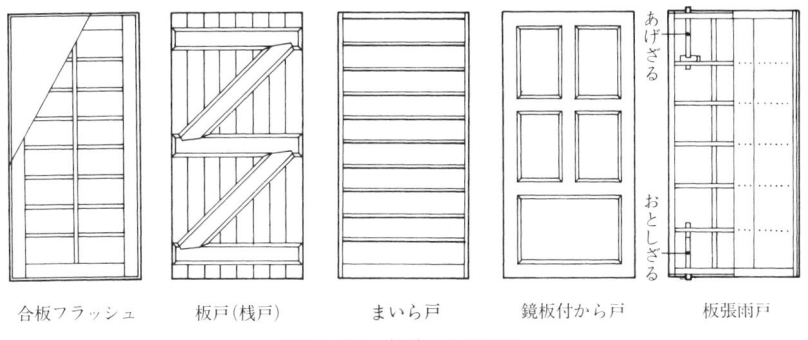

合板フラッシュ　　板戸（桟戸）　　まいら戸　　鏡板付から戸　　板張雨戸

図3・81　各種の木製建具

(4) 金属製建具

　金属製建具は多くの場合，枠と戸（障子）は一体として設計・製作されており，木製金具に比べ，気密性や開閉操作性に優れているものが多い。木製建具の戸は多くが規格化されており，ふすまなど互換性があるのに対し，金属製建具の戸と枠は製造業者（メーカー）が異なると互換性がない。

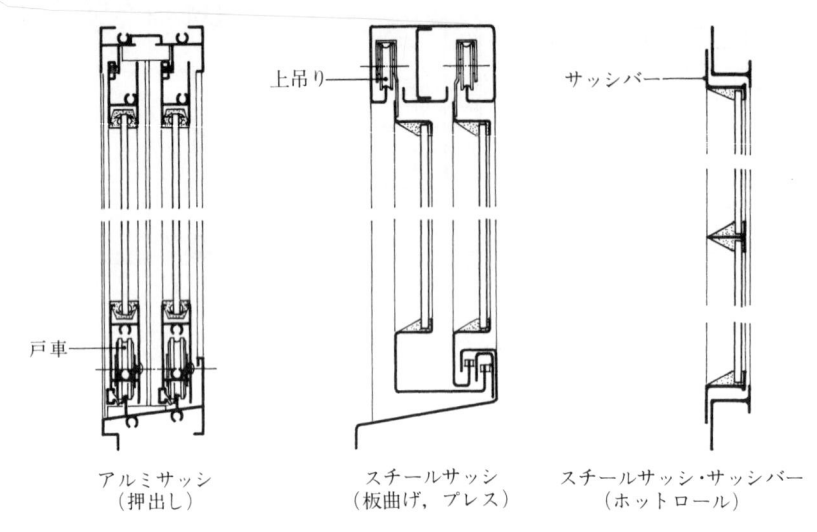

図3・82 金属製建具（アルミサッシ（押出し）／スチールサッシ（板曲げ，プレス）／スチールサッシ・サッシバー（ホットロール））

　材料はアルミニウムとスチールが主なもので，アルミニウムは押出し成形により任意の複雑な断面をつくることができる。ただし，純粋なアルミニウムは，加工性などの点で建材にはむかないので，アルミニウム合金が用いられる。スチールサッシには，サッシバーと呼ばれる引抜材を溶接して組み合わせたもの，鉄板を冷間で曲げ加工をして枠・框などをつくったもの，幅のせまい鉄板を用い溶接で箱形断面をつくり出したもの，などがある。いずれも複雑な断面のものは作りにくく，気密性もアルミニウムに比べて低い。

　アルミニウムサッシの引戸は，主として戸車を使用するが，スチールサッシの場合には，重量があるため上吊りのものが多い。

　扉に用いられる建具を図3・83に示す。集合住宅の玄関には鉄板をプレスして剛性を付けたものや，鉄板のフラッシュ戸が用いられる。防火戸は鉄製のものが多い。1.5mm以上もしくは両面に0.5mm以上の鉄板を用いたものなど（法律上，特定防火設備という）の他，0.8mm以上の鉄板や網入りガラスを用いたものなど（法律上，防火設備という）があり，防火上の区画の重要性に応じて使い分けられる。

アルミニウムの扉には，鏡板がガラスと互換性のあるかまち方式のドア，ハニカムコア・ロールコアなどのフラッシュ戸などがある。

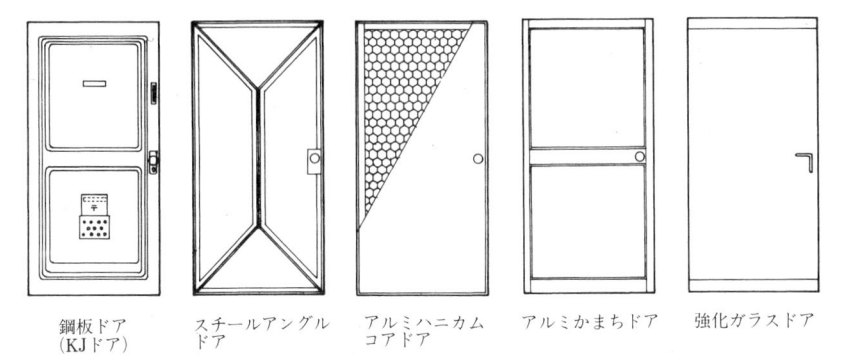

鋼板ドア（KJドア）　スチールアングルドア　アルミハニカムコアドア　アルミかまちドア　強化ガラスドア

図3・83　各種の扉用金属製建具

3・4・4　ガ ラ ス

板ガラスの種類には，フロート板ガラス・型板ガラス・網入板ガラス・熱線反射板ガラス・熱線吸収板ガラスなどがある。網入板ガラスは防火性がよいが，強度は低い。その他，板ガラスの加工品として，複層ガラス・強化ガラスがあり，それぞれ断熱性・強度は高いが，現場で裁断することができない。また，2枚のガラスの間にプラスチックシートをはさんだ合せガラスは，ガラスが破損した場合にも飛散しにくいという特徴がある。

木製建具の場合のガラスの固定方法には，上がまちを2枚の材でつくり，その間を通して上から落とし込む方法，やり返しと押縁でとめる方法，四方を押縁で押える方法などがある。外部にはシーリング材を併用することも多い。スチールサッシでは，サッシバーにクリップと硬化パテで固定する方法がとられていたが，地震時に割れやすいなど問題点が多く，現在ではほとんど用いられない。硬化後も弾性のある材料が望ましく，シリコーンなどのシーリング材と押縁を用いた納め方に変わった。特殊なシーリング材を用い，枠にはめずにガラスを固定するＳＳＧ（Structural Sealant Glazing）構法や，強化ガラスを4隅などで点支持するＤＰＧ（Dot Point Glazing）構法も普及した。アルミサッシでは，塩化ビニルのグレージングチャンネルやビードなどが使われる。

厚手のガラスは，ゴム製のガスケットを用いてとめることができる。ジッパーガスケットは，コンクリートや鉄骨に直接ガラスを止めつけることができる。せいの高いガラスをファサードなどに用いる場合には，ガラスの自重によるひずみを避けるため，上吊りとする。

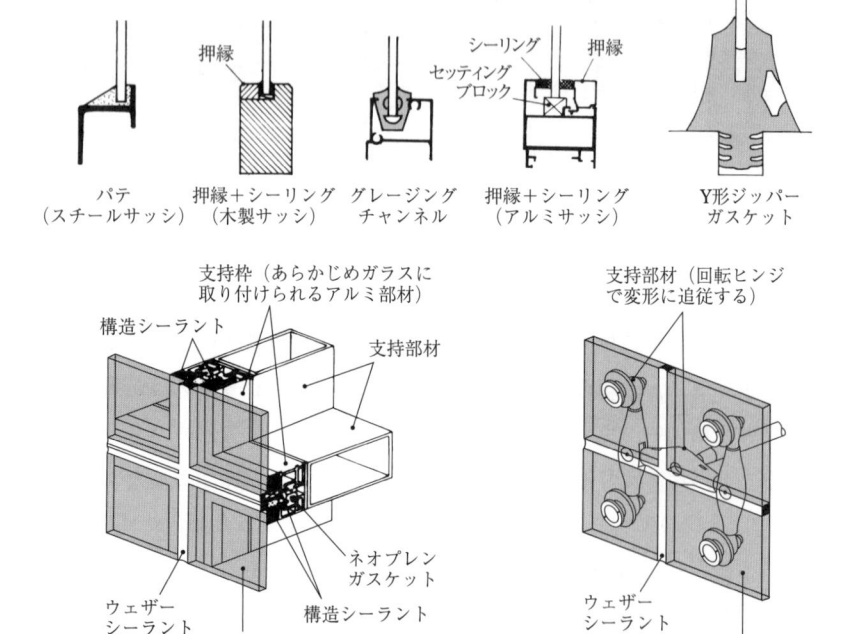

図3・84 ガラスの固定方法

3・4・5 建具金物

(1) 丁番・軸吊り金物

開き戸の吊り方には，丁番[1]（ちょうばん）による方法と，軸吊りによる方法とがある。図3・85に吊るために用いられる金物を示す。丁番はナックルとピンで構成されている。このピンが容易に抜けるものをルーズピン，抜けないよう工夫されたものをファストピンという。防盗の必要がある外開き戸には，ファ

---

1) 蝶番（ちょうつがい）とも書く。

3・4 開口部・建具　207

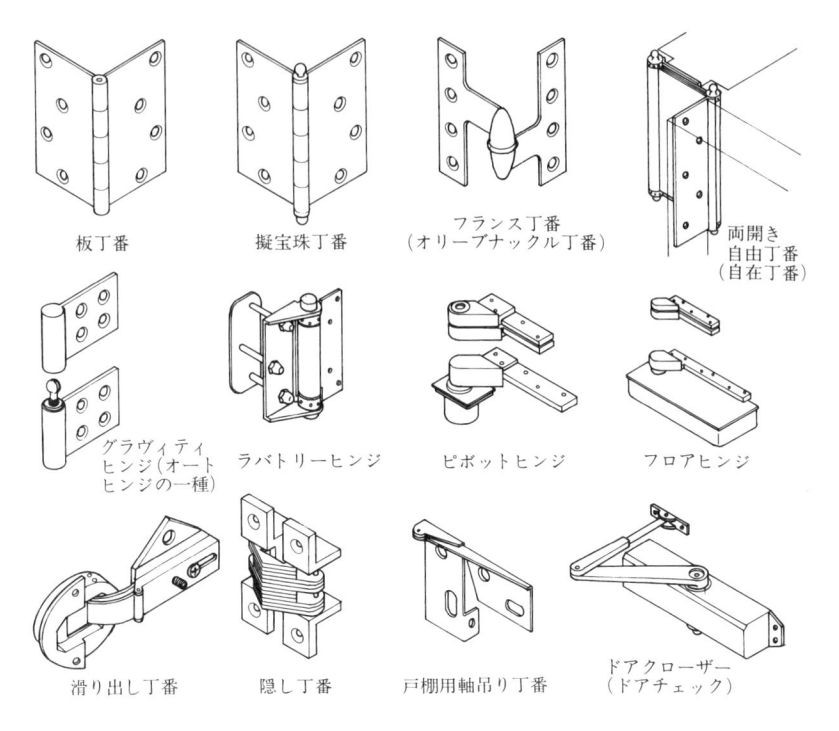

図3・85　丁番・軸吊り金物

（図中ラベル：板丁番／擬宝珠丁番／フランス丁番（オリーブナックル丁番）／両開き自由丁番（自在丁番）／グラヴィティヒンジ（オートヒンジの一種）／ラバトリーヒンジ／ピボットヒンジ／フロアヒンジ／滑り出し丁番／隠し丁番／戸棚用軸吊り丁番／ドアクローザー（ドアチェック））

ストピンの丁番を用いなくてはならない。内開き戸は丁番が室内側にくるので防犯上有利である。フランス丁番は戸の取りはずしが容易であるが，左右の勝手違いがある。グラヴィティヒンジは回転とともに戸がせり上がり床を擦ることがないもので，戸の自重により自動的に閉まるようにすることも可能である。一般的なオートヒンジはバネを用いている。重い扉では，丁番を用いると縦枠に力が加わるので，ピボットヒンジを用いて軸吊りとする。フロアヒンジはドアクローザーの機構を床に納めたものである。

　収納家具・戸棚の建具金物には，滑り出し丁番・隠し丁番などが用いられる。滑り出し丁番を用いると，枠を隠し，扉を連続させることが可能である。取付けの微調整が可能なものもある。

(2) 錠と鍵

　錠（lock）は戸に付け，枠の受座（ストライク）と組んで戸締りを行う金物である。鍵（key）によって施錠を行うが，内側からはサムターンによって施錠を行えるものも多い。錠のことを「かぎ」というのは，誤った用い方である。

　錠は，施錠のしくみからみると，ウォード錠・レバータンブラー錠・ピンタンブラー錠・ディスクタンブラー錠などがある。

　ウォード錠は鍵の旗の形状，レバータンブラー錠は同じく旗の部分の段の高さによって鍵違いをつくっており，後者のほうが鍵違いが多い。現在はこれらよりはるかに鍵違いの多いピンタンブラー錠がおもに用いられている。図3・85に示すように，シリンダーに直角に数本のピンがしくまれて，鍵をさすことによってピンが上下し，ピンの切れ目とシリンダーの境が一致すれば回転するしくみである。ピンの切れ目を2箇所以上いれることにより，マスターキーをつくることができる。

　ディスクタンブラー錠は，ピンの代わりに数枚の金属盤を用いて同様なしくみとしたものである。近年は，さらに鍵違いが多い電磁カード式のものが多用されている。

　錠から出入りするかんぬきをデッドボルトといい，これを用いた錠を本締り錠という。また，本締り錠を箱形にしくんだものを本締り箱錠という。

　デッドボルトに対し，戸を閉めるときにいったん押された後に自動的に出る三角形のものをラッチボルト（空締めボルト）という。ラッチボルトだけの錠を空錠という。戸を開けるときはノブもしくはレバーハンドルで引き込む。

　扉への取付け方からみると彫込み錠と面付け錠があり，彫込み錠は体裁がよいが，扉の強度を弱めるという欠点がある。

　箱錠ではラッチボルトとデッドボルトは上下に並ぶが，ラッチボルトとデッドボルトの機能を1つのボルトにまとめた錠もあり，円筒錠（シリンドリカルロック）と呼ばれる。ノブの中に錠がしくまれており，室内側ではノブの中にサムターンもしくは押しボタンが付けられる。扉を円形にくり抜け

ばよいので取付けは容易であるが，防犯上は弱点が多い。

引戸の錠では，デッドボルトの代りに鎌型の金具を用いており，鎌錠と呼ばれる。

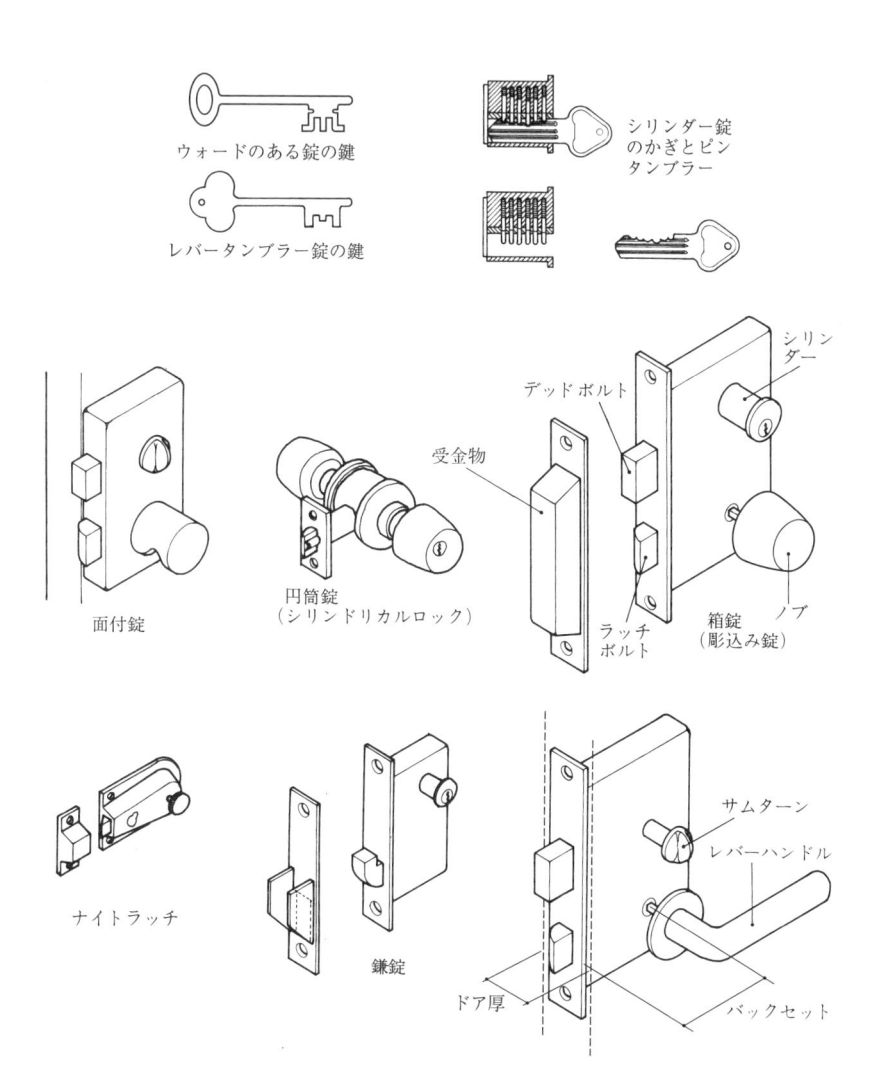

図3・86 錠 と 鍵

錠前にはバックセット（ノブの中心からドアの端部の面《大手という》までの距離）と適用可能なドア厚が定められている。レバーハンドルの場合はノブを使用する場合に比べてバックセットが小さくてよい。また，レバーハンドルは服をひっかけることのないよう高めに付けるべきである。

(3) その他の金物

その他，建具まわりに用いられる金物として，図3・87に示すようなものがある。

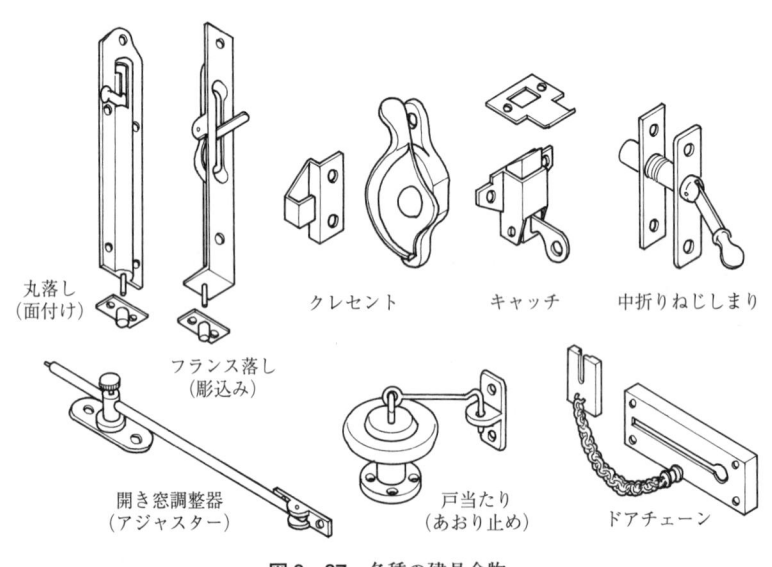

丸落し
（面付け）

フランス落し
（彫込み）

クレセント

キャッチ

中折りねじしまり

開き窓調整器
（アジャスター）

戸当たり
（あおり止め）

ドアチェーン

図3・87　各種の建具金物

3・5 床

3・5・1 床の機能と性能

(1) 機　　能

床は人や家具・設備機器などを支える水平な面である。この支持するという本質的な機能のほかに，下階もしくは床下との間を仕切り，音・空気などを遮断することも重要な機能である。また，床版は，躯体の構造方式によっては水平面の剛性を保つ主要な要素となる。

特殊な機能の床として，手術室などで静電気の帯電防止のために使われる電導床，電子計算機室などで床下の配線設備の点検・変更が自由なようにパネル化されたフリーアクセスフロア，配管を可能としながら床衝撃音が下階に伝達しないように工夫した置床，より弾力性に配慮した柔道場の床などがある。

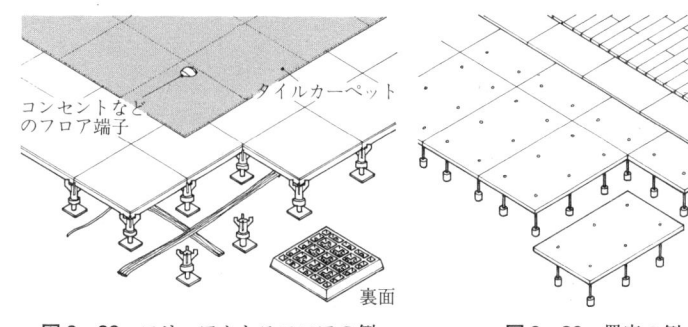

図3・88　フリーアクセスフロアの例　　図3・89　置床の例

(2) 性　　能

床はほかの部位と異なって人間が常に接しているため，要求される性能も人間の動きに関連したものが多い。したがって，人間の状態すなわち主として立位か座位か，椅子を使用するか否か，下足か上足か素足か，などにより要求条件は大きく異なってくる。また，多数の人々が利用する場所では要求条件が厳しいのは当然である。壁と同様に，外部床と屋内床とでは異なった

構法が用いられ，屋内床でも水を使用する場合には防水性もしくは浸透性が要求される。

　床の性能を考える際には，床版として要求される性能か，床表面に求められる性能かを区別する必要がある。床版としてはまず，与えられる荷重条件に対応する強度・剛性が求められる。断熱性，防水性，きしみ音を発しないこと，なども版として扱うべき性能である。表面に求められる性能としては，適度な摩擦抵抗があげられる。床は滑りやすくてはいけないが，多少の滑りも求められる。なお床仕上げが異なる所で摩擦係数に違いがあると転倒の恐れがあり好ましくない。また，ぬれると滑りやすい床材も多いので，使用場所には注意が必要である。清掃性，耐摩耗性，適度の熱伝導性，吸音性，光の反射性なども求められるが，これらの性能には相反するものも多いので，使用場所に応じて適切な材料選択をする必要がある。

　版としての床と表面の両方に関連するものとしては，弾力性があげられる。床は適度な柔らかさが求められる。しかし，畳のような床から，花こう岩張りの床まで，性能を一義的に数値で示すことは困難である。

3・5・2　床の構成方法

(1) 下地と躯体

　床の構法は躯体の違いによって異なるが，構成方式としては図3・90のように3種類に大別される。図(a)は鉄筋コンクリートなどのスラブの上に直に仕上げをするもの，図(b)は同様のスラブの上に木材・鉄骨などを用いて空気層をつくり，その上に床を構成するもの，図(c)は大引や梁の上に組み上げるものである。

　コンクリートスラブに湿式で塗り仕上げするものとしては，モルタル金ごて仕上げ，玉石洗い出し，合成樹脂系塗床などがある。自然石の砕石粒を顔料などとともにモルタルで固めて表面を研磨したテラゾブロックは，工場でつくられるが，工事を行う現場のスラブ上でテラゾをつくることもあり，現場研ぎテラゾと呼ばれる (a-2)。亀裂を集中させるために，大きな面は黄銅などの目地棒を用いて，分割し施工する。

3・5 床

図3・90 床の下地と仕上げ

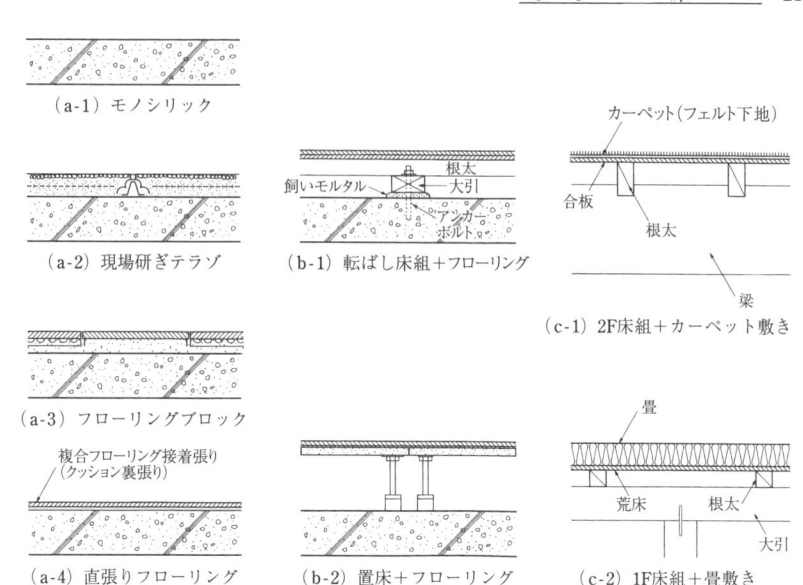

(a-1) モノシリック
(a-2) 現場研ぎテラゾ
(a-3) フローリングブロック
(a-4) 直張りフローリング
(b-1) 転ばし床組+フローリング
(b-2) 置床+フローリング
(c-1) 2F床組+カーペット敷き
(c-2) 1F床組+畳敷き

モルタルなどで直接張り付ける床仕上げ材としては，自然石・大型タイル・れんがなどがあり，自然石には花こう岩・鉄平石・大理石などが用いられる。このほかに，フローリングボード材として製材された板を組み合わせて30cm角とし，裏面に金物を付けたものをフローリングブロックと呼び，同様に施工する(a-3)。コンクリートスラブ上を板張仕上げとする場合に用いられる。また，コンクリートを打設して数時間後に直接こてで押え，仕上げとするもの(a-1)もある。集合住宅などで，鉄筋コンクリートのスラブの上をフローリング仕上げとする場合，近年，下階への衝撃音を考えて，直接張り上げることが行われている(a-4)。

空気層をとって床を張る場合には，平行に配された木材の根太の上に，ある程度の大きさと剛性をもった板状の面材料を敷くのが一般的な構成方法であった(b-1)。根太は300～450mm間隔に配列されるのが普通である。このように下地を1方向の平行な材でつくるのは，つくりやすさ，レベル調整のしやすさなどのためである。格子状の下地を用いたり，面材料を点で支えることは一般的ではないが，下地板の四隅の交点で調整・支持する形式の置床の例は多い(b-2)。

図3・91は，湿式工法による床仕上げの例である。タイルによる床仕上げも多く用いられるが，外部の床をタイル張りとする場合には，耐候性に留意するとともに，濡れても滑らないものを選ばなくてはならない。

石張り　　　　れんがこば立て　　　フローリングブロック

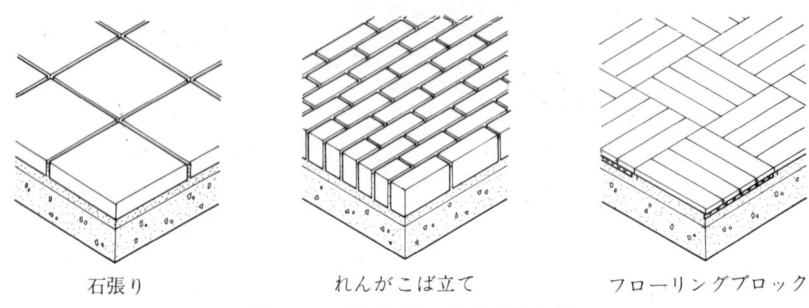

図3・91　湿式工法による床仕上げ

(2) 板張りの構法

木質系の床材料は，根太の上に直接張られるものが多い。縁甲板はその代表的なものである。ヒノキ・マツなどの幅10～12cm，厚さ15～18mm程度の板材で，長さは3～4mと長く，木端面に本実加工をしたものが用いられ和風の床材となる。長手方向に継ぐ場合は，根太の上で突付けとする。洋風のものはフローリングボードといい，ナラ・ブナ・サクラなどの広葉樹が用いられる。幅（6～9cm），長さ（0.6～1mぐらい）とも縁甲板より小さく，木口にも本実の加工が施されているので，根太の上でなく継ぐことができる。最近の住宅では，合板の表面に薄い天然木を張り付けた複合フローリング板（30×180cm，15×180cm程度など）が多用されている。なお，ていねいな板張工事では根太との間に下地板を捨張りし，二重張りとする。この捨張りは根太に斜めに掛け渡していたが，現在では合板が用いられている。

縁甲板　　　フローリングボード　　複合フローリング　　斜め二重張り

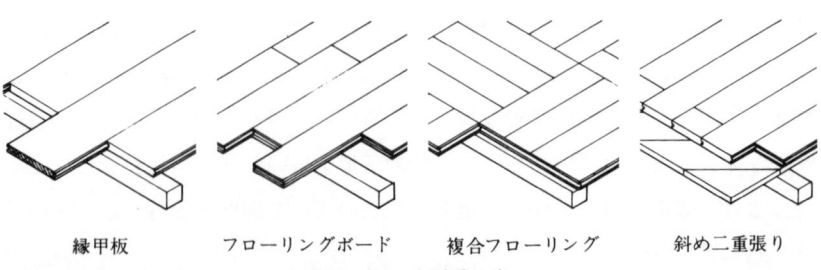

図3・92　木質系の床

仕上げが合成樹脂系シートなどの場合，根太の上に設けられる床下地材には杉板・合板などが用いられる。この場合，仕上げ材に気密性が期待でき，また，直接下地材の表面に釘が打てるため，本実などのはぎ方は用いず，突付けか相じゃくりにすることが多い。畳敷の下地は荒床と呼ばれる。

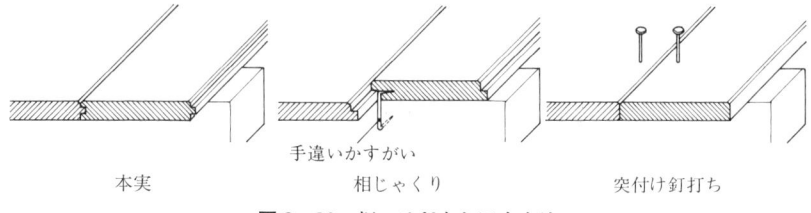

　　　本実　　　　　　　相じゃくり　　　　　突付け釘打ち
　　　　　　　　　手違いかすがい
　　　　　　図3・93　板のはぎ方と固定方法

(3) 仕上げ材

　下地板張りやコンクリート金ごて押さえ面，均しモルタルなどの上に張る仕上げ材には各種のものがある。木材では寄木張りとパーケット張りがある。寄木張りはさまざまな色や形の天然木の小片を接着材で幾何学模様に並べた，きわめて高級な仕上げである。パーケットは75×300mm程度のさね加工をした板を市松状などに組み合わせて張るもので，仕上がりはフローリングブロックと似たものとなる。小型のタイルも均しモルタル面にセメントペーストで張り付けられる。合成樹脂などの薄い仕上げ材としては，ポリ塩化ビニル・リノリウム（油脂系）・ゴムなどを用いたものがあり，シート状のものと，タイルと呼ばれる30cm角程度の板状のものがある。シート状のものを施工する場合には，仮敷きをし，環境になじませてから固定する必要がある。じゅうたんにも各種のものがあり，仕上げ材として下地に固定する場合には，グリッパーなどが用いられる。

　畳は日本の伝統的な床仕上げ材であり，数多くの優れた特徴をもっている。寸法の規格化，敷き方の慣習なども，建物全体の構成に関わる問題であり，単なる床の構法として考えることはできない。畳替えなど短いサイクルでのメンテナンスを前提としていることも，ほかの床材にはみられない特徴である。畳は仕上げ材としては厚い（55～60mm）ものであるから，ほかの仕上げ材と取り合う部分では，段差を付けるか，下地の構成（根太の高さ）を変える必要がある。

3・5・3 床と幅木

(1) 床と他の床との取合い

畳と床板が取り合う場合には，敷居とともに畳面を上げることが行われるが，敷居・くつずりなどを介さないで異なる床材が取り合う場合には，原則として段差をつけないように納める（面一(つらいち)にするという）。なお，同一床仕上げ材で小さな段差をつけることは，歩行の際に危険である。また，清掃の方法が異なる床材を並べて用いると，清掃により相互に傷つけられるおそれがある。

(2) 幅　　木

壁との取合い部分には，幅木を設けるのが一般的である。幅木には，靴や清掃具から壁を保護するという機能があるが，施工上の逃げを取り，壁と床の取合いを納めるためにも欠かすことができない。壁の施工の前に取り付けられる先付けの構法と，壁の後に施工される後付けの構法がある。前者には壁の施工のための定規としての働きがあり，加工した木材，石などが用いられる。後付けのものは逃げを吸収しやすく，木材・プラスチックなどが用いられる。幅木用タイルなども用いられる。

真壁と床の取合いには幅木は用いられず，畳敷の場合には畳寄せを畳と同じ高さに，板床の場合には雑巾(ぞうきん)ずりを少し高く取り付ける。

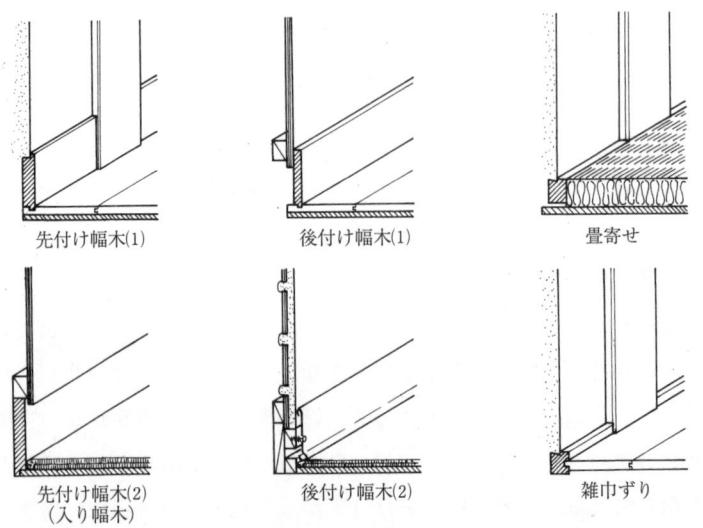

先付け幅木(1)　　後付け幅木(1)　　畳寄せ

先付け幅木(2)　　後付け幅木(2)　　雑巾ずり
（入り幅木）

図3・94　各種の幅木

3・6 階　　　　段

3・6・1　階段の機能と形状
(1)　機能と各部の名称

　階段は，高さの異なる床をつなぐという明確な機能をもっている。したがって，構法を考える場合の要求条件も一般的に定まっているものが多く，建物用途および主体構造種別ごとに，いくつかの典型的な構法が確立している。その反面，階段にはデザインの対象となる要素も多く含まれており，ときには空間を演出する道具としても効果的に用いられる。そのような場合にも，基本的な構法の考え方をしっかりと把握し，安全な階段をつくるよう心掛けなくてはならない。性能としては安全性のほかに，使用される目的に応じて耐摩耗性・清掃性・発音性などが配慮されるべきである。不特定多数の人が利用するのか，土足で昇降するのか，素足で歩くのか，などにより考え方を変えなくてはならない。

　階段の各部には図3・95のような名称がつけられている。段板の表面を

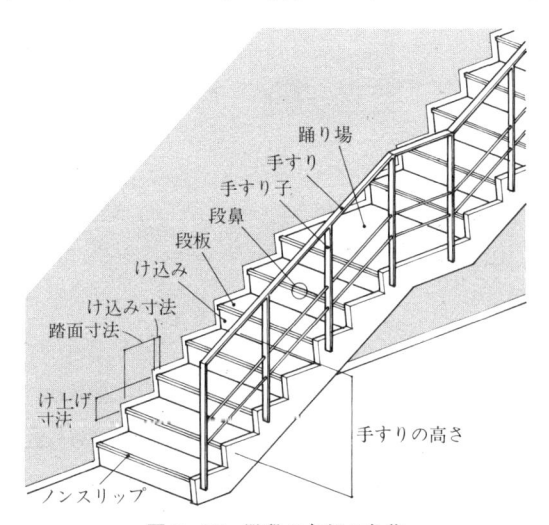

図3・95　階段の各部の名称

踏面という。ただし，踏面寸法とは図に示すように段板の表面からけ込み寸法を差し引いた，平面図に現われる奥行寸法のことをいう。踏面寸法とけ上げ寸法とによって階段の勾配を示すのが一般的である。

階段のために専用に設けられた空間を階段室という。階段は吹抜けとなっているため，火災時には炎や発生した煙が上階へ流れ込む通り道となる。しかし同時に，階段は火災の際の避難に有効でなくてはならない。したがって，階段室は建築物の規模・用途に応じ，防火戸によって一般部分と区画するように法規で定められている。

(2) 形状と勾配

階段にはさまざまな形状のものがある。直階段（図3・96(a)，(b)），折れ曲がり階段((c), (d))，折返し階段(e)，回り階段(f)，らせん階段(g)などを，設置する場所・用途に応じて選択する。階段には上り下りの方向があるから，平面図上では図3・96のように上り方向を矢印で示す。また，多層の建築物に数階にわたって繰り返して用いられる階段では，図(e)のような表記をするのが一般的である。

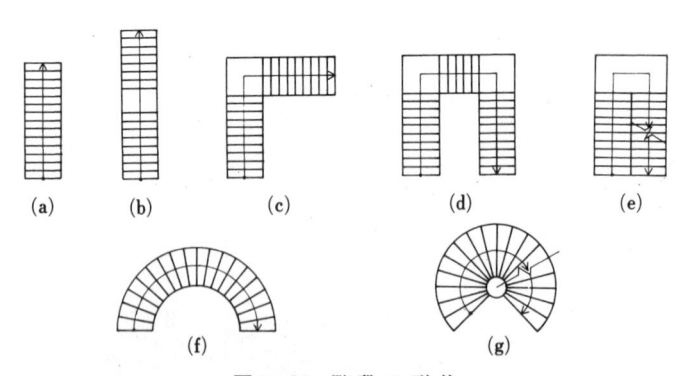

図3・96 階段の形状

階段の勾配は，使用目的・機能・安全性を考慮し，建築物全体の計画と調整して決定する。ただし，最低基準については法規で定められている（表3・2）。また，階段の幅，踊り場の設け方，手すりの設け方についても，同様に最低基準が定められている。これらの数値は最低限守るべきものであるが，

け上げ寸法と踏面寸法については独立に考えることはできない．すなわち，人間の昇降動作の性質から，け上げ寸法 (R) を大きくとれば，その分，踏面寸法 (T)[1]は小さくすべきである．この両者の数値の関係にはさまざまな提案がなされている（$T+2R=630$mm など）．

表3・2 階段の勾配

階段の種別	階段・踊り場の幅 (cm)	け上げの寸法 (cm)	踏面の寸法 (cm)
1　小学校の児童用	140 以上	16 以下	26 以上
2　中・高等学校の生徒用，1500m² を超える店舗用，劇場・映画館・集会場などの客用	140 以上	18 以下	26 以上
3　直上階の居室の床面積の合計が 200m² を超える地上階，居室の床面積の合計が 100m² を超える地階	120 以上	20 以下	24 以上
4　上記以外のもの	75 以上	22 以下	21 以上
5　住宅の階段（共同住宅の共同階段を除く）	3，4 による	23 以下	15 以上

注）1）法規を簡略化して記述した．
　　2）屋外階段の幅は避難用の直通階段の場合 90cm 以上，その他の場合 60cm 以上あればよい．

なお，図3・96(a)で階段の段数を n とすると，階高は $R \times n$ であるのに対し，階段の長さはみかけ上 $T \times (n-1)$ となることに注意しなくてはならない（段板の数は $n-1$ である）．

3・6・2　各種の階段

(1) 木製階段

木製の階段には側桁階段・ささら桁階段などがある．元来，日本の住宅では2階以上の階に重要な部屋を設けることが少なかったため，大きな階段はあまり用いられなかった．おもに使用された構法は，急勾配に掛け渡した桁（側桁）に段板を組み込んだもので，け込み板を用いず，裏からななめに板を打ち上げていた．

1）T：tread, R：rise．

現在，一般に用いられているものは側桁階段である。図3・97に示すように，2枚の側桁と呼ばれる板を上下階に掛け渡し，その間に段板とけ込み板をはめ込んだ形式である。段板には，ラワンなどが用いられていたが，現在では集成材や合板などが用いられる。側桁には太めの溝が切られており，段板を差し込んだ後に裏側からくさびで締め付けて固定する。

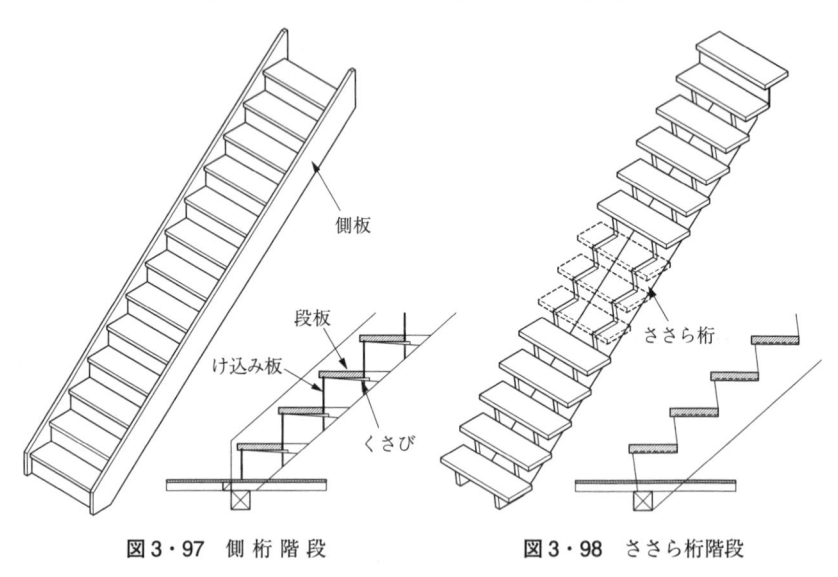

図3・97　側桁階段　　　　図3・98　ささら桁階段

側桁を用いずに，のこぎり刃状のささら桁で段板を支える階段をささら桁階段という。吹抜け部分などに用いて，ささら桁を見え掛りにし，け込み板を取り付けないことも多い。

(2) **鉄筋コンクリート製階段**

鉄筋コンクリートを用いると，自由な形状がつくれるという特徴を生かして，さまざまな形態の階段を設計することができる。また，木製や鉄骨製と異なり，段板部分を一体につくることができ，構造躯体の一部として施工することも可能である。このため，上下階に梁を掛け渡し，その間に段板を形づくる構造のほかに，階段を上面に段のついたスラブとみなし，上下階に掛け渡す構造，段のついたスラブを壁から片持ちで張り出す構造など，いくつかの構造方式がある（図3・99参照）。段板のみを壁から片持梁として張り出

すものもある。構造方式を選択する場合には，踊り場など階段周辺のスラブの支持方法も検討しなくてはならない。

鉄筋コンクリート造の建築物では，階段室内に梁型の現われることがある。壁面間より有効幅がせばめられるので，注意が必要である。また，梁型の上面にはほこりがたまりやすいので，納まりを工夫しなくてはならない。特に折返し階段の踊り場部分は，階高の中間に設けられるため注意が必要である。

鉄筋コンクリート製の階段は型枠が複雑になるため，プレキャストコンクリートとしてつくられることがある。この場合，構造躯体との接合に工夫が必要である。段板を単位としてプレキャストコンクリートでつくることも多い。

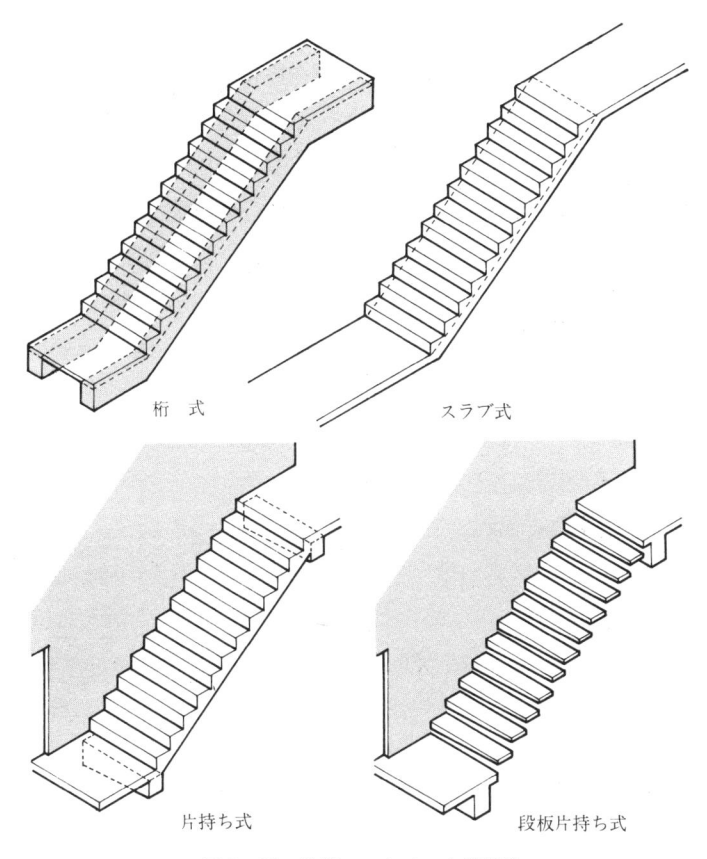

図3・99　鉄筋コンクリート製階段

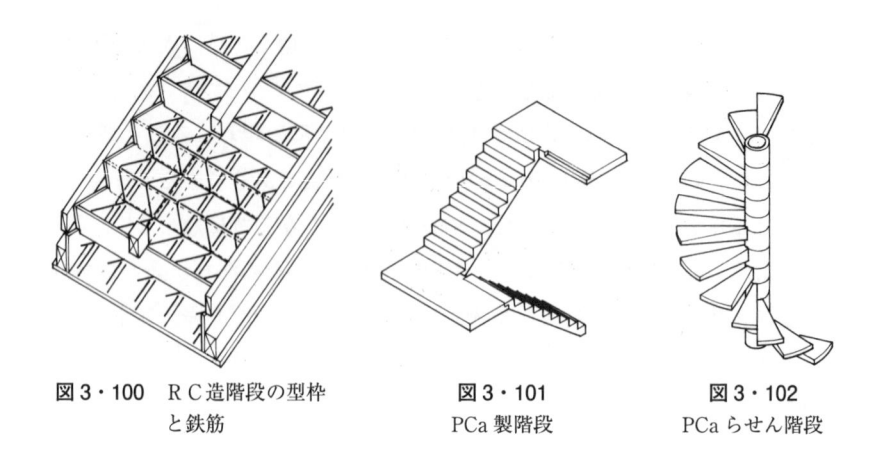

図3・100　RC造階段の型枠と鉄筋
図3・101　PCa製階段
図3・102　PCaらせん階段

(3) 鉄骨製階段

　鉄骨製の階段としては，側桁にしま鋼板の段板を取り付けたものなどが，避難階段，機能本位の階段に用いられている。軽量であり，プレファブ化できるという長所があるが，振動しやすい，火災に弱いなどの欠点もある。しかし，高層建築物の区画された階段室では，鉄骨製階段が用いられるのが普通である。鉄板を型枠としてモルタルを流し込み，歩行感を向上させたものなども用いられている。らせん階段は規格化しやすいが，直階段や折返し階段も，規格化された段板を建物に合わせて微調整できる既製階段が多用されている。

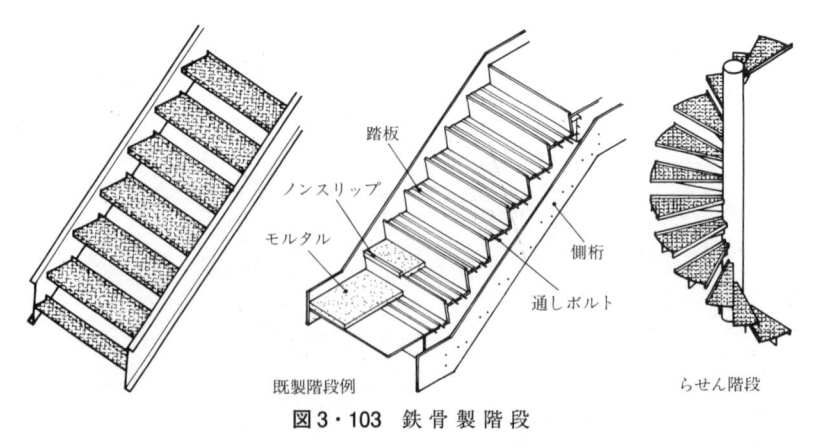

既製階段例　　踏板　ノンスリップ　モルタル　側桁　通しボルト　らせん階段

図3・103　鉄骨製階段

3・6・3 手 す り

階段の手すりは，使いやすさと安全性からみると，昇降を補助し転落を防止すること，および階段側面や踊り場からの墜落を防止するという，二つの機能をもっている。墜落の危険性のある階段の手すりについては，屋上やバルコニーの手すりの基準になっている高さ 1,100 mm 以上が望ましく，手すり子の間隔は 110 mm 以下とし，足がかりを設けないようにする。一方，昇降の補助などに具合のよい手すりの高さは，成人で 800〜900 mm といわれている。どちらを重視するかにより高さも変わってくる。また，墜落防止に十分な高さの手すりの内側に昇降補助用の手すりを別に設けることもある。

3・6・4 各部の納まり

段板の先端（段鼻）には，滑りを防止し耐摩耗性を高めるために，ノンスリップが取り付けられる。金属にゴムを組み合わせたものや，磁器タイルなどの製品があるが，本体にしっかりと接合することが重要である。

階段が折返しとなる部分では，上り初めと下り初めが同一線上になると，手すりの高さにくい違いが生じるので，なんらかの処理が必要である。図3・104 (d)のように階段自体をずらすのも 1 つの方法である。

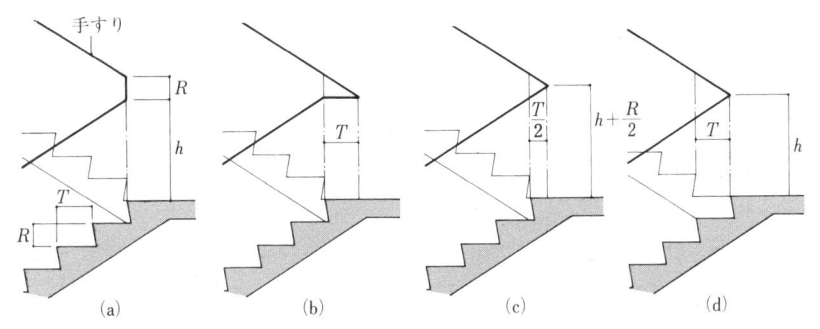

T：踏面寸法（Tread）
R：け上げ寸法（Rise）
h：手すり高さ

図3・104 折返し部分の階段と手すりの関係

3・7 天　　井

3・7・1　天井の機能と形状
(1)　機能と性能
　天井は室空間の上限を構成する面であり，床や屋根ほど明確な機能はもっていない。原始的な住居では屋根の下面が室空間の上限であり，別に天井を設けてはいない。日本の社寺建築でも古代のものは天井が張られておらず，化粧屋根裏と呼ばれている。現在では，特に意図的に構造材を見せる場合を除き，天井が張られるが，集合住宅などでは，コンクリートスラブをそのまま天井面とすることがある。この場合を除くと，天井と，屋根もしくは上階の床との間には空間ができる。屋根との間は小屋裏・天井裏，上階の床との間は天井ふところと呼ばれている。

　天井の機能は，小屋組み，床組み，梁型などを隠し，防塵・遮熱をはかることなどであるが，設備の多く組み込まれる建築物では，天井ふところがダクト・配線・配管のためのスペースとして重要である。反射率を調整することにより，音と光を積極的にコントロールすることも，天井の重要な役割である。このために天井の仕上げ材料には吸音性のある材料が用いられることが多い。

　天井の性能は上記の機能のほかに強度・耐久性・耐震性が求められる。また，台所の天井・軒裏天井などには，不燃性が要求され，浴室では耐湿性・透湿抵抗が高いことが重要である。

(2)　形状と天井高
　天井の形状にはさまざまなものがあるが，水平のものがほとんどであることはいうまでもない。図3・105に代表的な断面形状を示す。折上げ天井は手間がかかるため，最近ではつくられることが少ないが，既製品として用意されたものもある。オーディトリアムなどの天井には，音の反射を調整するために複雑な形状が用いられる。

なお，大きな和室などの天井は，水平に張ると垂れて見えるため，中央部を少し持ち上げてつくるのが職人の常識とされ，これを「むくり」を付けるという。また，浴室の天井は結露水が落下しないよう，勾配を付けることが多い。

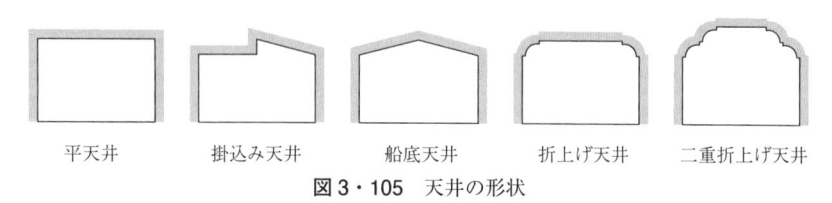

図3・105　天井の形状

平天井　掛込み天井　船底天井　折上げ天井　二重折上げ天井

天井高は，部屋の用途・大きさに応じて適切に決められるべきである。住宅では2.4m前後，事務室では2.7m前後が用いられる。伝統的和風住宅では，内法から上の小壁の高さで調整し，小さな部屋は低く，大きな部屋は高くしている。なお，天井高は住宅の居室の場合2.1m以上とすることが法規で定められている。

3・7・2　天井の構成方法

(1)　直仕上げ天井

鉄筋コンクリートスラブを用いた建築物では，スラブ下面を直接仕上げて，天井面とすることが広く行われている。配管・配線は露出になるが，安価であり，階高を低く押えることができる。仕上げは，モルタル・プラスター・合成樹脂などの塗り材，布・紙張りなどが代表的なものである。左官材料を天井に用いる場合には，厚くならないように塗り，落下を防止しなくてはならない。

木造の直仕上げ天井としては，垂木や上り梁を見せるもののほか，それらに直接天井板を打ち上げるものがある。屋根の形状をそのまま室内空間の形状とするものであり，個々の建築物ごとに構法が決定されることが多い。

(2)　天井の吊り方

多くの天井が，梁や床スラブの構造躯体から線状の吊り材で吊られている。吊り材としては，30mm角以上の木材の吊り木，9φ程度の吊りボルト，

鉄線などが用いられる。間隔は構法にもよるが，900mm 程度が多い。構造躯体が木造の場合には，梁の間に渡した吊り木受けに，吊り木を釘打ちする。吊り木を上階の根太に打ち付けることは，歩行による振動が直接天井に伝わるので避けなくてはならない。躯体が鉄筋コンクリートスラブの場合には，インサートを埋め込んでおき，直接吊りボルトをねじ込む方法などが一般的である。デッキプレート床の場合も同様であるが，直接吊りボルトを溶接することも行われる。

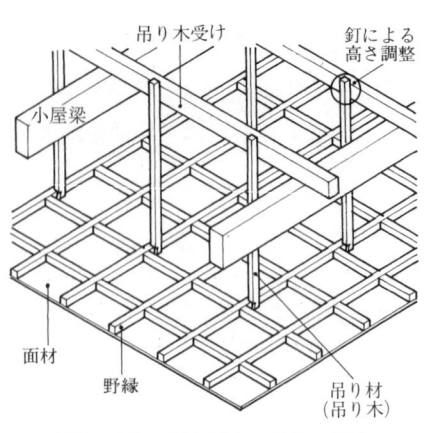

図3・106 吊り天井の各部の名称

　天井面を平らに施工するためには，一般に吊り材を上下させてレベル調整を行う。吊り木の場合には，任意の位置に合わせて釘打ちで固定できるので容易であるが，吊りボルトでは高さの調節機構が必要である。ねじによる調節は，原理は明快であるが作業性が悪い。

　天井面と吊り材を接続するために一般に用いられるのは，平行もしくは格子状に流した線状部材で，野縁と呼ばれる。木材と金属製のものとがあり，300〜450mm の間隔で設けられる。木製野縁の大きさは 40×45mm 程度で，引張り力が伝わるよう，吊り木と片あり釘打ちで接合される。野縁に打ち上げられる面材としては，スギなどの板材，合板，せっこうボード，フレキシ

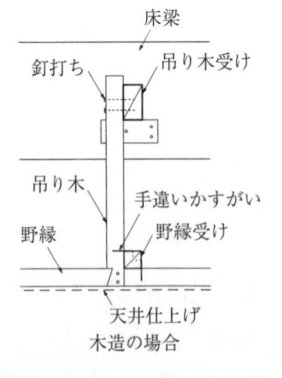

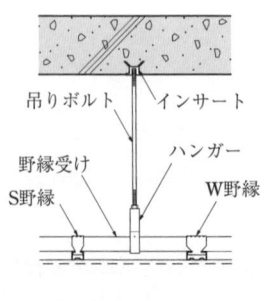

図3・107 天井の吊り方

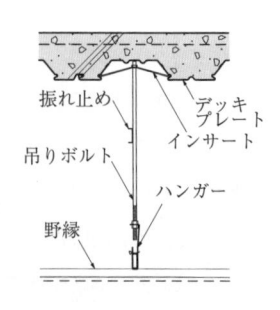

ブルボードなどがある。接着剤を併用し，釘・ねじ釘などで固定する。表面が仕上げとなる材の場合には，釘頭の処理が必要である。金属製野縁は断面が小さくてすむが，面材の固定がむずかしく，釘などがきくように形状を工夫した商品が開発されている。野縁と直角にチャンネル材の野縁受けを配し，野縁受けを吊りボルトで吊るのが一般的である。吊りボルト，野縁受け，野縁の接合は，専用の金具で行われる。天井パネルなどの面状材料を吊り材で直接吊ることはあまり行われない。

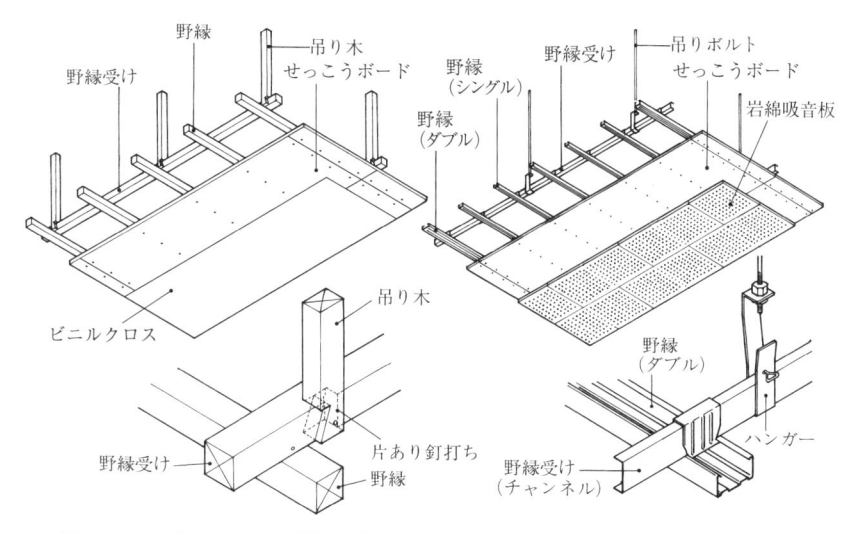

図3・108 木下地ボード張り天井　　**図3・109** 鉄骨下地（岩綿吸音板）天井

岩綿吸音板・吸音テックス（軟質繊維板）など，面材の剛性が低い場合には野縁を細かく格子状に組んだり，板野縁を用いて野縁間隔を狭くする方法をとる。せっこうボードなどを捨張りとして打ち上げ，岩綿吸音板・吸音テックスを仕上材として張る二重張り工法もよく用いられる。和風の網代天井なども，薄く削った板を編んだものを下地に張りあげる構法がとられることが多い。

　吊り天井を左官材料で仕上げることは，落下による危険が大きいので避けるべきである。やむをえずプラスター・モルタルなどの仕上げとする場合の下地の面材としては，木ずり，ラスボード，板材にメタルラスを打ち付けた

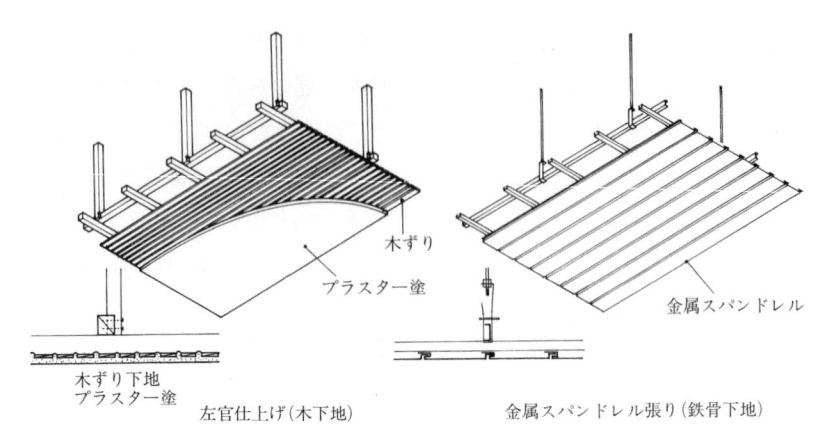

図3・110　各種の仕上天井

もの，などが使われる。

和室の天井には，伝統的な竿縁天井に代わり，図3・111のような工場生産品の敷目板パネルが多用されている。

(3) 竿縁天井・格天井

打上げ天井は，接着剤と釘で面材を支えており，また，面材の取付けは上向き作業となる。

吊り木で線状の部材を吊り，その上に面材をのせるほうが構法としては自然であり理にかなっている。伝統的な日本の天井構法である竿縁天井や格天井は，そのような考え方でできており，学ぶべき点が多い。

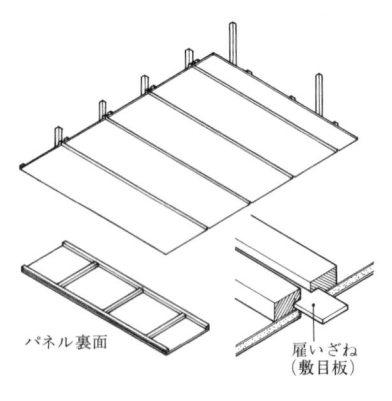

図3・111　敷目板パネル天井

竿縁は回り縁に掛け渡した細い材で，途中を吊り木で吊る。下面と側面が見え掛りとなるため，上面だけを利用して接合しなくてはならない。本来は寄せありが用いられるが，工作に手間がかかるため，竿縁と直角に野縁を流し，野縁と竿縁を釘で接合する方法がとられる。竿縁の上に天井板を並べるが，収縮に対応できるよう板と板は重ねをとり，要所を稲子と呼ばれる木の小片で押えて，逃げのとれる接合とする。板は竿縁に上から釘打ちするが，上等な仕事では大きめの孔をあけ，釘に板を当てて打つ。竿縁は床の間に平行

図3・112　竿縁天井

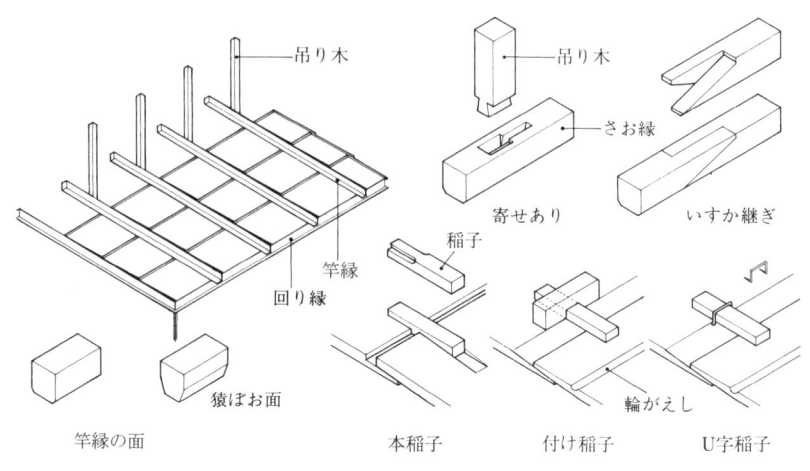

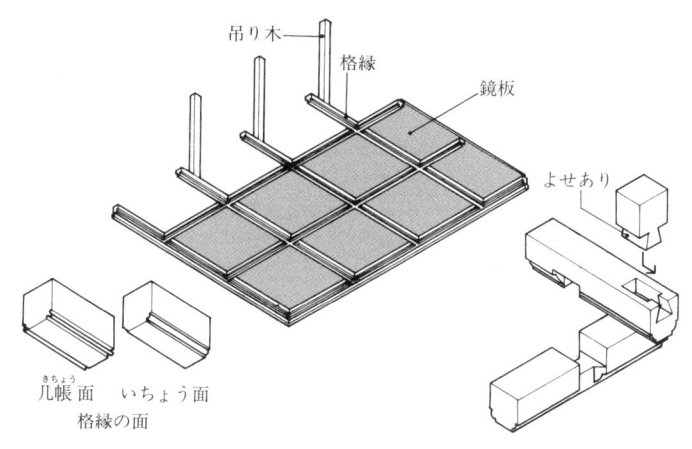

図3・113　格天井

とするのが原則で，直角に流すのを床差しといってきらう。格天井は格縁天井ともいい，竿縁天井より上位の部屋に使われてきた。構法の考え方は竿縁天井と同様である。さらに上位の部屋では折上げ天井の形状をとるものが多い。

(4) **システム天井**

　事務所建築などでは高層化・大規模化に伴い，多くの設備が組み込まれるようになっており，その端末機器が多数天井に取り付けられ，取合いが複雑になってきている。これを明快に処理し，工程の合理化をはかるよう考えら

れたものがシステム天井である。アルミニウムまたはスチールのTバーをさお縁のように平行に流し，照明・空調吹出し口・スプリンクラーなどの機器を1列に配置したものが多く用いられている。設備機器が取り付けられた後に，岩綿吸音板がのせられる。天井裏のメンテナンスが容易な構法である。

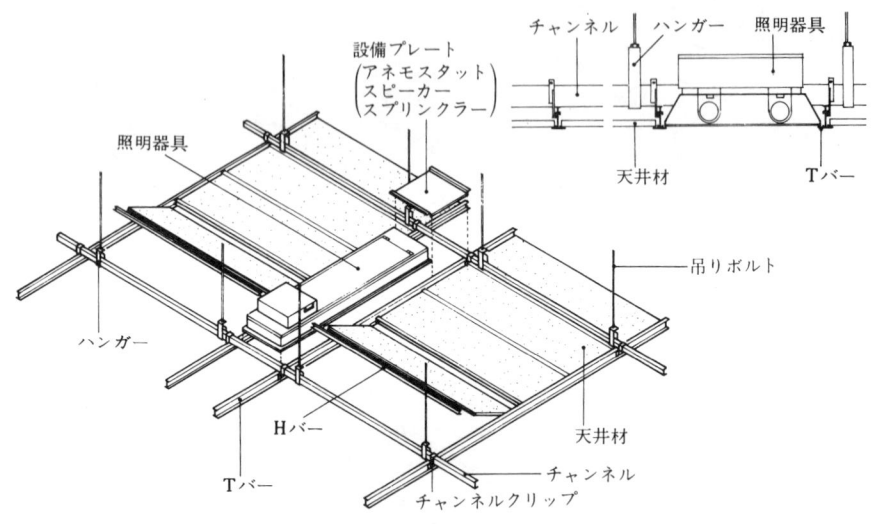

図3・114　システム天井

3・7・3　壁との納まり

天井と壁の取合い部分は，回り縁を配して納めるのが一般的である。幅木と同様に，先付けのものと後付けのものがある。先付けのものは壁に対して，塗り仕上げの見切り定規として用いられる。木製のほかに，天井仕上材に応じて塩化ビニル製やアルミニウム製のものが用いられる。また，ボード類を目透しにして回り縁を用いないことも多い。

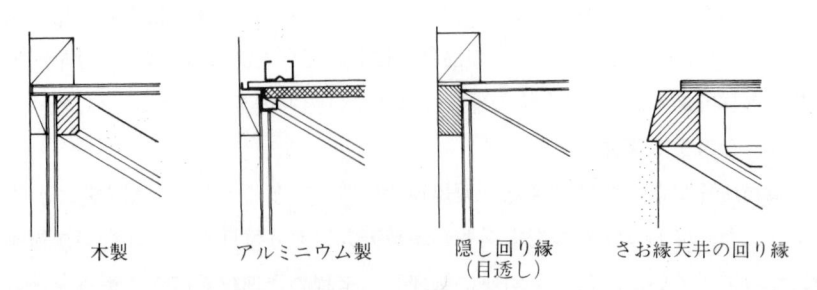

図3・115　各種の回り縁

3・8　造作と納まり

3・8・1　住宅の造作

　造作は雑作とも書き，躯体の完成後に行われる開口部枠・各種仕上げ・棚・階段などの木工事をさしている。広い意味では，床・天井などの木工事も含まれるが，ここでは我が国の伝統的な木造住宅に用いられる開口部まわり，床の間まわりなどの造作について述べる。

　現代の日本の住宅は，いろいろな様式・考え方が相互に影響し合って成立している。その中で，床の間をもつ座敷・縁側などの構成は，伝統的な形式の住宅を特徴づけるものであり，書院造りの流れをくむといえる。これらの部分は，長い年月をかけて成立した一定の約束事に従って組み立てられる。床の間・縁側などの構成方法は，すべてがそのまま今後の建築に適用されるわけではない。しかし，どの部分がどのような理由で定型化されてきたのかを考えることは，造作を設計する上で欠かせないことといえよう。

3・8・2　内法まわり

(1)　鴨居・敷居

　真壁の住宅では，開口部は柱から柱までいっぱいにとるのが基本であり，上下は鴨居と敷居によって構成されている。敷居上端から鴨居下端までを内法といい[1]，その間の寸法を内法高という。この寸法は3・4・3で述べたように，5尺7寸もしくは5尺8寸とするのが一般的である。敷居の幅は柱の大きさから決まる。畳と取り合う部分では柱の表面にそろえるが，板敷と取り合う部分では柱から面の分だけ引っ込んで納める。これを面内に納めるという。面とは，角を斜めに削り落した部分をいう。

---

1)　広義には柱と柱の内側の距離など，ものとものとの内側の面どうしの距離を一般に内法という。

鴨居に相当する材で溝のついていないものは無目と呼ばれる。また，溝が一本の敷居・鴨居を一筋（ひとすじ）という（図3・117参照）。

(2) 長押（なげし）

今日，長押と呼ばれているものは，鴨居の上に取り付けられる造作材であるが，元来は柱を両側からはさみつける構造材であった。したがって，表面から釘で柱に打ち付けられ，さまざまな高さに用いられた。貫が構造材として用いられるようになって長押は意匠材となり，高さも鴨居の上，回り縁の下，鴨居と天井の間に限られるようになった。それぞれ内法長押・天井長押・あり壁長押と呼ばれる。あり壁とは天井の下に細くまわされた壁のことで，柱面より出て塗られる。これにより，部屋の中間にある柱が天井面と切り離されてみえるという意匠上の効果がある。このあり壁と小壁（内法長押の上の壁）の表面の段差を吸収するものが，あり壁長押である。

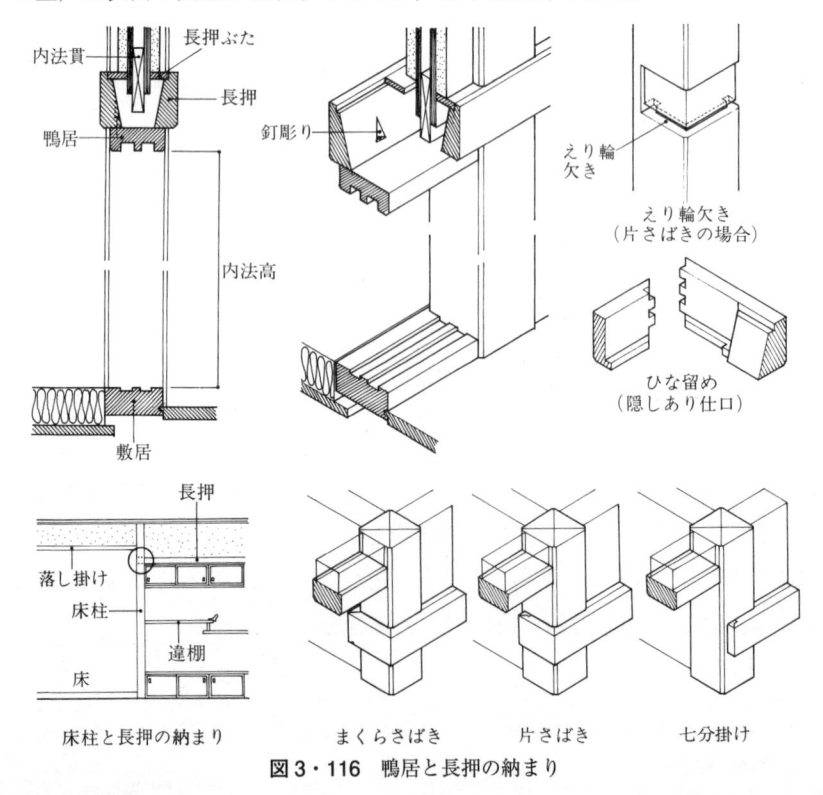

図3・116 鴨居と長押の納まり

現在では，あり壁長押はほとんど用いられず，内法長押が単に長押と呼ばれる。長押は台形の材（長押挽きという）を用い，裏に釘彫りをして鴨居に打ち付けられる（図3・116）。小壁との間にはすきまができるので，上等な工事では長押ぶたが付けられる。柱と取り合う部分では柱を欠き込んで納める。これをえり輪欠きという。

造作工事は木口をみせないのが原則である。したがって，長押が床柱と取り合う部分では図3・116のようにひな留めとする。床柱の内側にまで長押を回し，留めを2回用いて納める形式もあり，「まくらさばき」と呼ばれている。

(3) 欄　　間

小壁には開口部が取られることが多く，欄間と呼ばれる。小さな障子，透し彫りの板，組子などがはめ込まれている。装飾的に設けられるものであるが，採光・通風などの機能をもつ。障子は一筋を用いて引分けとすることが多い。

(4) 縁

屋内の縁を縁側，屋外のものをぬれ縁とよぶ。縁側の床は縁甲板を用いて仕上げ，座敷より一段下げるのが一般的である。一間幅に広くとる場合は入側とも呼ばれ，畳敷きとすることも多い。縁甲板のように縁の方向と平行に

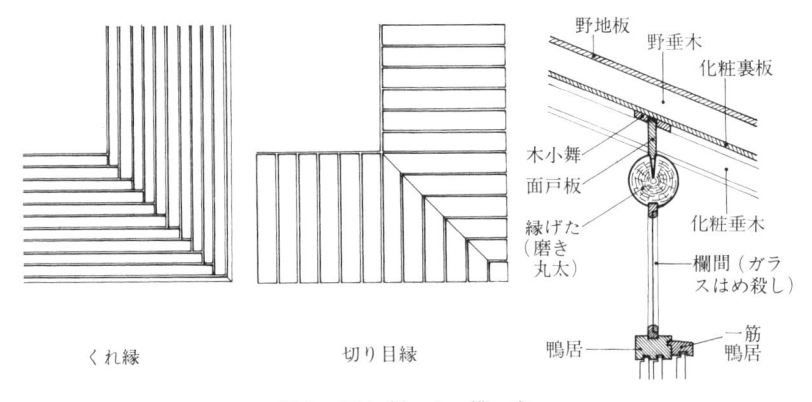

図3・117　縁　の　構　成

板を並べるものをくれ縁という。これに対し，直角に並べるものは切り目縁・木口縁などと呼ぶ。

　縁側の開口部は，明治以降ガラス戸を用いるのが一般的となった。鴨居の上には桁との間にガラスの欄間が設けられる。この桁にはスギの磨き丸太が用いられ，天井は化粧垂木としたものが多い。桁の上の垂木と垂木の間にできるすきまには面戸板をはめ込む。

3・8・3　床の間

(1)　床の間の種類

　座敷における床の間は，日本の住宅の象徴的な部分であった。定型化されたものではあるが，多くの種類がある。書院造りの流れの典型的なものを本床という。数寄屋風にするものも多い。代表的なものを図3・118に示す。なお，向かって左に書院，右に棚のあるものを本勝手，逆のものを逆勝手の床の間という。

(2)　床の間の構成

　床の間と棚との境の柱を床柱という。書院では，まさ目の角柱の面を取ったものが使われるが，数寄屋の影響で銘木が用いられることも多い。床の間の上に横に掛け渡された材を落し掛けと呼ぶ。鴨居・長押より少し上げて取り付けられるが，その高さは意匠決定の上で重要とされる。床には畳または薄べりが敷かれる。前面には床がまちを用いて一般の畳面との段差を処理する。板敷とすることも多い。床の間には軸が掛けられるように，稲妻くぎを仕組んだ無双四分一という材が回り縁の下に取り付けられる。

(3)　床　　脇

　床の間に隣接して設けられ，棚などを配する空間を床脇という。違棚・天袋・地袋などで構成され，その組合せの変化は数多い。図3・119に代表的なものを示す。違棚は本来，文具・書籍をおくためのものであったが，現在では装飾的な意味が強くなっている。床の間の側の棚を上に組むのが普通で，上の棚の端部には筆返しが取り付けられる。棚の木口は，はしばみによって隠される。筆返しとはしばみは，棚板の反りなどの狂いを防止している。棚

3・8 造作と納まり　235

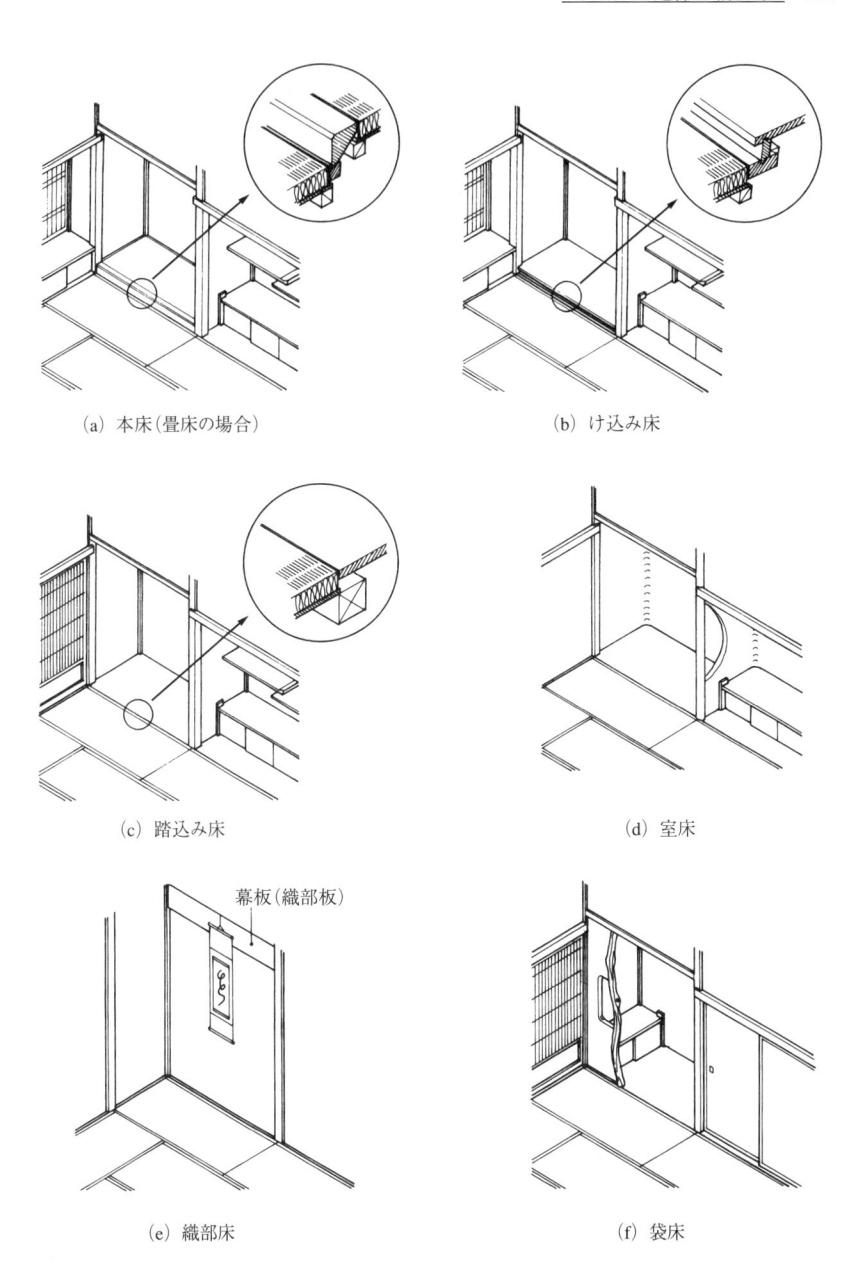

(a) 本床(畳床の場合)　　　　(b) け込み床

(c) 踏込み床　　　　　　　　(d) 室床

幕板(織部板)

(e) 織部床　　　　　　　　　(f) 袋床

図3・118　各種の床の間

と棚は，えびづかを用いて寄せありにして組む。えびづかには几帳面(きちょう)がとられている。

地袋の板には裏側から吸付桟を取り付け，反りを防いでいる。このように，床脇のつくり方には木材を適切に使うための工夫が多い。

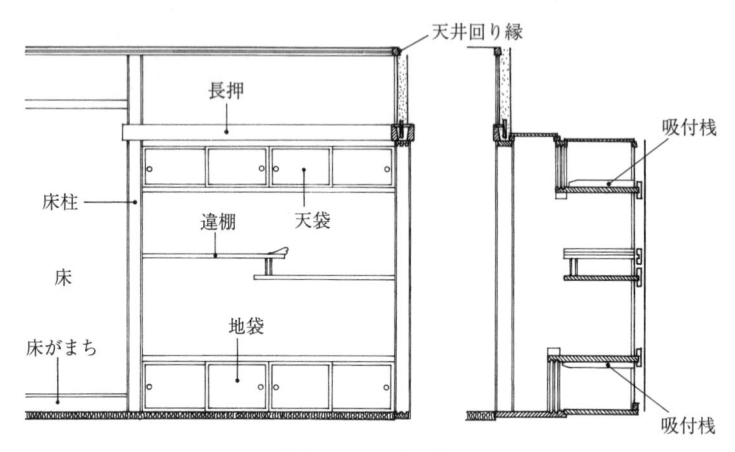

図3・119　違い棚

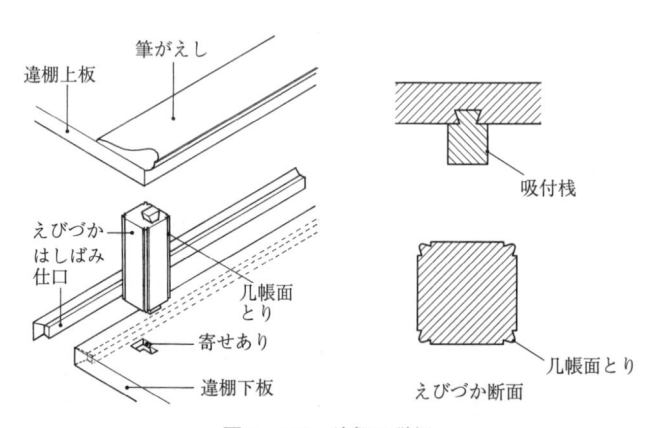

図3・120　違棚の詳細

(4) 書　　院

書院は出窓状の造付け机として発生したものが座敷飾となったものである。図3・121に示すように，付書院と簡略化した平書院とがある。

3・8 造作と納まり 237

付書院（出書院）　　　　　平書院

図3・121　書　　院

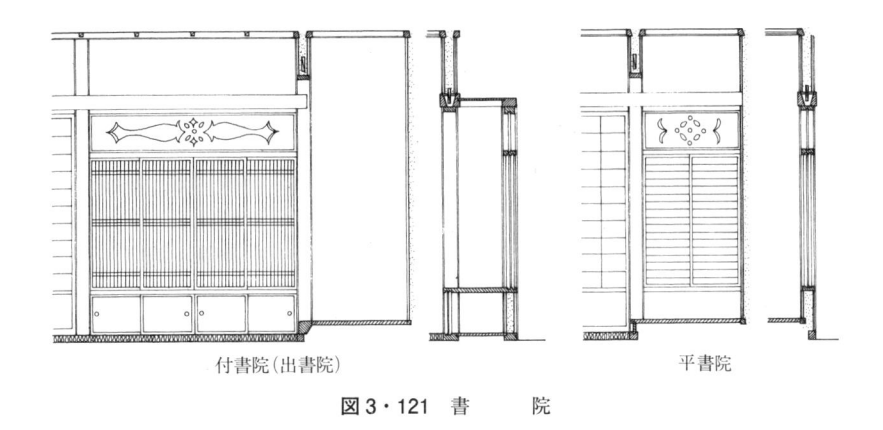

3・8・4　取合いと納まり

(1) 取合いの種類

建築物の各部を構成する材料や部品が接合あるいは接触している状態を取合いといい，取合いの箇所について意匠や性能などを考慮した総合的な出来ばえを納まりという。納まりには取合いの種類に応じ，いくつかの定石的な方法がある。

取合いの種類は，大きく以下の3つに分けられる（図3・122）。

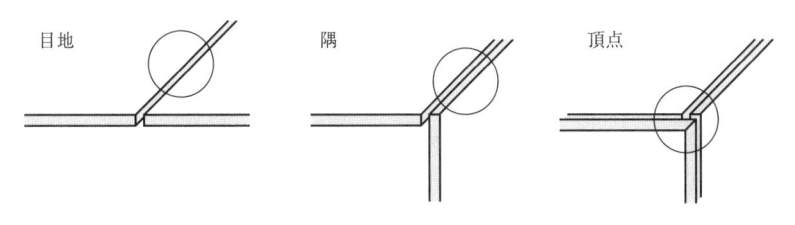

目地　　　　　　隅　　　　　　頂点

図3・122　取合いの種類

① 目地：面と面との平面的な取合い
② 隅：面と面との角度をなした取合い
③ 頂点等：隅と隅との取合い，目地と目地，目地と隅の取合い

(2) 目地の納まり

目地には，タイルやブロックのような同種の材料を並べて繰り返し用いる場合に生じる，材料間の取合いという通常の目地と，プラスター塗壁とボード張り壁など，異なる種類の仕上材の取合いの目地とがある。後者を見切りともいう。目地の納まりの基本は，板張りの形式に見ることができる。すなわち，突付け・目透し・重ねである（図3・123）。

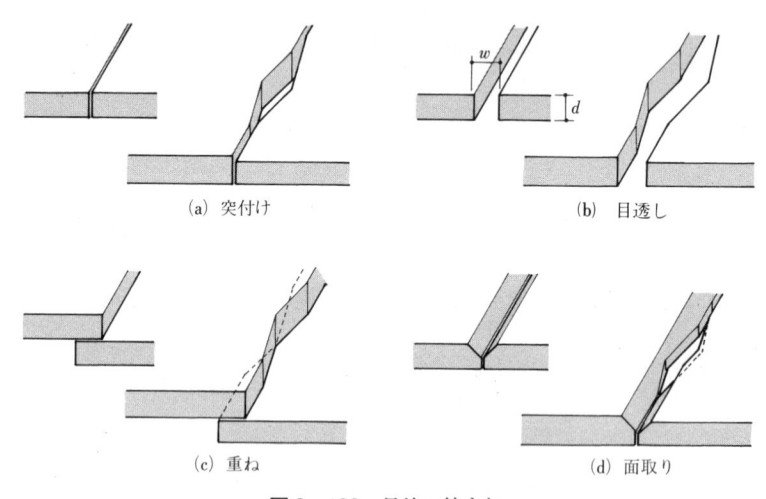

(a) 突付け　　(b) 目透し

(c) 重ね　　(d) 面取り

図3・123　目地の納まり

図(a)の突付けは，文字通り材料を順次突き付けながら位置を決め，取り付けていくものである。材料の寸法にはもともと生産時に生じる製作誤差があり，施工取付け時の位置誤差もあるのが普通であり，熱や湿気により伸縮することも考えられる。突付けはこれらの誤差や変形を吸収する機構をもっていないため，誤差や変形が集積する。それぞれの目地の不ぞろい（目違いという）が目立ちやすい，などの欠点がある。

図(b)の目透しは，誤差や変形を吸収するため，目地に逃げ・空きをとったものであり，目地の不ぞろいも目立ちにくいが，性能上の連続性という点では劣っている。目地の見付け（w）と見込み（d）は視覚上，同程度とすることが多い。

図(c)の重ねは，誤差や変形の吸収が容易であり，性能上の連続性という点でも優れているが，表面に段差を生じるのが欠点である。

以上述べてきた事例は，同種類の材料どうしの取合いについてであるが，次に，取合っている材料間に強弱・硬軟などの差がある場合について述べる。ここでは，寸法調整機構をもっている材料を弱いといい，もっていないものを強いという。

この場合も板張り形式に準じて考えると，それぞれに相当するものとして，面一（つらいち），目地分かれ，しゃくりなどがある（図3・124）。

弱い材料よりも強い材料を，軟らかい材料よりも硬い材料を先に取り付けるのが普通であり，強い・硬い材料は，弱い・軟らかい材料の定規的な役割を果たすことが多い。両者の関係からいって，誤差や変形の吸収には注意を払う必要は少ないが，面一よりも目地分かれのほうが目地の不ぞろいが目立ちにくく，弱い・軟らかい材料が収縮変形した場合でもしゃくりであれば目立ちにくい。

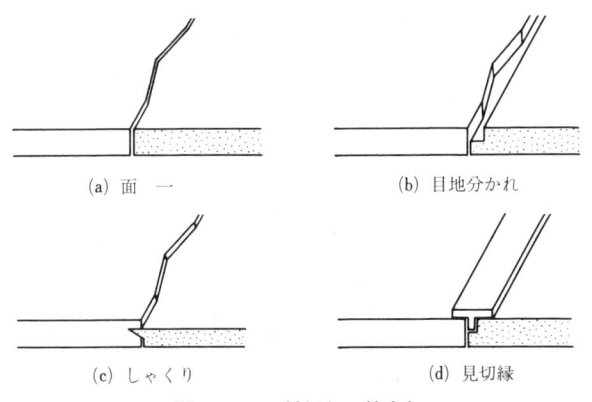

(a) 面一 (b) 目地分かれ
(c) しゃくり (d) 見切縁

図3・124 見切りの納まり

このほかの取合いについても，これらの基本形を応用することにより，やはり性状を推定することができる。例えば，図(d)の見切縁は，弱い・軟らかい材料との間はしゃくり，強い・硬い材料との間は重ねと考えることにより性状を推定することが可能である。

(3) 隅の納まり

図3・125にみられるように，隅の交差部分を一方の部位・材料が専有することを，その部位・材料名を頭にのせて，○○勝ち（または他方の名をのせて，××負け）という。目地の納まりにおいては，逃げ・空きや材料の強弱・硬軟などが関係したが，隅の納まりにおいては，さらにこの勝ち負けを考慮しなければならない。

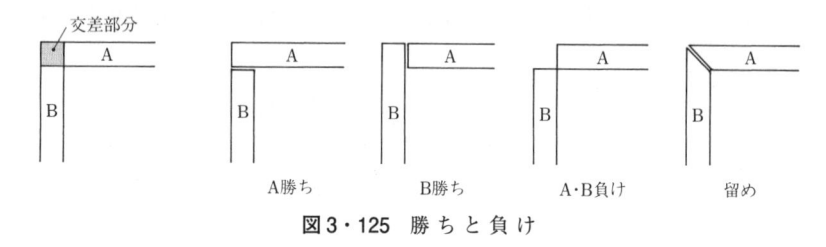

図3・125　勝ちと負け

隅は一般に，凹状の入隅と凸状の出隅の2つに分けられるが，ここでは納まりの考え方を天井と壁の取合いを例にとって説明する。

天井と壁とは仕上げ材種の異なることが多く，取合いの交線をまっすぐに納めることはむずかしい。そこで見切縁として回り縁を用いることが多い。回り縁の働きは大きく2つに分けられる。

① 後付けして誤差や変形を吸収・隠蔽する。
② 先付けして弱い・軟い仕上げの定規となる。

図3・126で(a)は①であり，(b)は壁仕上げについて②の働きを加えた例である，(c)は②の変形で，目透しと同様，目地における不ぞろいを目立ちにくくしている。(d)は目透しの効果を壁側に応用したものである。

図3・126　回り縁まわり（入隅）

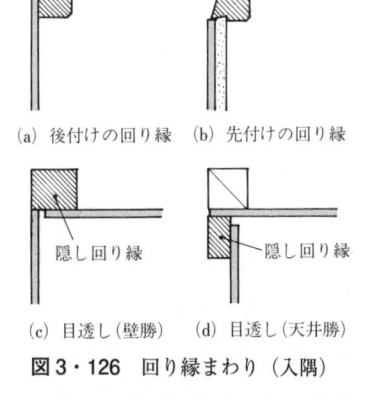

図3・127は出隅における見切縁について，先付け・後付けのそれぞれの典型例を示したものである。出隅は入隅に比べ，屋内に出現する個数も少な

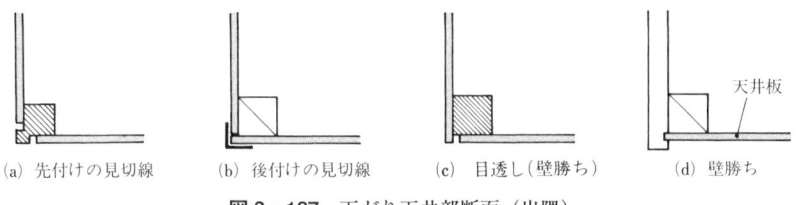

(a) 先付けの見切線　　(b) 後付けの見切線　　(c) 目透し（壁勝ち）　　(d) 壁勝ち

図 3・127　下がり天井部断面（出隅）

く，次に述べるような理由から入隅の納まりに影響されることが大きい。

(4) 頂点の納まり

建築の図面表現は平面的なものが一般的であり，納まりを示すのにも断面図などによることが多いが，頂点は取り合うものの数が多いだけに問題点も多く，トラブルも起こりやすい。断面図では，いかにも納まりがよいようにみえるものも，実際の現場ではしまつに苦労する例も少なくない。

頂点の納まりを示すには，いわゆるアイソメ（等測図）などによるとよいが，その場合でも裏側は示せない。頂点の納まりを示す，示さないは別として，断面図を描いているときにも頂点のことまで考えておく必要がある。

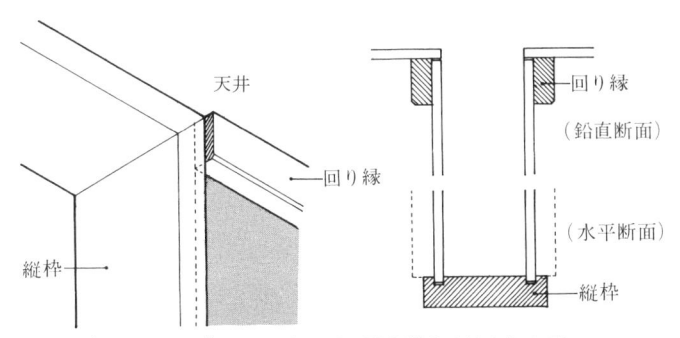

アイソメでみると，ハッチングで示す部分は納まりが悪い。これは断面図だけでは検討しにくいところである。

図 3・128　縦枠と回り縁（建具と壁の目地と，天井と壁の隅との頂点）

目地や隅を納めるにはしばしば見切縁を使用するが，一般にこの種の見切縁は断面が一定の線状の部材によることが多い。こうした形状の部材は木口を見せないことが納まっているための一つの条件となる。例えば，図 3・128 の回り縁は納まっているとはいわないのが普通である。

第4章　設計と構法

4・1　設計プロセスと構法・・・・・・・・244
4・2　建　築　部　品・・・・・・・・・・・・250
4・3　モデュラー
　　　コオーディネーション・・・・・・・254
4・4　モデュール・・・・・・・・・・・・・・・259
4・5　構法の変遷と開発・・・・・・・・・・263
4・6　構法の価値と評価・・・・・・・・・・271

4・1　設計プロセスと構法

4・1・1　建築設計のプロセス

建築物の設計は，建築物の目的，敷地，工事予算などの諸条件に基づいて，設計図や仕様書などの，いわゆる設計図書をまとめる一連の行為である。その過程では，初めは抽象的である情報が，次第に具体化され建築物を表現できる情報となる。そのプロセスが，図4・1である。

建築物は多くの場合，特定の敷地に対して，個別的な条件の中で設計される。そのため，設計の初めの段階では，ごく概略の空間構成や意匠などが主要なテーマとなる。梁間の大きさや階高，あるいは全体の形状などとのかかわりから，躯体の構造方式が仮定される。これに対し，各部を構成する構法の詳細については，大半が後の実施設計の段階で決められる。

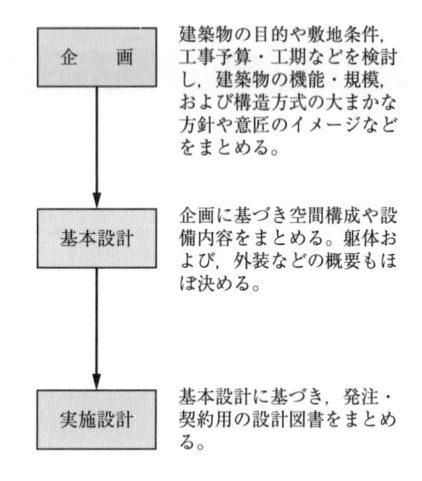

企　画	建築物の目的や敷地条件，工事予算・工期などを検討し，建築物の機能・規模，および構造方式の大まかな方針や意匠のイメージなどをまとめる。
↓	
基本設計	企画に基づき空間構成や設備内容をまとめる。躯体および，外装などの概要もほぼ決める。
↓	
実施設計	基本設計に基づき，発注・契約用の設計図書をまとめる。

図4・1　設計の手順

4・1・2　企画の中での構法

企画段階では，工事予算や工事時期の目安を立て，敷地の条件，工事費，工期などの制約の中で，機能，規模，空間構成の概要など，建築物の基本的な特性が決められる。躯体と構造方式が建築物の特性および空間の規模などと密接に関係することはいうまでもない。

日本では，地震や台風による条件が厳しい中で，高さについては，図4・2に示す目安で躯体や構造方式が選択されている。木造は，防火上の制約な

どから一般には3階までに制限されている。

柱や耐力壁の間隔を大きくすると，空間機能は豊かになるが，梁やスラブの負担が相乗的に増し，技術的に，また工事費の点から限度がある。他方で，造形面の豊かさと大きな梁間の可能性も併せて，立体トラスや吊構造などが追求されている。図4・3は日本で実現されている主要な構法の梁間距離の目安である。RC壁式構造は小規模な空間の集合体と整合させやすく，住宅への利用に向いている。

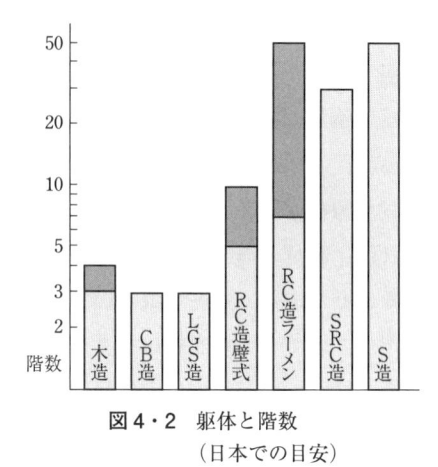

地業と基礎は地盤の良し悪しにより，構法を考えなければならない。特に，通常の基礎ですむか，杭を打たなければならないかは工事費や工期に大きな影響がある。RC造は自重が大きいため，ほかの躯体より不利な場合がある。

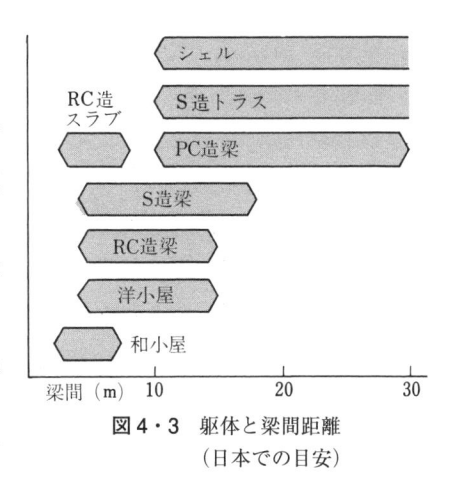

RC造でも，場所打ち工法とPCa工法とでは，工事費や工期が異なる。PCa工法が場所打ち工法より有利であるのは，同型の部品が繰り返し使われ，型枠費の負担が有利になる場合で，型枠の数を少なくすると，工期は長くなる。したがって，標準型の住宅を長期間繰り返し生産するときや，カーテンウォールのように，同型の物を大量に使用し，しかも準備期間が十分あるときにPCa工法が有利になる。

図4・2 躯体と階数
（日本での目安）

図4・3 躯体と梁間距離
（日本での目安）

建築物全体の工事費は，通常の場合，躯体や仕上げ，設備の程度によって支配される。かつては躯体のコストが全工事費の中で大きな割合を占めていたが，建築の種類によっては設備のコストが大きな割合を占めるようになった。

我が国の木造在来構法は，材料と仕上げの程度に極めて大きな幅がある。それは，部材の樹種や品等および工事を行う大工の技能水準に大きな格差があることによる。現在の我が国で，最も安価に建てることができる住宅は木造だが，いくら費用を掛けてもきりがないのも木造である。

企画段階の内容決定は，建築物の基本的な特性への影響が大きいので，設計プロセスの中の，初期段階に検討を済ませるべきで，設計の進んだ段階での変更は，大きな手戻りを伴い好ましくない。

4・1・3 基本設計と構法

基本設計では，建築物の全体像を決める。平面計画では主要な空間の大きさ，建築物の全体像に影響ある基本的な寸法の決定，高さ関係では軒高，階高，各空間の天井高，また，設備方式や躯体の構造方式が決定される。大きな設備機器や大量の配管を必要とする場合には，その位置の決定も重要である。

柱や梁や耐力壁などの各部材は，躯体の中でそれぞれの役割が与えられている。設計が進んでから躯体設計の変更を行うのは，さまざまな箇所での手戻りを覚悟しなければならない。

断面計画では，梁とスラブの位置関係などが問題で，躯体の構造方式がラーメンなら，梁形を邪魔にならない形にし，設備配管の横引きが梁を貫通する場合は強度補強が必要である。この場合，逆梁・壁梁（ウォールガーダー）なども検討される（図2・57）。

平面計画では，オフィスビルなどのように，自由な間仕切り位置が望まれる場合には，耐力壁はコア部分に集中させる構造で，オフィス空間の柱は均等配置にして，可動間仕切の移設を容易にする。また，自社ビルの場合で間仕切りも不要の場合は，構造体はすべてコアと外周部に集め，柱のないオフィス空間が好まれる（図4・4）。

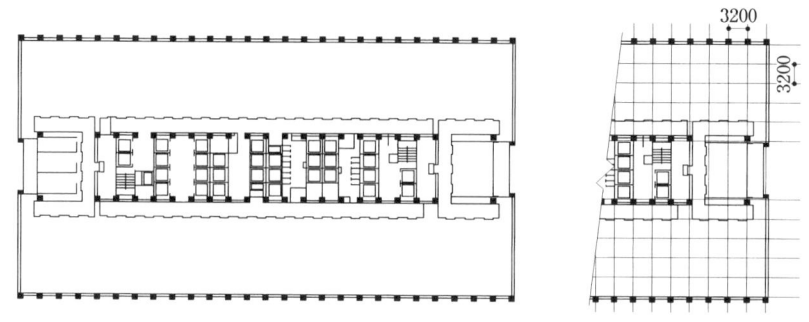

図4・4　自由な間仕切りを可能にする平面計画例（霞が関ビル）

　各部の構法設計は主に実施設計の仕事だが，基本的方針は決めておく必要がある。
　防火・耐火や採光などの安全・環境にかかわる遮断性能の確保と，防水構法や排水経路など，建築物の外周部の各所にかかわりの大きい雨仕舞の方式は，この段階での重要な検討事項である。
　加工度の高い大型部品を用いる設計では，現場での部品加工ができないので，他の部材・部品との納まりについて，大略の見通しを検討しておかねばならない。モデュラーコオーディネーション（MC）を確定しておくことも効果的である。

4・1・4　実施設計と構法

　実施設計は，一連の設計行為の総仕上げで，発注，契約用の設計図と仕様書などの，いわゆる設計図書を完成する仕事である。
　基本設計では抽象的表現であった各部についても，その材料や部品，構成や納まり，接合法が具体的に示される。しかし，受注する企業の技術力に合わせるために，この作業の一部を，建設工事と平行して行う場合もある。
　躯体については，構造計算を経て，各部材の寸法や接合法などが最終的に決められ，また，設備の機器とその配置関係なども決められる。
　各部構法では，屋根・床・壁・天井などの各部位について，下地から仕上

げまでの各層の構成，部位が相互に接する部分や開口部まわりの納まり，造付け家具や設備機器，配管まわりの納まり，さらには，可動間仕切りや各種の装置類の取付部など，実施設計での決定事項は極めて具体的である（図4・5）。

下地の選択は，躯体と仕上げの間で，双方をなじみよく結合させる役割を果たすものとしなければならない。

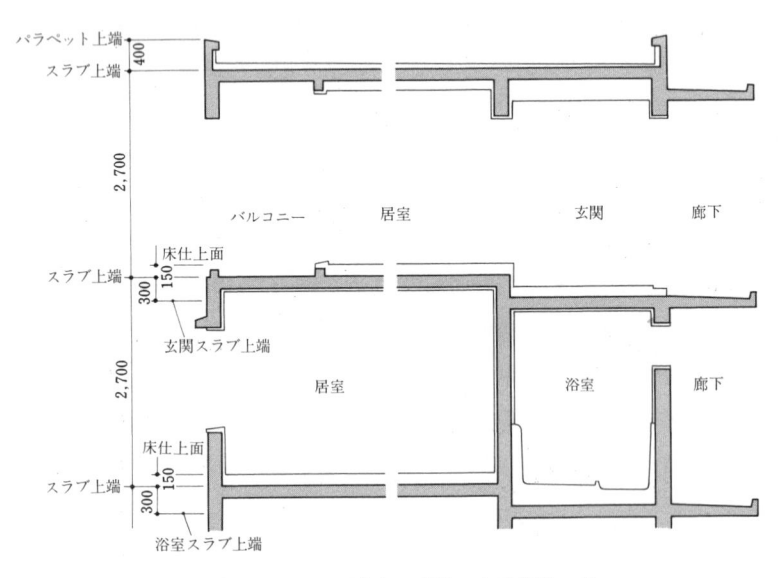

図4・5 スラブ高さに変化のある躯体の例

断熱や防湿などの遮断性能を必要とする部分では，床と壁，あるいは床と天井など，異なる部位や異なる仕上げとの接合部に特別な配慮が必要になる（図4・6）。特に，水・火・油・薬品などが使われる場所に近い仕上げは，法規制上あるいは耐久性からみて材料の選択を適切に行わなければならない。

外面壁や内面壁が屋根，床，天井などと接する部分では，性能に基づく施工順序の優先関係も含め，納まりを検討する必要がある。図4・7に示す2つの例で明かなように，隣室との遮断性能が必要なときは，壁勝ちが良いが，可動間仕切りや，天井裏の配管配線のためには，床・天井勝ちがよい。床・

天井勝ちは，間仕切りの模様替えが楽な利点がある反面，隣室間の遮音性に劣り，防火区画も難しい欠点がある。

　各部位に設けられる開口部の周辺も，異なる材料が取合う境界で，詳細な設計を考える必要がある。

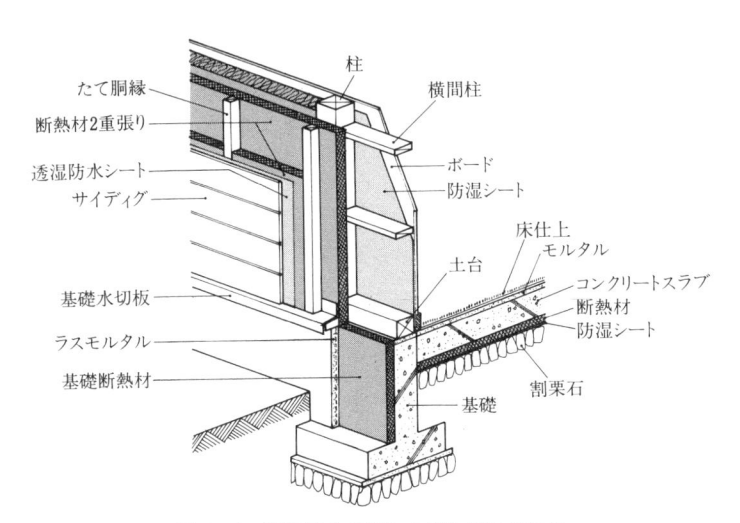

図4・6　断熱性を重視した壁と床の構法例

(a) 壁勝ち　　　(b) 床・天井勝ち

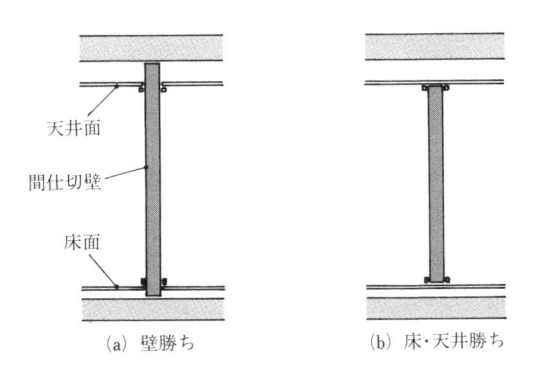

図4・7　床・天井と壁の勝ち負け

4・2 建築部品

4・2・1 部品化の目的

　建築に用いられる部品は，小は戸車・丁番などのような建具金物から，大は大型プレキャストコンクリート版や浴室ユニットまで様々である。ここでは，ある程度の大きさと機能のまとまりをもち，特定の部位を想定して製作された部品を扱う。

　このようなものは建築構成材（ビルディングコンポーネント）と呼ばれている。在来構法でいえば，畳やふすまなどが代表的なもので，部品とすることにより，プレファブリケーションによる生産の合理化をはかることができる。プレファブリケーションは，工場等に労働力を集約し，製作時間の短縮をはかることができる。また，同種の部品の量をまとめることができれば，量産化によるさまざまな利点が得られる。さらに，工場設備などを利用して現場でつくることのできない複雑な機能，高度な性能をもったものを，生産することもできる。設備関係の部品にはこの種のものが多い。

　可動間仕切りは，繰り返し移設して利用される部品で，耐用年数が建物本体より短いので，部品化することが多い。

　部品には，ある特定の需要や，特定のビルディングシステムを対象として生産されているものと，不特定多数の建築物を対象としているものがある。前者をクローズド部品といい，後者をオープン部品という。たとえば，プレハブ住宅メーカーが造る専用の壁パネルはクローズド部品であり，在来の木造住宅用に使われているサッシはオープン部品である[1]。プレハブ住宅のパネルを1枚だけ購入することはできないし，1枚分の市販価格も決まっていない。これに対し，木造用サッシは，性能と価格が明示されていて常に市場

---

1) クローズド部品とオープン部品は，明確に定義できるわけではない。例えば，住宅用サッシは典型的なオープン部品であるが，関東間という特定の地方の寸法体系にのった部品と考えれば，その範囲でのクローズド部品である。

に存在している。オープン部品とは，カタログが用意され，市場で販売されている部品である。

建築生産の合理化が進められる中で，部品化，特にオープン部品の使用は確実に増えている。利用者の目が高まり適切な部品の選択・使用が進めば，良質な部品が市場に整備されていくことになる。

4・2・2 大型部品の例

床・壁・天井・屋根などの部位に使われる部品は，第3章で扱ったが，部品の中には部位単位では扱えない空間単位のものがある。浴室ユニットはその代表である（図4・8）。

浴室ユニットは，1960年代前半にホテルニューオオタニの建設に採用されて以来，ホテルや集合住宅を中心に普及した工業化部品である。日本人は浴槽の外で身体を洗うので，浴室には防水をはじめとする要求条件が厳しい。また，現場で造る場合は多くの職種によるこまごまとした工事が必要なため，空間を構成する部品として工場で生産することが適している。防水パンの上に現場でパネルを組み立てるものなどがある。

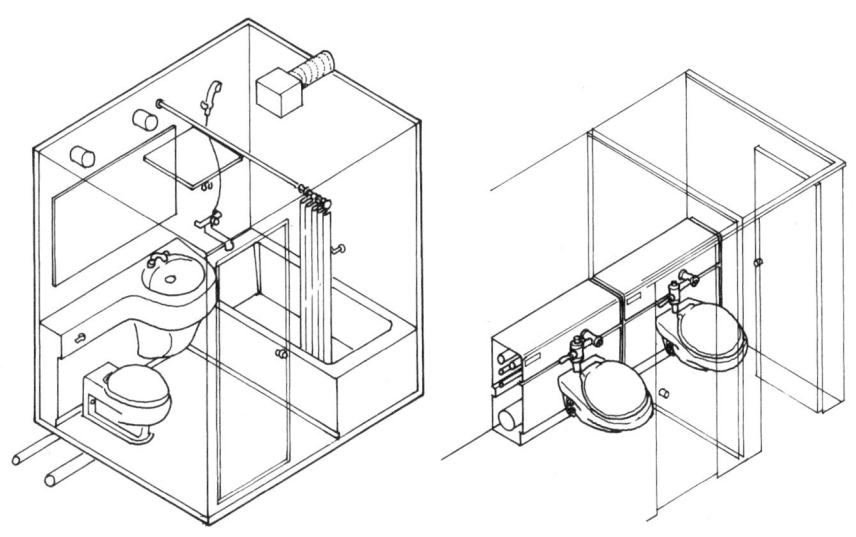

図4・8 浴室ユニット　　図4・9 事務所建築用の便所用ユニット

252　第4章　設計と構法

　図4・9は，日本で初めての超高層である霞ヶ関ビル建設に伴って開発された事務所建築用の便所用ユニットである。床下配管をなくし，配管がプレファブ化されている。

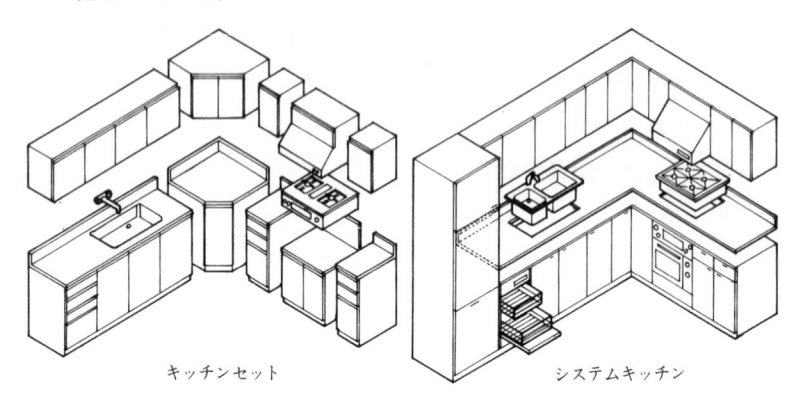

キッチンセット　　　　　　　　　システムキッチン
図4・10　キッチンセット・システムキッチン

パネルタイプ　　　　　　　　　ボックスタイプ
図4・11　収納ユニット

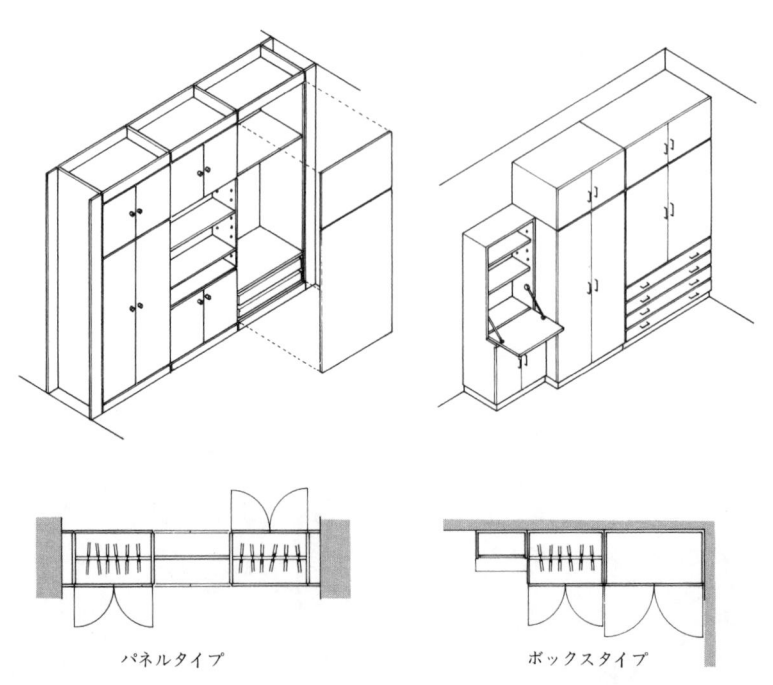

キッチンセットも，アルミサッシと並ぶ代表的な住宅用オープン部品である。ステンレス製流し台を日本住宅公団（現在の都市再生機構）が採用したことが，開発普及のきっかけであるが，現在は数多くのオープン部品が生産されている。天板に継ぎ目のない材を使うシステムキッチンが多い。

収納ユニット（図4・11）は，棚板や扉の組合せで，さまざまなヴァリエーションをつくり出せるシステム商品である。間仕切壁としても使用し，電気のコンセントがつけられる製品もある。棚板を側板に掛け渡すタイプのものと，工場で箱としてつくるタイプ（ボックスタイプ）のものがある。

4・2・3　部品と設計

オープン部品を取り入れると，建築設計の手法も変わる。部品の性能・内容が，建築設計に先立ってカタログで決定されているので，設計は，部品どうしの取合いや，部品と周辺の納め方を決定すればよい。もちろん，どのような部品を選択するかが一番重要な作業である。

既成部品の情報は，カタログによって，あるいはショールームの実物によって材質・寸法・性能，標準的な納まりなどを知ることができる。

部品が取り合う部分の設計には，部品の寸法と寸法の押え方を知る必要がある。部品と建築物について，寸法決定のためのモデュラーコオーディネーションによって，寸法関係が明快であれば，部品の互換性も高められる。

4・3 モデュラーコオーディネーション

4・3・1 モデュラーコオーディネーションの意味

モデュラーコオーディネーション（寸法調整）とは，建築・構成材・部品などの寸法関係を，基本単位となる寸法を用いて体系づけることである。この基本単位となる寸法をモデュールという。モデュールは，ひとつの単位寸法をさす場合と，一連の寸法群をさす場合とがある。例えば，内法寸法が3600mm 角の部屋に900mm 幅の壁パネルを用い，300×600mm の天井材を割り付ければ，過不足なくきっちりと納めることができる。これらの寸法はよく用いられ[1]，それに合う構成材がオープン部品として市販されている。オープン部品を成立させるには，建物の方にも部品の方にも共通なルールとしてのモデュラーコオーディネーションが必要である。それによって部品交換が容易になり，規格化された既製の間仕切り部品を用いれば，さまざまなプランができ，プランニングの自由度が高まる。

4・3・2 江戸間と京間

日本人にとってなじみが深い木造在来構法のうち，江戸間[2]と呼ばれているものは3尺を単位とするグリッド（方眼）に従っている。これはモデュラーコオーディネーションの代表的手法の一つで，柱の心をグリッドの交点に合せて配置するという約束で，全体のシステムが構成されている。図4・12のように，畳の大きさは八畳間と四畳半とでは異なってくるし，六畳間には微妙に寸法の違う2種類の畳が必要となる。

畳の大きさを統一しようとすると，図4・12(b)の京間[3]のように柱の内

---

[1] 住宅では303mm（1尺）の倍数が使われることが多い。
[2] 江戸間は関東間とも呼ばれる。田舎間も似たことばであるが，多少異なる内容をさす場合がある。
[3] 京間のことを関西地方では，本間と呼ぶことも多い。

法で寸法を押えることになり,軸組のスパンは柱の太さを加えた寸法になる。また,間取りが決まってから柱間の正確な寸法が定まるので,あらかじめ精密な面積の計算をすることは困難である。京間[1]は,畳の寸法を6尺3寸×3尺1寸5分で統一したものである。江戸間と京間には一長一短があり,どちらがよいとはいえるものでない。江戸間のようなグリッドをシングルグリッド,京間のようなものをダブルグリッドという。

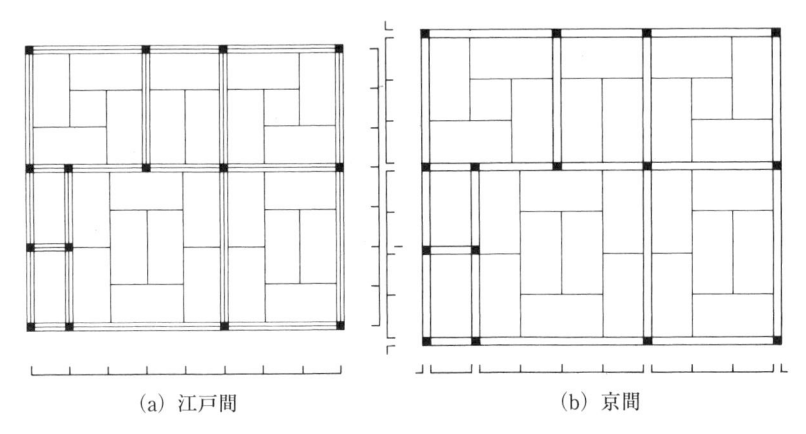

(a) 江戸間　　　(b) 京間

図4・12　江戸間と京間

4・3・3　グリッドと建築構成材

グリッド上に配置する部品は可動間仕切りなどのように,同じ大きさの部品を複数セットにして用い,グリッドに従って配列することが多い。木造軸組・畳などがその例である。

グリッドが対応する建築構成材には,図4・13に示す4つの典型がある。

① フレーム（軸組）を形作る構成材
② 面をつくるパネル状の構成材（畳・天井パネルなど）
③ 各辺がある程度の大きさをもつ箱状の構成材（収納ユニットなど）
④ 空間を仕切るための厚さの薄いパネル状の構成材（間仕切りなど）

京間の場合には①と異なり,ダブルグリッドと対応することになり,軸組自体の互換性は低下する。軸組だけのことを考えれば,ダブルグリッドより

①フレーム　　②平面状のパネル

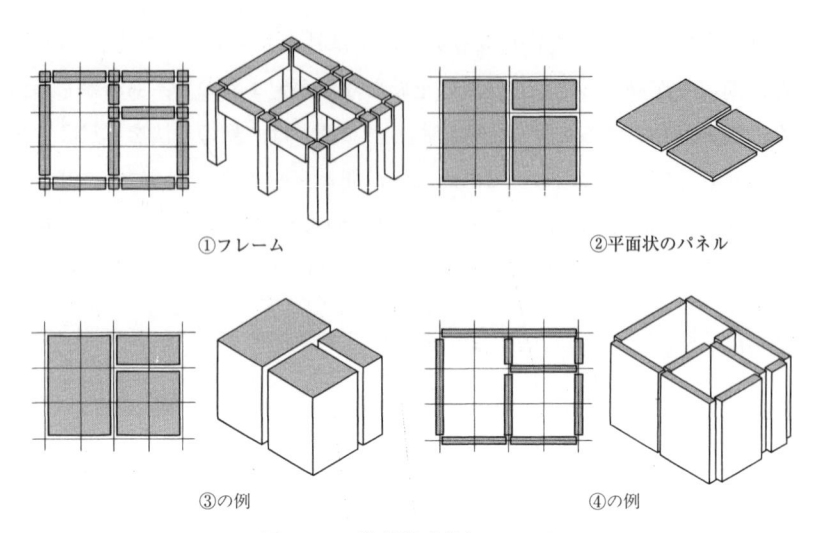

③の例　　④の例

図4・13　建築構成材とグリッド

シングルグリッドが明快である。

②，③の場合は，グリッドで囲まれた領域に構成材や部品がぴったりと納まるシングルグリッドが好都合である。

京間のようなダブルグリッドに対応させるためには，帯の中をふさぐ部品が必要で，京間では敷居，柱などがその役割を果たしている。

これらに対し，④すなわち間仕切りパネルのような場合には，グリッドとの対応は図の例のようになるとは限らない。次項4・3・4の心押えの場合と面押えの場合があり，グリッドもシングルグリッドが最適であるとはいいきれない。

①もしくは④のような構成材と③のような構成材が組み合う場合には，問題は複雑になる。間仕切りとボックスタイプの収納ユニットが接する場合の寸法関係がその例で，一般的な法則や解はない[1]。

1）この問題は，古来より thickness problem といわれる難問である。

4・3・4 心押えと面押え

構成材や部品がグリッドに従って配置されているとき，その位置をコントロールする線を組立基準線という。間仕切りなどの部品群と基準線との位置関係には心押えと面押えの二つの押え方がある。

図4・14のaのような配列をシングルグリッド心押えという。江戸間の壁はこれに相当する。この場合の畳は，既に述べたように一定の大きさではなくなる。それを防ぐには，間仕切りが，ほかの種類の部品と取り合う場合の配列を，b-1のような面押え（つら）としたほうがよい。この配列ではAのような柱材もいらないし，パネルの長さは1種類ですむ。しかし，パネルの表面が揃わないので，b-2のように長さの短いパネルを混用するのが一般的である。パネルの種類が増えるのをきらうならば，e，dのようなダブルグリッドとすればよい。しかし，グリッドが等間隔でないので，プランニングや配置替えの自由度は著しく制限される。それを避けるには，c-1のようにす

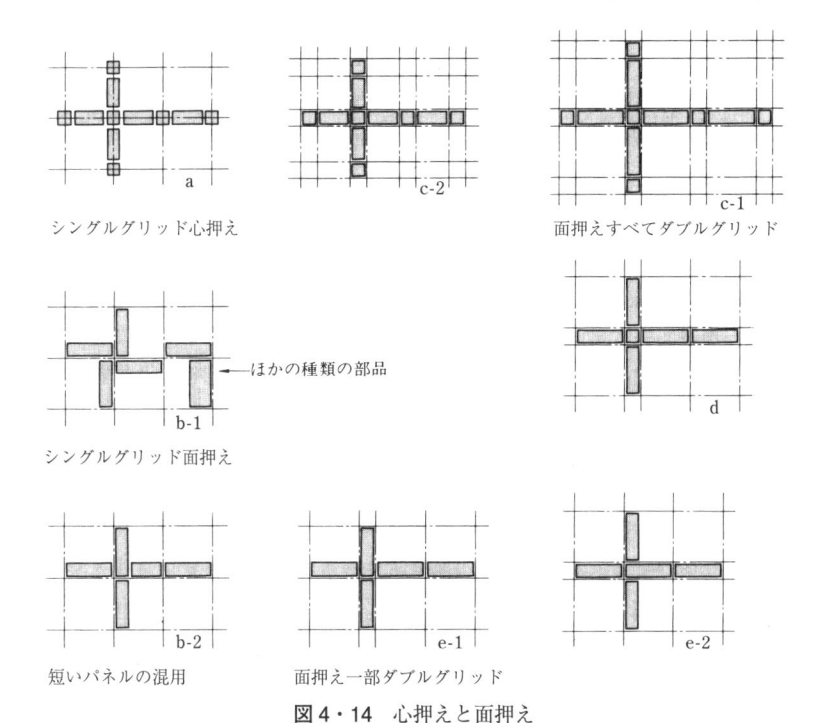

a シングルグリッド心押え	c-2	c-1 面押えすべてダブルグリッド
b-1 ←ほかの種類の部品 シングルグリッド面押え		d
b-2 短いパネルの混用	e-1 面押え一部ダブルグリッド	e-2

図4・14 心押えと面押え

べてのラインをダブルに引けばよい。ところがこれは，aの間仕切りの厚さを規定し，ダブルに線を引いたc-2と同じパターンであり，寸法が厚さの分，異なるだけである。これをタータングリッドと呼ぶ。間仕切りの厚さを規定すると，さまざまな制約を生むことになる。実際のモデュラーコオーディネーションは，さまざまな条件を総合的に判断して決められる。

4・3・5 基準線と構成材

モデュラーコオーディネーションでは，構成材や部品は組立基準線に合わせて設置される。心押えの場合には側面に取り合う部品を考えないので，基準線は位置を指定するためだけのものである。これに対し面押えの場合には基準線を介して他の部品と取り合うわけで，基準線は領域の境界を示す機能をもつ。その場合，原則として部品寸法を，基準線間の距離いっぱいには設計しない。部品の製作の際に生じる誤差や，据付けのときの位置の誤差を吸収するためで，部品は図4・15のように，あらかじめ逃げをとって小さめに設計される。このときの構成材の寸法を製作寸法といい，基準面間の距離を呼び寸法という。空きは部品の性質や，据付けの仕方に応じて定められる。呼び寸法はモデュールによって定まるが，製作寸法は製作技術で決まる。

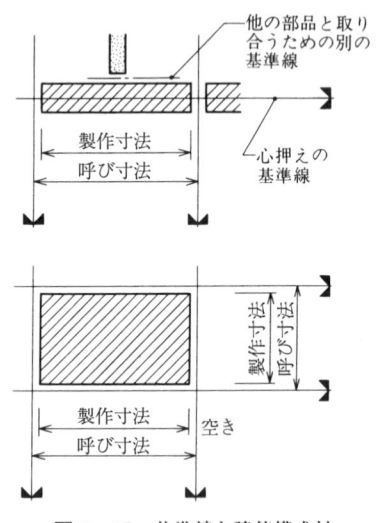

図4・15 基準線と建築構成材

和風木造建築は，こうした原則とは反対に，部品を少し大きめに造って，押し込んだりして，ぴったりはめ込むことが多い[1]。これを「締まりばめ」と呼び，これに対して，隙間を逃げてはめ込む納め方を「隙間ばめ」という。金属などの硬い材料どうしのはめあいは，「隙間ばめ」にせざるを得ない。

---

1) 「締まりばめ」の代表としては，よく「畳」が例に挙げられるが，和風木造建築の継ぎ手仕口（2・7・5）も叩き込む場合は「締まりばめ」である

4・4 モデュール

4・4・1 モデュール寸法の大きさ

　和風木造建築のモデュールは，古来 30cm に近い寸法が使われており，それを寸法の単位「1尺」としてきた。その長さは地域により時代により，多少の違いはあるが，いずれも 30〜32cm の範囲に入る。この寸法呼称は，中国・韓国とも共通で，大陸から，日本に渡来したと考えられている。寸法の単位に 30cm ほどの長さを使うのは，東アジアだけでなく，遠くインド・ヨーロッパにもあって，英米で現在使われている「フット（foot）」も，この範囲に入る。その共通性は，長さを測るときに使う人体寸法に関連があるといわれている。

　日本では，江戸時代に住宅用のモデュールとしては「1尺」より，「3尺」「1間（6尺）」が広く使われ，これは畳の寸法，梁間の単位とされている。「3尺」「1間」という寸法の便利さは，人体そのものの寸法ではなく，人の動作寸法と関連があるとされている。例えば，能の場合，3尺角は，座った広がり，1間四方は立ち回りの広がりなどと考えられている（図4・16）。

　「3尺」「1間」という長さは，地域，時代によって異なるが，いずれも 90-100cm，180-200cm の範囲

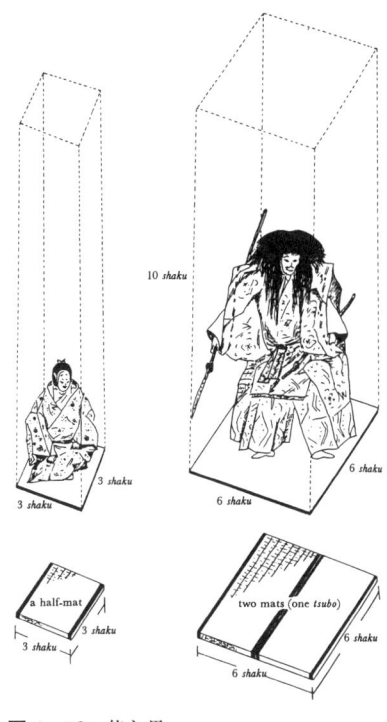

図4・16　能と畳
（「The Noh Theatre」Noh by Kunio Komparu, Weather Hill, Tankosha）

に入る長さで、このような大きな寸法が建築用モジュールに使われている国は、日本以外の先進国にはない。ヨーロッパでは、第二次大戦後長い年月をかけた議論の結果、10cmを単位とする合意が出来、30cm、60cmも一般化している。

生産者側から見ると、大きなモジュールは、半端な寸法の部品を造らないですむので、部品の種類が少なくなり、在庫も減るし、生産量もまとまって好都合である。消費者側から見ても、量産によるコストダウンの可能性が高まり、限られた規格寸法でありながら多様なオープン部品が市場で手に入るようになる。

日本では、住宅用部品としては、30.3cm、45cm、50cm、等があり、決定的なものがなかったが、最近は60cmを単位とする天井部品がオフィス用に出回るようになった。

4・4・2 モジュール寸法の数値

「3尺、1間」と呼んできた日本の伝統的モジュールは、現在の単位に直すと、関東間なら90.9cm、181.8cm、京間なら95.5cm、190.9cmなどとなる。90.9cmという寸法は実際に使われているが、「3尺、1間」という方が呼びやすく、間違いも少ない。それは数値がラウンドナンバーだからである。そこで、モジュールとしては大きさだけでなく、数値としてもラウンドナンバーがよいという考えがあり、使いやすいラウンドナンバーを探す研究がされてきた。

ラウンドナンバーといえば、十進法では、10^n：1、10、100、1000、…などが基軸である。これらは、無限小から無限大まで有効数字は一桁である。

次に、建築では、同じ部品を並べることが多いので、2倍、3倍などの数値も欠かせない。しかしこれらをモジュール数値とすると、倍数を重ねるうちに、十進法のラウンドナンバーからはなれることになる。例えば、

2^n：2、4、8、16、32、64、128、256、512、1024…や

3^n：3、9、27、81、243、…などは、次第になじみのない、使いにくい数値になってしまう。

IV	III	II	I			I	II		III	IV
625	125	25	5	1	2	4	8	16	32	64	128	256
	375	75	15	3	6	12	24	48	96	192	384
		225	45	9	18	36	72	144	288	576
			135	27	54	108	216	432	864
				81	162	324	648	1296

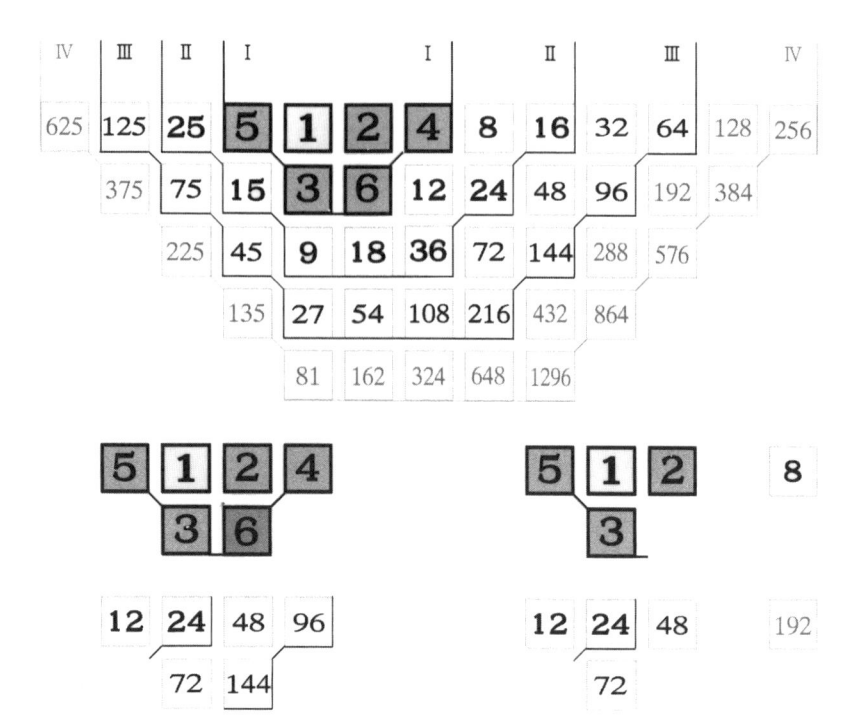

左右上下関係だけでなく，表中のすべての数値の6倍は右下にあり，1.5倍が右下にある。もっと遠く12倍の数値は右に2つの下に1つ下がった所にある。このような関係が表全体に成立しているし，フィボナチの1, 2, 3, 5, 8の比例関係もあらゆる位置で成立している。

図4・17　モデュール数表

　図4・17は，モデュールとして使いやすいラウンドナンバーを並べたもので，モデュール数表と呼ばれる。この表の数値は十進法によって，小数点を打つ位置を自由に考えてよいとしているので，無限小の世界から無限大の世界まで包含できている。どの数値も2倍すると右隣の数値になり，5倍すると左隣の数値になる。また，どの数値も3倍すると下段の数値になる。こうした関係は，部品の組立，分解に極めて便利なので，実際の建物などによく使われている数値とも一致する。表の周辺の数値になるほどに，馴染みがうすくなるので，中央に近い数値ほどよく使われる。

乗除算のための便利な数値には，10の10乗根の乗数$(\sqrt[10]{10})^n$を使うルナール数（Runard Numberといい，R10とも呼ぶ）がある（表4・1）。これは，無理数だが，相互に掛け合わせているかぎりどんなに回を重ねても，十進法で10個以上の数値が出てこない。しかも，数値の見かけが2や5の倍数に極めて近い。それは$2^{10}=1024$がほぼ1000に近いためである。そこで，ルナール数の呼び名に2と5の倍数を当てる考えが浮かぶ。つまり，125，25，5，1，2，4，8，16，32，64を10個のルナール数を丸めた呼称とする。それにより相互の掛け算を，すべてこの10個の呼び名で処理することが出来る。幸いなことに，そのすべての数値は，図4・17に含まれている。この数値は，乗除算で決る写真の露出・絞り・感度等の規格にも使われている。

これらとは全く別に，コルビュジエのモデュロール（Modul'or）が有名である（図4・18）。モデュロールは金のモデュールという意味で，黄金比の図形上の美しさにもとづいて，コルビュジエが個人的に設計に使っていた数値群のことである。しかし，これに関連のあるフィボナチ数列は，整数で加算性もあり，黄金比に収斂するので，黄金比の近似として使える。その初めの数値，1，2，3 (=1+2)，5 (=2+3)，8 (=3+5)，は，先の図4・17に含まれている。

表4・1 ルナール数（R10）

R10		
$\sqrt[10]{10^0}$: 1.	≒	1.
$\sqrt[10]{10^1}$: 1.2589	≒	1.25
$\sqrt[10]{10^2}$: 1.5849	≒	1.6
$\sqrt[10]{10^3}$: 1.9953	≒	2.
$\sqrt[10]{10^4}$: 2.5119	≒	2.5
$\sqrt[10]{10^5}$: 3.1623	≒	3.2
$\sqrt[10]{10^6}$: 3.9812	≒	4
$\sqrt[10]{10^7}$: 5.0119	≒	5
$\sqrt[10]{10^8}$: 6.3096	≒	6.4
$\sqrt[10]{10^9}$: 7.9433	≒	8
$\sqrt[10]{10^{10}}$: 10.	≒	10 or 1

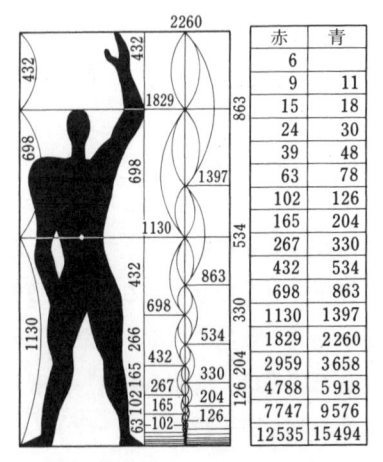

赤	青
6	
9	11
15	18
24	30
39	48
63	78
102	126
165	204
267	330
432	534
698	863
1130	1397
1829	2260
2959	3658
4788	5918
7747	9576
12535	15494

図4・18 モデュロール

4・5　構法の変遷と開発

4・5・1　日本の木造建築

　明治以前の日本建築は，すべてが木造であったといっても過言でない。ヨーロッパの永い歴史のなかで組積造の技術が育まれたように，日本の永い歴史のなかでは，高度な木造技術が育まれ，その遺構は，伝統的木造建築群として日本各地に現存している。

　伝統的な木造建築群は，大きく分けると，住宅，社寺，城郭などがあり，それぞれ異なった姿を持ち，格式によって，書院造り，数寄屋造りがある。また小屋組には，農家に多い合掌造りと，町家に多い和小屋がある。また，防火，耐火を目的にした特種な外装のものとして，藏造りがある。これらは，いずれも完成度が極めて高く，材料，製作技術ともに世界に誇れるもので，優れた町並みを造り，内外の建築家，美術愛好家達の憧れの的でもある。

　これらの技術が成熟したのは，江戸末と考えられていたが，技術の洗練は，明治，あるいは大正まで続き，最盛期を昭和の初めとする意見もある。ともあれ，書院・数寄屋の発祥からは，300年以上の歳月をかけており，その仕上げ技術の完成度，洗練された姿は，現代の新しい構法の及ぶところでない。伝統的な木造建築の大部分は，建築基準法施行（1950）以前（第二次大戦以前）に建てられた遺構で，それ以後に建てられたものは，継手，仕口が金物で補強されている。普通に在来構法と呼ばれているのは後者である。この両者を区別するために，前者を伝統構法と呼ぶようになった。

　伝統構法のルーツは，さかのぼれば法隆寺に至る。しかし法隆寺から，書院・数寄屋の始まる室町末までには，構法の視点から見て，一つの大きな節目がある。それは，重源が大仏様として貫構造を大陸から導入した東大寺再建（1190）の時で，現存する当時の建物には，浄土寺浄土堂（1192），東大寺南大門（1199頃）などがある。それ以前の日本の木造建築には柱を貫通する貫がなかった。平安時代の建物がほとんど残っていないのは，貫がなかっ

たために，台風や地震で倒れたと考えられている。

　それより古い奈良時代の建物が残っているのは，柱が太かったからで，その太さで転倒を免れていたが，時代が下り，次第に太い資材が入手難となり，柱を細くした結果，多くの建物が倒壊するようになったと考えられる。鎌倉時代以後の建物は，貫で転倒を免れるが，時代が下るにつれて，柱はさらに細くなり，貫通する柄孔(ほぞあな)が柱の断面を傷め，江戸時代末になると貫があっても，開口部の大きな建物は地震で倒壊するようになる。さらに明治以降昭和まで，柱は微妙に細くなり続け，地震や，風の横力に抵抗しにくくなったのである。戦後の建築基準法が，木造在来構法の接合部に金物の補強を強制したのはそのためであった。

4・5・2　近代工業技術と構法の展開

　ヨーロッパでは建築材料として古くから，木材・石材などの天然材料やレンガが用いられてきた。レンガ造・石造は永い歴史の中で，ロマネスクやゴシックのみごとな様式を完成した。18世紀始めまでの構法は，ゆっくりと進歩・発展してきた。

　ところが，産業革命以降，セメント・鉄・ガラスの大量生産が可能になって，以後の建築構法に大きな変化をもたらした。

　初めて躯体の材料として利用された鉄材は鋳鉄[1]であった。19世紀の半ば，ロンドン万国博のクリスタルパレスは，鋳鉄製の柱と梁にガラスを組み合せて明るい大空間が実現した（図4・19）。同じころ，ベッセマーらによって製鋼法が発明され，鉄骨造の主役は鋼鉄に移った。強くかつ粘りのある性質をもつ鋼材は，豊富な資源と大量生産技術を背景に，高層建築物や大スパン構造に広く用いられるようになった。

　19世紀前半には，現在のポルトランドセメントが発明された。その後，鉄筋コンクリートの構造の解析方法が進み（図4・20），鉄筋コンクリート構造の建物が急速に発展した。20世紀にはいると，構造理論の発達などに裏

---

　1)　19世紀初頭には，すでに使用され始めている。

図4・19 クリスタルパレス (1851) 　　図4・20 フランクリン街のアパート (1903)

図4・21 ネルビーの格納庫 (1940) 　　図4・22 国連本部ビル (1948)

　付けられ，高層建築物・大スパン構造への利用が進み，シェル構造やプレストレストコンクリート構造などが開発された（図4・21）。
　ながく組積造に頼ってきた欧米の建築は，鉄筋コンクリート造と鉄骨造によるラーメン構造の出現で，壁体が構造体から分離し，開放的な内部空間がつくれるようになるとともに，外装には，カーテンウォールが開発された（図4・22）。

日本でも明治以来，近代西洋技術の導入と都市防火に力を入れ，ヨーロッパの石造・れんが造を導入するが，濃尾，関東の大震災でその耐震性に疑問がもたれるようになる。折しも欧米では，鉄筋コンクリート造の開発が進められており，日本でも直ちにその導入に力を入れた。そして，優秀な木造大工が豊富だったため，他国では考えられない精巧な型枠が，現場で安価に造られ，日本の鉄筋コンクリート造は，現場でコンクリートを打つ一体式が主流となった。その普及とともに，鉄筋コンクリート造は耐震・耐火・耐久の理想の建築として，信頼されるようになる。その傾向は，第二次世界大戦での大都市の戦災でますます高まり，都市造りは鉄筋コンクリート造に頼り切ることになった。

しかし，戦後の膨大な復興の中で，東京オリンピック（1964），大阪万博（1970）という特別な需要が重なり，粗悪な生コンクリートを受け入れざるをえなくなり，コンクリートの品質が悪化し一時は国際的にも最低といわれるまでに劣悪化した。

他方，コンクリートの永久性を信じて埋め込んだ配管類は，当初の期待を裏ぎり30年を待たず腐食し始め，その取替え工事で建物の健全な部分まで破壊せざるをえなくなった。さらに，設備機器の進歩に伴う更新や，社会機構の変化による建物用途の変更にも関連して，一体式鉄筋コンクリート造の硬直性が目立ち，万能と思われていた鉄筋コンクリート建築にも，厳しい視線が向けられるようになった。

4・5・3　新しい構法の実例

第二次大戦後の膨大な復興事業のなかで，新しい構法の開発が目立ったのが，工業化住宅と高層事務所建築である。

高層建築では，耐震，基礎，カーテンウォールに関する技術開発が主であるが，個別的なものが多いので，ここでは，建築物全体がシステムとして開発された住宅の構法に絞って，実例を拾い上げることにする。

大戦直後の住宅の不足は420万戸といわれ，その不足を補うために，官民競い合って開発したさまざまなスタイルの工場生産住宅は，戦後半世紀の淘

汰を経て，戸建てでは民間の数社が定着する結果となった。

それらは，部品の工場生産によってコストダウンを実現し，個別の注文にきめ細かく応じる量販によって，メーカーとしてのブランド名を周知させ，安定した性能を実現して，信用を確保した。その構法は，在来の物とは違い，それぞれメーカー独自の新しいシステムであるが，今や日本社会に定着し，在来構法と同様に国民に馴染み深いものになりつつある。

工場生産され商品化されているプレハブ住宅が，市民の多様な要求に応じているのは海外には例がなく国際的に注目されている。ここに採り上げるのは，その代表的例である。

現在普及しているプレハブ住宅には，鉄鋼系，木質系，コンクリート系があり，鉄鋼系には軽量鉄骨（LGS）造と重量鉄骨造がある。また，プレハブ

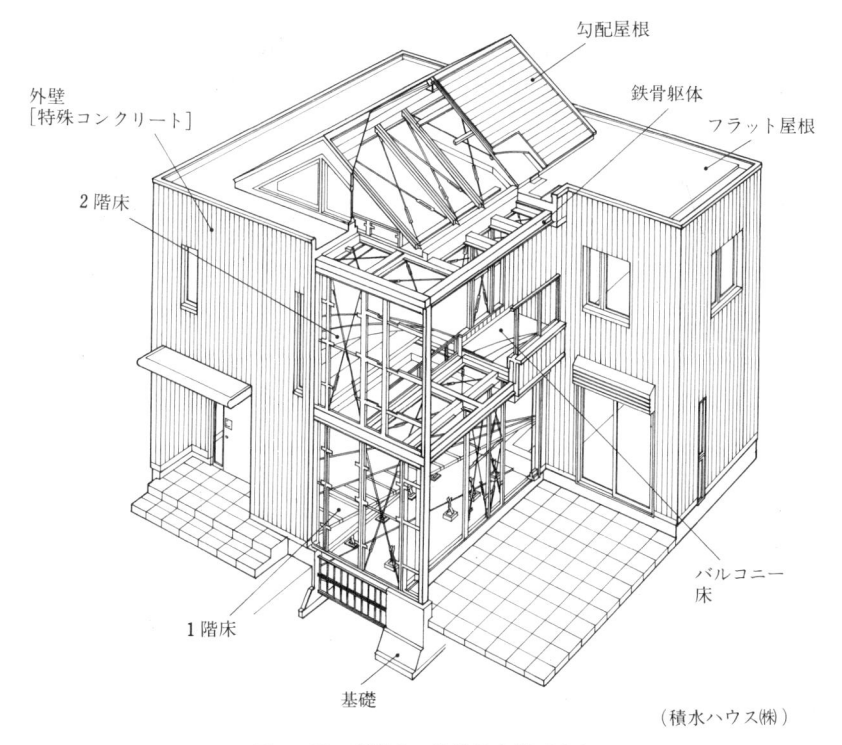

図4・23 実例1：鉄骨系中型パネル

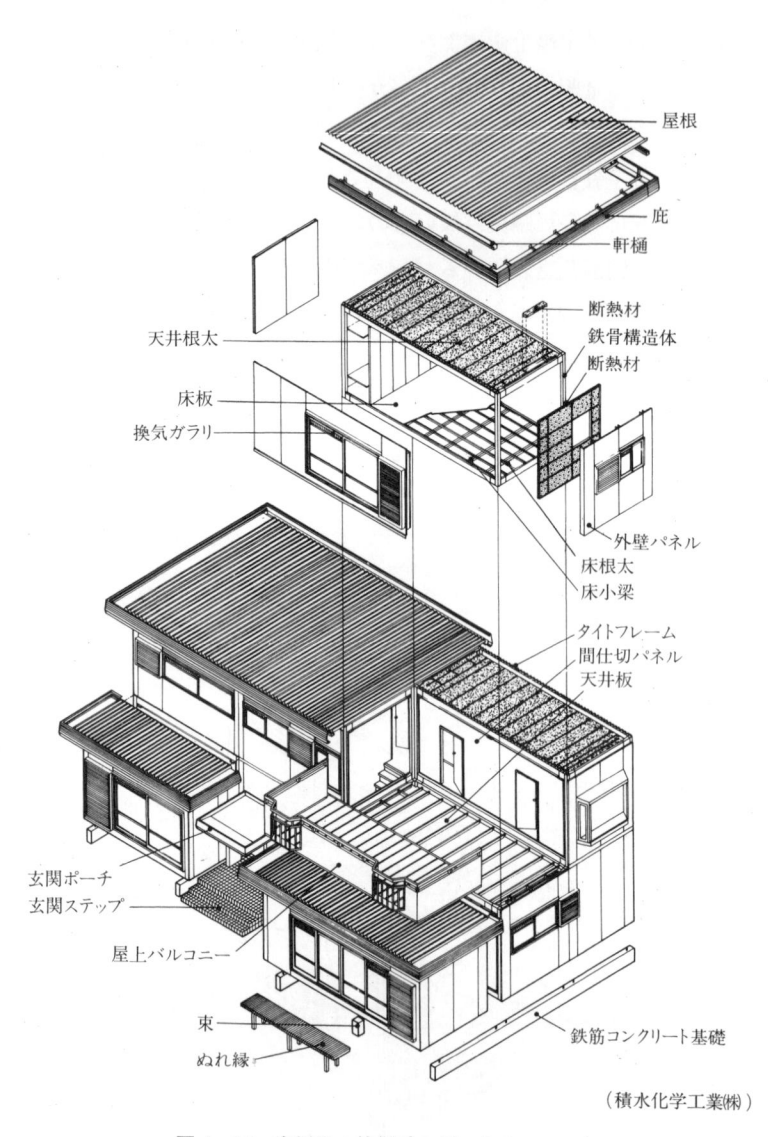

図4・24　実例2：鉄鋼系：ボックスユニット

方式から見ると，パネルを工場で造るパネル式と，箱形のユニットを工場で生産するユニット式がある。実例1（図4・23）は，LGSの柱と梁に最小限の耐力壁を用いて，間取りの自由度を大きくしている。実例2（図4・24）は，LGS造のボックスユニットに各種の設備や仕上げを工場で装着し，現場でRCの基礎にボルトで接合するものである。

コンクリート部品を工場で造るパネル式には，大型パネル（図2・67），中型パネル（図2・72）がある。

新しい構法の中には，プレハブメーカーにより商品化されたシステムとは別に，総合請負業者（ゼネコン）が，作業能率向上を目標に，高層集合住宅用に開発した現場工事の合理化システムもある。それらには，鉄骨と工場製

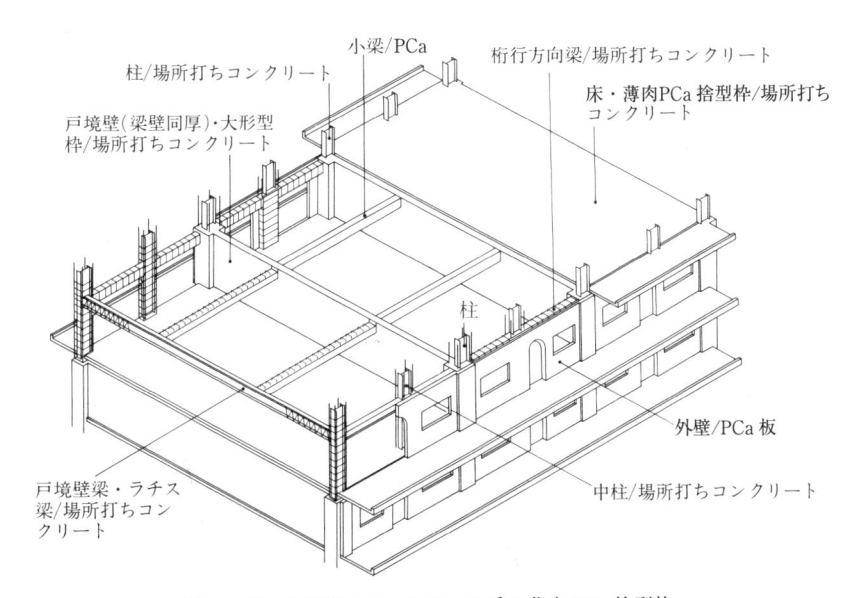

図4・25　実例3：コンクリート系：薄肉PCa捨型枠

品のコンクリート部品を現場に持ち込んで，場所打ちのコンクリートによる接合部分で全体を一体化するもの，鉄骨を使わずPCa部品のみで高層を実現するもの，型枠のシステム化を推進したものなどがある．実例3（図4・25）は，外壁と床の捨型枠にPCaを利用し，その他を場所打ちのコンクリートとして一体化する複合構法である．実例4（図4・26）は，壁式ラーメンの採用で，鉄骨を使わずに高層住棟（6〜11階）を実現するものである．部材をPCa化し，戸境壁にも梁形が出ず，また，合成床板の採用により小梁が無いうえ，壁柱を採用していることもあって，凹凸の少ない室内空間が得られている．これらは，発注者の個別の注文に応じながら，技術力によって，性能向上とコストダウンを計っている．

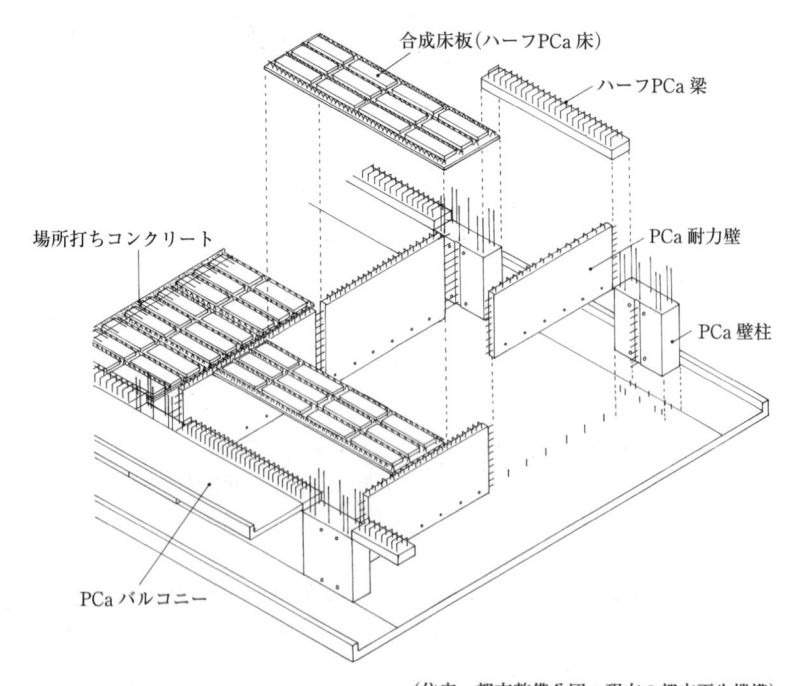

（住宅・都市整備公団：現在の都市再生機構）

図4・26 実例4：コンクリート系：高層用大型パネル

4・6　構法の価値と評価

4・6・1　構法の価値

　建築に限らず，性能の高いものが価値が高いとは限らない。交通騒音の激しい幹線道路の沿線や，飛行場の近くでは，遮音性能は高いほど価値があるが，騒音から隔絶された自然豊かな環境では，川のせせらぎ，鳥の声も聞こえないかもしれない。遮音のために窓を閉めれば，気持ちよい自然の風も入らない。屋根は，雨をしのぐ大事な機能をもっているが，雨の降らない砂漠地帯では，屋根のない屋上の寝室が気持ちよいとされるところもある。ある国で屋根のある公営住宅を外国から導入したところ，住人が外で寝るようになったと言う話もある。性能や機能が価値そのものでないことは当然だが，それが忘れられることがある。

　それぞれの地域で，自然環境はもちろん，材料・労働力・技術レベル，が違うので，それを無視すると，無駄でコストの高い物を造ることになる。同じ構法でも，地域が異なれば，生産コストも違うし，出来上ったものの価値も異なる。構法の価値は，目的に対する効果できまる。グローバルに活躍している建築家達も，その地域の事情に詳しい建築家と，共同で仕事をする場合が増えている。同じ構法でも，時代により価値が異なり，ある時代に高い価値を発揮していた構法も，時代が変わり社会情勢が変わると価値が衰える。

4・6・2　構法の評価

　人類の歴史のなかで，建築技術は優れた文化遺産の創造に貢献してきた。しかし，すべての建築技術が文化に貢献してきたとはいいがたい。建築技術はしばしば公害をもたらすといわれるからであるが，ある建築技術が公害をもたらすかどうかは，その時点では明らかでない。それは，歴史の中での評価を待たねばならない。また，もしそれが公害源といわれることになっても，次の代替構法よりは害が少なかったと言われることになるのかもしれない。

評価は時間の経過のなかで歴史的に変化する。

　古代の廃棄物であった貝塚が，発掘されて文化財になることがある。それなら，現代の産業廃棄物も未来の文化財になるかもしれない。だが，量の違いもあり，影響の大きさも違うので同等には考えにくいだろう。しかし，文化遺産は，人類が地球の自然を加工してきた痕跡であるから，文化そのものが自然破壊であるという考えもある。自然保護地域は，それに近い考えで保護されている。

　現代の技術者が出来ることは，歴史的経験の中で，問題とならなかった技術を利用するか，今より公害が少ないと思われる技術を開発し，利用することでしかない。

4・6・3　構法の熟成

　ヨーロッパの都市を見た日本人の多くは，ヨーロッパには，重厚な街並みが残っているのに，日本の近代都市は，安っぽく乱雑な街並みしかないという。しかし重厚で美しいのは，ヨーロッパでも古い街並みがあるところで，郊外の新興市街や，現代建築の建ち並ぶ新しい街区では，日本と同じように雑然とした感じを持つところが多い。逆に，数は少なくなったが，日本でも古くから人々により住み続けられてきた建物の残る地域には，重厚で美しい街並みを見つけることが出来る。その点は，ヨーロッパと日本の違いというよりは，過去と現代の違いという見方もできる。

　現代の日本は，人口の都市集中，世帯の核家族化，居住形態の国際化等によって，生活習慣にも大きな変化がもたらされている。このような流動的状況に加え，現代建築とそれを支える建築技術も，これまでにない速さで移り変わっており，一つの構法が完成しない内に次の構法が生まれ，どの構法も未熟の内に次の構法に消し去られているように見える。日本の都市と町並みが，混濁した状態にあるのも，実は，成熟していないままの構法の累積が造っている景観といえよう。

　他方で，構法の完成には時間がかかる。濃尾・関東大震災以来100年の歴史を持つ日本の耐震・耐火の構法も，未だに確信を持って安定したものに達

したとはいえない。

　早い速さで変革を繰り返す現代の建築構法が，はたして熟成し，高い芸術性もある完成域にまで到達できるのだろうか，不安はぬぐい去れない。実は，これこそが21世紀に，建築界が考えるべき課題であろう。

　その手掛かりは，社会が安定するのを待つのではなく，留まることのない社会の変化を許容できる構法の開発である。社会変革の速さが増せば増すほど，相対的に一つの建築物が受け入れなければならない改造・改築の必要度は増す。既にオフィス空間や居住空間には，将来のためのフレキシビリティーが求められている。その傾向は，工場は勿論，病院，学校など様々な建築に及んでいる。

　江戸時代から引き継がれた日本の木造民家の構法は，襖，障子を動かすだけで非日常性への対応ができ，世界に類のない増改築自在のシステムで規模の変化にも対応してきた。しかも，造られた建築群の高い芸術性は，国際的にも評価されている。建築構法の今後の課題は，過去の優れた遺産に学びながら，将来の社会生活を，永く幅広く許容出来る持続可能な現代構法の開発であり，その完成度を高めることであろう。

表4・2 建築構法の発達と展開

世界	年	日本
	12c	貫構造の導入（重源）
	14c	和小屋の成立
	16c	数寄屋の始まり
トラスの解析	18c	
鋳鉄製柱＋木製アーチ＋ガラス ロンドン万国博クリスタルパレス（パクストン）	1851	
	1872	東京銀座れんが街着工
パリ万国博エッフェル塔（エッフェル）	1889	
	1894	鉄骨造建築：秀英舎印刷工場
フランクリン街のアパート：RC（ペレー）	1903	
	1905	RC造建築：鎮守府海軍工廠汽罐室（真島健三郎）
コンクリート(無筋)型枠プレハブ（エヂソン）	1907	
	1909	鉄骨造ドーム：旧国技館（辰野・葛西） 鉄骨造軸組構造：丸善書店（佐野利器）
RC無梁版の実験：（マイヤール） 乾式構造（グロピウス）	1910	1910 大規模RC造：東京倉庫G号棟（白石直治）
	1921	RC造：日本興業銀行ビル（内藤多仲）
	1923	補強コンクリートブロック（中村鎮）
アメリカ摩天楼の始まり： シカゴトリビューン：（フッド・ハウエル）	1924	
	1925	RC造アパート（同潤会青山）
ニューヨーク・エンパイヤーステート： （シュレブ・ラム・ハウエル）	1931	1931 アルミ製サッシ：森五ビル（村野藤吾）
RCシェル： スイス万博セメントホール（マイヤール）	1939	
航空機格納庫（ネルビー）	1940	
	1947	2×4によるプレハブ：プレモス
アルミ カーテンウォール： 国連ビル：ニューヨーク（ハリソン・アブラモビッツ）	1948	1948 RC軸組プレハブ：プレコン（田辺平学）
	1950	押し出し成形アルミサッシ：赤松発電所
	1952	アルミカーテンウォール：日本無尽（前川国男）
アルミニウム・ダイマクシオンドーム： フォード・ロタンダビル：（フラー） 鉄骨造システムズビルディング：ウォーキングハム中学校	1955	1955 RC造大型パネル住宅（万年直正）
	1956	規格スティール・サッシ（三機工業）
	1957	ステンレス流し（住宅公団）
	1959	LGSによる量産住宅：ミゼットハウス（大和）
	1961	LGSによる量産住宅：積水ハウスB型
	1962	木質パネル住宅：（ミサワホーム1号）
テント構造： ローザンヌ博エキジビションホール（オットー） 鉄骨造学校システムSCSD（エーレンクランツ）	1964	1963 住宅用規格アルミサッシ：（不二サッシ）
	1964	バスユニット：ホテルニューオータニ
	1968	日本最初の超高層建築：霞ヶ関ビル
空気膜構造：空気支持：大阪万博アメリカ館	1970	1970 空気膜構造：二重膜：大阪万博富士グループ館
	1975	木造プレカット機械の普及始まる
	1977	BL部品発足
	1979	等圧カーテンウォール：新宿センタービル

索引

あ

相欠き継ぎ …………130
相じゃくりはぎ ………180
あおり止め金物 ………142
赤身 ………………107
明り障子 …………203
あき………………59
上げ下げ …………196
あげざる …………203
アコーディオンドア …197
アジャスター ………210
網代天井 …………227
アースドリル工法 ……150
アスファルト
　コンパウンド ……169
アスファルトシングル 159
アスファルトプライマー
　………………167
アスファルト防水 ……167
アスファルト
　ルーフィング ……167
アスベスト…………44
校木 ………………146
校倉 …………113, 146
アーチ………………11
厚型スレート ………162
圧縮応力……………39
圧縮筋かい …………119
後付け工法 …………200
後付け幅木 …………216
アバット……………96
あばら筋……………63
雨押え ……………165
雨仕舞 …………157, 247
網入板ガラス ………205

　

網入ルーフィング ……169
荒壁 ………………178
荒木田土 …………178
荒床 ………………215
あり壁長押 …………232
RC造 ………………8
合せガラス …………205
合せ梁 ……………129
アンカーボルト ……115
アンボンド工法………99
アンボンドブレース……42

い

生節 ………………109
イギリス積み…………91
異形鉄筋……………53
石張り ……………184
異種金属 …………162
石綿………………44
いすか継ぎ ……130, 229
板丁番 ……………207
板戸 ………………203
板野縁 ……………227
板目 ………………107
一枚積み……………91
一文字瓦 …………161
一文字葺 …………163
いちょう面 …………229
一体式………………17
一般構造用鋼材………30
一品生産……………17
稲子 ………………228
稲妻くぎ …………234
いぶし瓦 …………160
芋目地………………79
入側 ………………233

　

入隅 ………………240
入母屋 ……………157
イングリッシュ・
　ボンド……………91
インサート …………226

う

ウェットジョイント……75
ウェブ………………37
ウェブシェル…………84
ウォード錠 …………208
ウォールガーダー…64, 246
受座 ………………207
薄べり ……………234
内倒し ……………196
内断熱 ……………170
打継ぎ面 …………170
打放し仕上げ ……175, 185
内法 ………………231
内法高 …………202, 231
内法長押 …………232
内法まわり …………231
内開き ……………197
腕木 ………………166
埋め樫 ……………202
埋込み杭 …………150
裏込め ……………184
うろこ葺 …………159
上端筋………………63
上向き作業 …………228

え

H型鋼 ………………38
HPシェル構造 ………12
ALC版 …………43, 185

エ

エキスパンション
　ジョイント………27, 171
SRC造………………8, 100
SSG構法………………205
S造………………………8
N値……………………148
江戸間…………………255
えびづか………………235
えり輪欠き………232, 233
エルボ…………………166
LGS……………………267
LVL……………………112
縁側………………231, 233
縁甲板…………………214
エンジニアリングウッド
　………………………112
鉛直荷重…………………20
円筒錠…………………208

お

横架材…………………118
扇ほぞ…………………118
応力………………………30
応力度……………………33
大入れ…………………131
大入れあり掛け………124
OSB……………………112
大形型枠…………………61
大型パネル…………75, 80
大型パネル構造…………8
大型版……………………80
大壁……………………176
大手……………………209
大引……………………127
置床……………………211
押えコンクリート……167
納まり…………………237
押縁……………………206
押縁下見………………180
押出し成形セメント板
　………………………185

か

追掛大栓継ぎ………119, 130
落しあり………………131
落し掛け………………234
おとしざる……………203
オートヒンジ…………207
踊り場…………………217
鬼瓦……………………161
帯筋………………………65
オープン部品………250, 251
親杭……………………153
折上げ天井……………224
折板葺…………………164
折置組…………………124
折返し階段……………218
オリーブナックル丁番
　………………………207
織部床…………………236
折曲げ筋…………………63
折れ曲がり階段………218
オールケーシング……150

か

外圧係数…………………22
飼いくさび……………200
開口部…………………194
開先………………………35
外周壁………………5, 173
階高…………………244, 246
階段室…………………218
回転ドア………………196
開閉方式………………196
外壁…………………5, 173
外面壁………………5, 173
外力………………………20
鏡板……………………229
鍵………………………207
鍵違い…………………208
角形鋼管…………………40
隠し丁番………………207
隠し目違い継ぎ………130
額縁…………………194, 201

掛込み天井……………225
架構式……………………16
笠木……………………169
重ね……………………238
重ね継手…………………57
重ね長さ…………………58
重ね梁…………………129
重ねほぞ………………131
荷重………………………20
ガス圧接…………………57
かすがい……116, 132, 184
ガスケット……………206
ガセットプレート………48
風よけ室………………197
片上げ下げ……………196
片あり…………………226
片あり掛け……………117
型板ガラス……………205
かたぎ大入れ…………118
形鋼………………………32
片さばき………………232
片筋かい………………119
片流れ…………………156
片引き…………………196
片開き…………………196
型枠………………………59
型枠コンクリート
　ブロック造……………88
型枠CB造………………80
型枠存置期間……………61
合掌造り……………10, 263
合掌梁……………………45
カーテン………………195
カーテンウォール
　………………68, 174, 189
可動間仕切り………187, 250
角金物…………………133
金輪継ぎ………………130
矩折金物……………118, 133
かぶとあり掛け………123
かぶり厚さ………………58
壁………………………173

壁勝ち……………………248
壁式RC造…………………245
壁式構造………………7, 70
壁式プレキャスト鉄筋
　コンクリート造………73
壁梁…………………64, 246
壁量……………………71, 85
鎌錠………………………208
鴨居……………121, 194, 231
茅葺………………………10, 164
唐草瓦……………………161
ガラスブロック…………185
臥梁………………………82
ガルバリウム鋼板………162
側桁階段…………………219
側根太……………………142
瓦座………………………161
瓦桟………………………161
瓦棒葺……………………163
乾式工法…………………174
含水率……………………108
完全溶込み溶接…………35
乾燥収縮…………………108
貫通孔……………………104
がんぶり瓦………………161
岩綿吸音板………………227

き

木杭………………………149
亀甲葺……………………159
木小舞……………………233
基準線……………………254
木ずり……………………178
木ずり壁…………………138
既製鉄筋コンクリート杭
　……………………………149
几帳面……………229, 235
キッチンセット…………252
木取り……………………112
擬宝珠丁番………………207
気密性……………………195

逆勝手……………………234
逆スラブ…………………67
逆梁………………………246
キャッチ…………………210
吸音テックス……………227
強化ガラス………………205
京間………………………255
京呂組……………………124
局部座屈…………………39
許容応力度………………23
切妻屋根………………124, 156
切張り……………………153
切り目縁…………………234
キングポスト……………46
金属板葺…………………162
金属製建具………………194

く

クイーンポスト…………46
杭地業………………148, 149
空気膜構造………………13
釘…………………………132
釘彫り…………………232, 233
くさび……………………132
躯体…………………6, 244, 247
管柱………………………118
杳摺………………………194
組立基準線………………257
グラヴィティヒンジ……207
グラウト材………………95
蔵造り………………10, 263
クリスタルパレス………11
グリッド…………………255
グリッパー………………215
グレージングチャンネル
　……………………………205
くれ縁……………………234
クレセント………………210
クローズド部品…………250

け

け上げ寸法………………218
珪藻土……………………176
軽量形鋼…………………32
軽量鉄骨造………………267
ゲージライン……………48
け込み板…………………219
け込み寸法………………218
け込み床…………………235
化粧垂木…………………234
化粧屋根裏………………224
桁…………………………119
けらば……………………157
けらば瓦…………………161
建築一般構造……………2
建築構成材………………250
建築構造…………………2
建築構造用鋼材…………30
けんどん…………………196
現場研ぎテラゾ…………212

こ

鋼管………………………39
鋼管杭……………………150
鋼管構造…………………50
鋼管コンクリート………51
鋼杭………………………149
鋼構造……………………30
鋼材………………………30
硬質木片セメント板……177
剛床………………………129
剛心………………………29
鋼製型枠…………………59
合成構造…………………105
合成樹脂系塗床…………212
剛接合……………………34
構造方式…………………7
構造用鋼材………………32
構造用合板………………112

格天井 …………… 228		敷目板 …………… 181
勾配 ……………… 157	**さ**	敷目板パネル ……… 228
合板 ……………… 182		地業 ……………… 148
合板型枠 …………… 59	サイコロ …………… 60	軸組構造 ……………… 7
降伏点 ……………… 30	最小径 …………… 137	仕口 …………… 41, 131
格縁天井 ………… 229	サイディング ……… 181	軸吊り …………… 206
鋼矢板 …………… 153	サイトプレファブ …… 74	軸ボルト ………… 146
高力ボルト接合 …… 36	在来構法 ………… 263	地獄ほぞ ………… 131
小型版 ……………… 80	材齢 ……………… 55	しころ …………… 156
小壁 ……………… 232	さお(車知)継ぎ …… 130	自在戸 …………… 196
木口 ……………… 107	竿縁天井 ………… 228	支持杭 …………… 149
木口縁 …………… 234	座金 ……………… 134	地震層せん断力係数 … 23
柿葺 ……………… 160	左官工事 ………… 174	地震力 ……………… 20
腰掛あり継ぎ … 117, 130	先付け工法 …… 183, 200	シース ……………… 95
腰掛かま継ぎ …… 117	先付け幅木 ……… 216	システム天井 …… 229
腰掛鎌継ぎ ……… 130	座屈 ……………… 33	下小屋作業 ……… 139
腰壁帳壁 …………… 86	ささら桁階段 …… 219	下地 ……………… 248
ゴシック …………… 11	ささら子下見 …… 181	下地層 ……………… 6
腰羽目 …………… 181	差しかけ屋根 …… 165	下端筋 ……………… 63
骨材 ……………… 52	さす組 …………… 122	下見板張 ………… 180
固定荷重 …………… 20	サッシバー ……… 204	下枠 ……………… 194
コーナービード …… 179	サポート …………… 60	七分掛け ………… 232
こねほぞ ………… 118	サムターン ……… 208	支柱 ……………… 60
小梁 ……………… 26	猿ぼお面 ………… 229	しっくい ……… 176, 178
小舞壁 …………… 178	桟瓦葺 …………… 160	湿式工法 ………… 174
小舞竹 …………… 178	桟木 ……………… 60	ジッパーガスケット … 206
込み栓 …………… 131	桟戸 ……………… 203	シート防水 ……… 167
小屋裏 …………… 224	サンドドレーン工法 … 151	尻挟み継ぎ ……… 130
小屋組 ………… 122, 134	サンドパイル工法 … 151	死節 ……………… 109
小屋筋かい ……… 124		地袋 ……………… 234
小屋束 ………… 124, 134	**し**	ジベル …………… 133
小屋貫 …………… 124		支保工 ……………… 60
小屋梁 ………… 124, 134	シアウォール ……… 67	しま鋼板 ………… 222
転ばし床 ………… 127	仕上げ ……………… 6	締まりばめ ……… 258
転び止 …………… 142	仕上げ面 …………… 6	しゃくり ………… 239
コンクリート ……… 52	仕上げモルタル … 169	社寺 ……………… 263
コンクリート杭 … 149	シアコネクター …… 77	JAS ……………… 110
コンクリートブロック	CFT ……………… 51	遮断性能 ………… 247
……………… 79, 185	シェル構造 …… 12, 69	車知 ……………… 132
コンクリートブロック	塩焼き瓦 ………… 160	シャッター ……… 197
帳壁 ……………… 86	直仕上げ天井 …… 225	遮熱用ブロック … 170
ゴンドラ ………… 193	敷居 ………… 194, 231	ジャルージー …… 197

索引 279

十字目違い継ぎ………130
重心…………………29
集成材アーチ…………144
じゅうたん……………215
収納ユニット…………253
充腹型…………………102
重量鉄骨造……………267
主筋……………………66
樹種……………………110
聚落壁…………………178
準耐火構造……………109
ジョイストスラブ……67
書院……………………237
書院造り…………10, 231, 263
錠………………………207
正角……………………111
城郭……………………263
障子……………………194
常時荷重………………20
仕様書…………………244
浄土寺浄土堂…………263
上部構造………………148
照明……………………14
白太……………………107
シーリング材…………205
シリンドリカルロック
　………………………208
真壁……………………176
心木……………………163
心木なし瓦棒葺………164
シングルグリッド
　…………………255, 257
シングル葺……………159
伸縮目地………………169
深礎工法………………151
シンダーコンクリート
　………………………167
真束小屋………………126
真束小屋組……………46

す

吸付桟…………………235
水平荷重………………20
水平構面………………28
水平震度………………23
水平ハンチ……………65
水平ブレース…………37
水和熱…………………55
スウェーデン式サウン
　ディング試験………149
末口……………………134
スカーフ継ぎ…………130
すがもれ………………158
杉皮葺…………………160
隙間ばめ………………258
数寄屋造り…………10, 263
すさ……………………178
筋かい………9, 119, 137, 138
スターラップ…………63
スタッドコネクタ……43
スタッドタイプ………188
スチフナ………………39
捨型枠………………43, 61
捨コンクリート
　………………116, 149, 154
捨張り…………………227
ステンレス鋼…………162
ストライク……………207
ストランド……………95
砂壁……………………178
スパンドレルパネル…191
スパンドレル方式……190
スプライスプレート…36
スペーサー……………60
スペースフレーム…10, 12
滑り出し………………196
滑り出し丁番…………207
隅木……………………125
隅肉溶接………………35
隅降り…………………157

隅棟……………………156
隅違い方………………153
スライディングフォーム
　………………………61
スライド方式…………193
スランプ値……………59
スリーヒンジアーチ…11
スリーヒンジトラス…46
寸法調整………………254

せ

製材……………………111
製作寸法………………258
制振……………………29
制振壁…………………42
清掃性…………………196
せき板…………………59
積載荷重………………20
積雪荷重………………20
石造……………………90
設計基準強度…………54
設計図書…………244, 247
せっこうボード………182
せっこうラスボード…178
折版構造………………12
ゼネコン………………269
セパレーター…………60
セメント………………52
セメント瓦……………162
背割り…………………109
栓………………………132
繊維壁……………176, 178
膳板……………………194
繊維補強セメント板
　………………159, 182
せん断接合……………37
せん断補助筋………63, 72
線膨張係数…………31, 53

そ

層間変位追随性 ………189
雑巾ずり ……………216
総合請負業者 ………269
造作 …………………231
添え板 …………………36
添え桁 ………………119
そぎ継ぎ ……………130
速度圧 …………………22
組積造 …………………79
袖瓦 …………………161
外断熱 ………………170
外開き ………………197
空締めボルト ………208
空錠 …………………208

た

ダイアフラム …38, 41, 106
耐火建築物 ……………44
耐火鋼 …………………31
耐火構造 ………………44
耐火被覆 ………………44
耐久性 …………………4
耐候性 ………………174
耐候性鋼 ………………31
耐震壁 ………27, 42, 67
耐水性 …………………3
大仏様 ………………263
台持継ぎ ………123, 130
耐力壁 …137, 17, 67, 81, 174
タイル ………………215
タイルカーペット ……211
タイル張り …………183
台輪 …………………118
打設 ……………………56
畳 ……………………215
畳寄せ ………………216
立上り ………………165
脱型 ……………………56

建具 …………………194
縦軸回転 ……………196
縦樋 ……………166, 170
立てはぜ葺 ……163, 164
縦羽目 ………………181
建前 …………………139
谷 ………………157, 165
谷木 …………………125
ダブルグリッド …255, 257
ダボピン ……………184
玉石洗い出し ………212
垂木 ……………124, 134
段板 …………………217
単一パネル方式 ……190
短期荷重 ………………20
短期許容引張応力度 …33
短冊金物 ……………133
断熱サッシ …………198
断熱層 …………………6
段鼻 ……………217, 223
段葺 …………………163
短ほぞ ………………131
端末機器類 ……………14

ち

違棚 …………………234
千切 …………………132
中型パネル ……………80
中型パネル構造 ………8
中型版 …………………80
柱脚 ……………………40
中性化 …………………53
柱頭金物 ……………143
長期荷重 ………………20
長期許容引張応力度 …33
重源 …………………263
長尺瓦棒葺 …………163
長尺材 ………………162
長尺部材 ………………17
頂点 …………………237
丁番 ……………197, 206

帳壁 ………68, 86, 174, 185
直階段 ………………218
直下率 ………………137
散り …………………179
散りじゃくり ………179

つ

対束小屋 ……………126
対束小屋組 ……………46
ツーバイフォー …8, 111
束石 …………………115
束立て床 ……………127
突合せ溶接 ……………35
突板合板 ……………185
突出し ………………196
突付け ………………238
継手 ……………41, 58, 131
造付け家具 ……………15
付け稲子 ……………229
付書院 ………………237
土塗壁 ………………138
角柄 …………………202
妻壁 …………………156
面一 …………………216
面押え ………………257
面付け錠 ……………208
吊り木 ………………226
吊り木受け …………226
吊子 …………………163
吊り構造 ………………13
吊りボルト …………226
吊元 …………………197

て

Tバー ………………230
DPG構法 ……………205
ディスクタンブラー錠
 …………………208
定着 ……………………58
定着具 …………………95

索引　281

定着長さ……………58
出入口 ………………194
手先 …………………197
出隅 …………………240
手すり …………217, 223
手すり子 ……………223
手違いかすがい ……133
デッキプレート ………43
鉄筋……………………53
鉄筋コンクリート造……52
鉄鋼系 ………………267
鉄鋼系プレファブ住宅…49
鉄骨造 …………………30
鉄骨鉄筋コンクリート造
　………………………100
デッドボルト ………208
テラゾブロック ……212
てり …………………157
天井 …………………224
天井裏 ………………224
天井高 ………………246
天井長押 ……………232
天井ふところ ………224
伝統的木造構法 ………9
電導床 ………………211
テント構造……………13
天然スレート ………159
天端均しモルタル ……116
天袋 …………………234

と

ドアクローザー ……207
戸当り …………202, 210
ドアチェーン ………210
ドイツ下見 …………181
土居葺 ………………159
胴差 …………………118
透湿防水シート ……181
東大寺南大門 ………263
銅板 …………………163
胴縁 …………………181

通し貫 ………………121
通し柱 ………………118
通しほぞ ……………131
ドーム …………………12
特定防火設備 ………204
独立基礎 ……………115
独立フーチング基礎 …152
床がまち ……………234
床差し ………………229
床の間 …………231, 234
床柱 …………………234
床脇 …………………234
土台 …………………115
トップライト …166, 194
飛び梁 ………………125
塗布防水 ……………167
土間コンクリート ……115
留め ……………131, 202
巴瓦 …………………161
ドライジョイント……75
トラス ………11, 45, 47
トラス梁 ……………129
取合い ………………237

な

内圧係数………………22
内壁 …………………174
内面壁 …………………5
中折れねじしまり ……210
長手方向 ………………91
長ほぞ ………………131
中掘り工法 …………150
長押 …………………232
長押挽き ………180, 233
長押ぶた ……………233
ナックル ……………206
生コンクリート ………17
波形板葺 ……………164
均しモルタル ………167
南京下見 ……………180

に

二重ナット……………50
二重張り工法 ………227
二重膜…………………13
2枚積み ………………91

ぬ

貫 ………………121, 263
貫構造 ………………263
布基礎 …………115, 152
塗壁 …………………176
ぬれ縁 ………………233

ね

根がらみ貫 …………127
根切り ………………153
根切り底 ……………154
ねこ土台 ……………117
根太 ……………127, 213
根太受け金物 ………143
根太床 ………………127
熱線吸収板ガラス ……205
熱線反射板ガラス ……205

の

軒 ………………156, 165
軒裏天井 ……………224
軒瓦 …………………161
軒桁 ……………118, 124
軒先 ……………157, 165
軒高 …………………246
野地板 ………………159
のし瓦 ………………161
ノックダウン方式 ……191
ノブ …………………208
野縁 …………………226
野縁受け ……………227

登りよど………………162
野物……………………123
ノンスリップ……217, 223

は

配筋……………………55
ハイテンションボルト…36
バイパス窓……………196
バイブロフローテー
　ション工法…………151
配力筋…………………66
ハウ……………………46
は(矧)ぎ………………180
暴露……………………174
パーケット張り………215
羽子板…………………124
羽子板ボルト…………118
箱金物…………………133
箱錠……………………203
箱目違い継ぎ…………130
箱目地…………………181
端根太…………………142
はしばみ………………234
場所打ちコンクリート…55
場所打ちコンクリート杭
　………………149, 150
柱………………………118
柱・梁カバー方式……190
柱梁構造………………7
柱梁ピン・ブレース構造
　…………………………7
はぜ……………………163
ばた角…………………60
働き……………………159
はっかけ………………179
バックセット…………209
はつり仕上げ…………185
パテ……………………206
ハードボード…………182
鼻隠……………………162
ばね座金………………50

パネル…………………17
パネル式………………269
パネルタイプ…………188
パネル方式……………190
幅木……………………216
破風……………………157
破風板…………………162
ハーフティンバー……9
はめあい………………258
はめ殺し窓……………194
腹起し…………………153
パラペット……………169
梁………………………7
梁受け金物……………143
ハリケーンタイ………143
梁床……………………127
バルーン構法…………140
ハンガー………………222
ハンチ…………………65
版築……………………149
半枚積み………………91

ひ

ピア地業………………148
PCa工法………………245
PC鋼材…………………94
PC鋼棒…………………95
PC鋼より線……………95
火打土台………………115
火打梁……………118, 124
控え金物………………184
ひき石…………………184
引掛け桟瓦……………161
引金物…………………184
引込み…………………196
引違い…………………196
引戸……………………194
ひさし……………157, 166
菱葺……………………159
ひずみ…………………30
非耐力壁………………174

引張筋かい……………119
引張ボルト……………134
ビード…………………205
ヒートブリッジ………198
一筋……………………232
ひな留め……………232, 233
ひ端……………………201
ひび割れ……………54, 55
樋部倉はぎ…………166, 180
ピボットヒンジ………207
標準貫入試験…………148
標準せん断力係数……23
平角……………………111
平瓦……………………160
開き戸…………………194
平鋼……………………32
平書院…………………237
広小舞…………………162
檜皮葺………………160, 165
ピン……………………206
ピン接合………………34
ピンタンブラー錠……208

ふ

ファストピン…………206
ファスナー……………193
FIX……………………194
フィボナチ数列………262
フィンク………………46
風圧……………………138
風圧力…………………20
風力係数………………22
フェースシェル………84
フォームタイ…………60
フォールディングドア
　………………………197
葺足……………………159
葺材……………………159
吹付けタイル…………177
葺き土…………………160
副筋……………………66

索　引　283

複合フーチング基礎 …152
複合フローリング板 …214
複合方式 …………………190
複層ガラス ………198, 205
袋床 ………………………236
節 …………………………109
ふすま ……………………198
付着………………………53
普通ボルト接合…………35
普通ポルトランド
　セメント………………54
フーチング ………………116
フック……………………56
フックボルト ……………164
筆返し ……………………234
舟底天井 …………………225
部分溶込み溶接…………35
フープ……………………65
踏込み床 …………………235
踏面 ………………………218
踏面寸法 …………………218
ブラインド ………………195
プラスター ………………176
プラスターボード ……182
フラッシュ戸 ……………203
ブラット…………………46
フラットスラブ …………8
フラットスラブ構造……68
プラットフォーム構法
　………………………140
フラードーム ………11, 12
フランジ…………………37
フランス落し ……………210
フランス丁番 ……………207
フリーアクセスフロア
　…………………………211
フルウェブ ………………102
ブレース ………………9, 37
プレカット …130, 132, 139
フレキシブルボード …182
プレキャストコンクリート
　…………………………55

プレキャストコンクリート
　（PCa）造 ……………73
プレキャストコンクリート
　カーテンウォール …193
プレストレス……………93
プレストレスト
　コンクリート…………93
プレテンション方式……94
プレハブ…………………17
プレハブ化………………16
プレファブリケーション
　………………17, 189, 250
プレボーリング工法 …150
フレミッシュ積み………91
フロアヒンジ ……………207
フロート板ガラス ……205
フローリングブロック
　…………………………213
フローリングボード …214
ブローンアスファルト
　…………………………167
ブロック…………………80

へ

ベアリングウォール……67
ベースプレート…………40
べた基礎 …………………152
ベノト工法 ………………150
便所ユニット ……………252
偏心………………………29

ほ

ボイドスラブ……………67
防火設備 …………………204
方形 ………………………157
防湿層……………………6
防湿フィルム ……………142
防水層 …………………6, 167
防水パン …………………251
方立方式 …………………190

方づえ……………………119
防腐・防蟻処理 ………117
補強コンクリート
　ブロック造…………9, 80
補強 CB 造 ………80, 83
補強組積造………………8, 79
保護層 ……………………167
ポストテンション方式…94
彫込み錠 …………………208
ボーリング ………………148
ホールダウン金物 ……119
ボルト ……………………132
本稲子 ……………………229
本勝手 ……………………234
本瓦葺 ……………………160
香港上海銀行……………13
本実 ………………………214
本実はぎ …………………180
本締り錠 …………………208
本締り箱錠 ………………208
本床 ………………………234

ま

まいら戸 …………………203
膜構造……………………13
まぐさ ……………………200
まぐさ用ブロック………82
まくらさばき …232, 233
曲げ座屈…………………33
曲げボルト ………………134
摩擦杭 ……………………149
摩擦抵抗 …………………212
まさ目 ……………………107
間仕切り…………………17
間仕切壁 ………5, 173, 253
マスターキー ……………208
町家………………………11
マッシュルーム…………68
窓 …………………………194
窓台 ………………………200
間柱 …………………118, 121

284　索　　　引

マリオン …………………190
丸落し …………………210
丸瓦 ……………………160
丸鋼………………………53
丸太組構法 ………8, 113, 146
間渡し竹 ………………178
回り階段 ………………218
回り縁 …………………228

み

磨き丸太 ………………233
見切り …………………238
見切縁 …………………240
水糸 ……………………154
水返し …………………198
水返しじゃくり ………198
水切 ………………170, 198
水杭 ……………………154
水だれ勾配 ……………198
水貫 ……………………154
水抜き孔 ………………198
見付面積 ……………137, 138
ミュンヘンの
　オリンピック施設……13

む

むくり ……………157, 225
無双 ……………………196
無双四分一 ……………234
棟木 ………………124, 134
棟 ………………………156
無目 ……………………232
無梁版構造 ……………68
室床 ……………………235

め

目板張り ………………179
銘木 ……………………234
目かすがい ……………133

目地 ……………………237
目透し …………………238
目透し張り ……………182
メーソンリー …………80
メタルフォーム…………59
メタルラス ……………177
目違い …………………238
目違い継ぎ ……………130
面内 ……………………231
免震 ……………………29
面戸板 ……………233, 234

も

燃え代設計 ……………109
木質系 …………………267
木製建具 ………………194
木造在来構法 …………9
木毛セメント板 ………177
木矢板 …………………153
木れんが ………………183
モデュール ………260, 262
モデュラーコオーディネ
　ーション …247, 253, 258
モデュロール …………262
元口 ……………………134
母屋 ………………124, 134
モルタル防水 …………167

や

役物 ……………………161
やげん彫り ……………125
やとい …………………131
雇いかま継ぎ …………130
屋根 ……………………156
屋根天井 ………………5
破れ目地 ………………79
山形トラス ……………47
山形ラーメン …………45
山留め …………………153
遣り方 …………………154

ヤング係数 …………31, 52

ゆ

U字稲子 ………………229
ゆう薬瓦 ………………160
床・天井勝ち …………248
床下換気口 ………115, 116
床スラブ ………………66
床束 ……………………127
床天井 …………………5
床根太 …………………142
ユニット式 ……………269

よ

洋瓦葺 …………………160
窯業系サイディング
　…………………181, 182
洋小屋 ……………10, 122
養生 ……………………56
養生コンクリート ……167
溶接 ……………………34
溶接構造用鋼材…………30
溶接継手 ………………57
浴室ユニット …………251
横筋用ブロック…………84
横座屈 …………………33
横軸回転 ………………196
横羽目 …………………181
横葺 ……………………163
寄せあり ……131, 228, 235
寄木張り ………………215
寄棟屋根 …………125, 156
呼び寸法 ………………258
呼び樋 …………………166

ら

ライトゲージ……………48
ラウンドナンバー……260
ラス ……………………174

らせん階段 …………218
ラチス…………………38
ラッチボルト …………208
ラバトリーヒンジ ……207
ラミナ ………………113
ラーメン ……………246
ラーメン構造 …………7, 8
欄間 …………………233

り

リシン ………………177
立体トラス …………12, 47
リノリウム …………215
リバースサーキュレーション工法 …………150
リベット接合……………36
両筋かい ……………119
両開き ………………196
臨時荷重………………20

る

ルーズピン …………206
ルーズホール …………193
ルナール数 …………262
ルーフドレン …………170

れ

レバータンブラー錠 …208
レバーハンドル ………208
レンガ…………………79
レンガ造………………90
連続フーチング基礎 …152

ろ

ログハウス …………146
陸梁 …………………126

陸屋根 …………156, 167
ロッキング方式 ………193
ロマネスク……………11
ローラー支承…………34

わ

ワイヤラス ……………177
輪がえし ……………229
枠組壁工法 …………8, 111
和小屋 ……………10, 122
渡りあご ……………131
ワッフルスラブ…………67
割石 …………………184
割りくさび ……131, 132
割ぐり石 ………116, 149
割ぐり地業 …………148
割りぐり地業 …………154
ワーレン………………46

[編著者]　内田　祥哉　Yositika Utida
　　　　　昭和 22 年　東京帝国大学第一工学部建築学科卒業
　　　　　現　　在　東京大学名誉教授　　工学博士

[著　者]　大野　隆司　Takashi Oono
　　　　　昭和 43 年　東京大学工学部建築学科卒業
　　　　　　　　　　　東京工芸大学名誉教授　　工学博士

　　　　　吉田　倬郎　Takuro Yoshida
　　　　　昭和 44 年　東京大学工学部建築学科卒業
　　　　　現　　在　工学院大学名誉教授　　工学博士

　　　　　深尾　精一　Seiichi Fukao
　　　　　昭和 46 年　東京大学工学部建築学科卒業
　　　　　現　　在　首都大学東京名誉教授　　工学博士

　　　　　瀬川　康秀　Yasuhide Segawa
　　　　　昭和 51 年　明治大学工学部建築学科卒業
　　　　　現　　在　アーキショップ代表
　　　　　　　　　　　明治大学兼任講師，東京家政大学非常勤講師

　　　　　　　　　　　　　　（肩書きは，第五版発行時）

建築構法（第五版）

1981 年 11 月 6 日　　初　版　発　行
1988 年 9 月 22 日　　改　訂　版　発　行
1996 年 2 月 14 日　　第　三　版　発　行
2001 年 3 月 8 日　　第　四　版　発　行
2007 年 9 月 20 日　　第　五　版　発　行
2024 年 2 月 15 日　　第五版第24刷

　　　　　　編著者　内　田　祥　哉
　　　　　　発行者　澤　崎　明　治
　　　　　　　　　（印刷）㈱広済堂ネクスト
　　　　　　　　　（製本）三省堂印刷㈱

　　　　発行所　株式会社　市ヶ谷出版社
　　　　　　　　東京都千代田区五番町 5
　　　　　　　　電　話　03（3265）3711（代）
　　　　　　　　F A X　03（3265）4008

Ⓒ 2007　　ISBN978-4-87071-001-6